子どもの心に灯をともす

わらべうた

―実践と理論―

鵜野祐介　監修
落合美知子　著

エイデル研究所

わらべうたの風景

たんぽぽ　たんぽぽ
　むこうやまへ　とんでけ
　　　（群馬県利根郡のわらべうた）

―いつの世も子どもたちがいきいきと生きていけますように、祈りを込めて―

写真　船窪牧夫

① 子とろ（『日吉利生記』鎌倉時代）
② 鬼来迎（千葉県横芝光町広済寺）
③ 比比丘女（『骨董集』）

○比比丘女図

日本後紀曰騙記
「寛仁元年六月十日
元亨釈書」巻四
續本朝往生傳付
僧都追春秋七十六二
以寛仁元年六月十日
寅時剋示遷化矣。
の年月日すこしびく
まに五六年をへぎ
て長久中ごろ惠心院の僧都の
減後いくばくも
あらず昔の倍都の
亡霊ひきものと
へに出てとらえ
せむとするにもなれり
とぞうる物ある。ま
ことら人のうへに
ゆびちにびくによ
とりゐるを見て
うれおそろしく子と
ろ子とろとよび子とろ
にびくによびくによ
とやらんどん前なる
子をとらうとしすると
いふやにしてに
られ今もあそぶよ
なりと云えり。比比丘尼とはこも事なり。

寛仁元年より
今文化十年まで
およそ七百九十七年也。
○又鬼やらひとて児を
とらうまねびとる
事のあるも其始大晦日の
追儺の式なり。延喜式に
見えたり式仙人の
愛する物にて常陸國のと
からに鬼やらひふの
鬼とらうぶる。鬼ヤらんといふ
物語捨摶巻五にみえ
たり。鬼のから人と云とも
物類称呼巻五云
相模にて鬼やつとて
小ども
集り手をつなぎ
通雅巻三の督無
あり。鬼といふ祭卒夜の祓ひ
おいとて云つるひりつ
あり。そも月令廣義巻の
祈儺いら小兒を
鬼殺あり替無
となにいふ名あり。和漢のひ似たる車

○これら皆古画にあらざ
三國傳記の支の
ありむさを耳とさうむ
とて今あくたる図する
ばくこれひぐたる図なり。

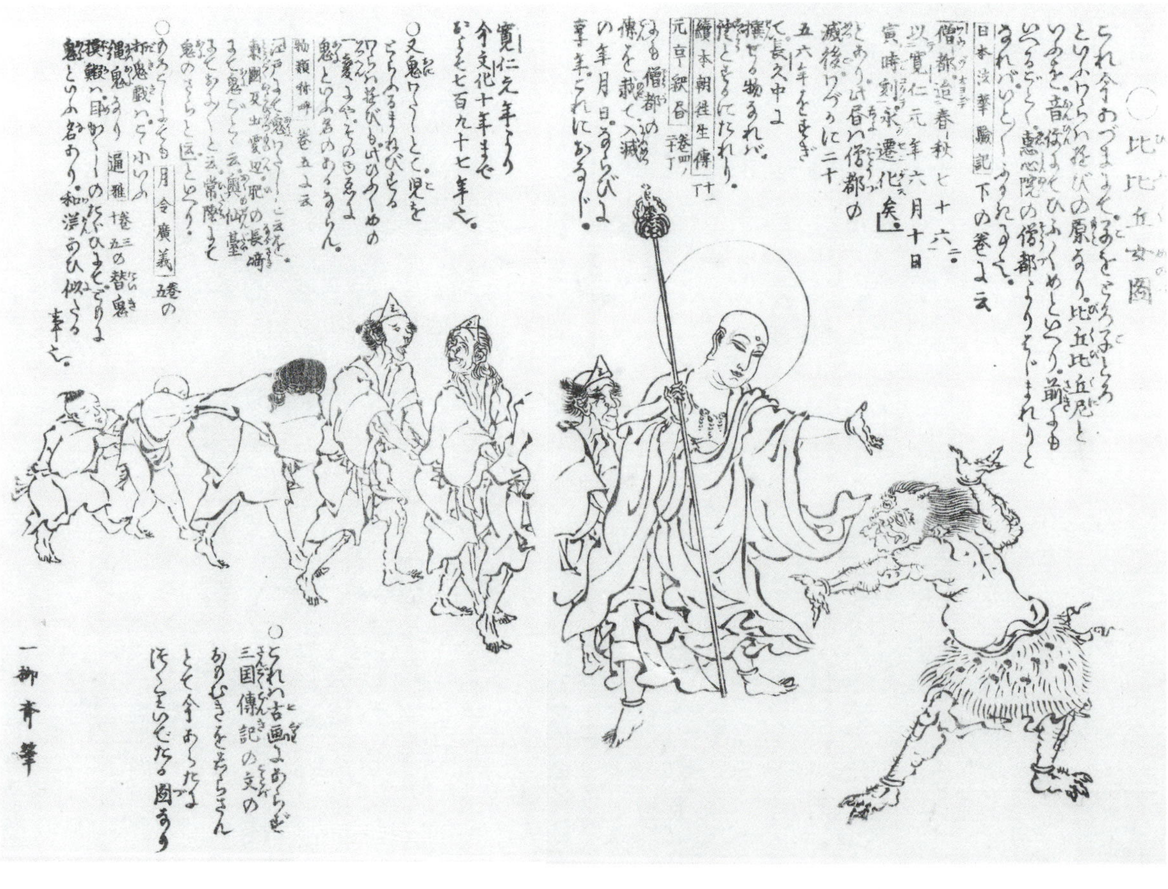

一柳齊畫

○比比丘女の図

【年中行事】

④

⑤

④ いしなご(二代 安藤広重画)
⑤ 左義長(『天和長久四季あそび』)
⑥ a b 小町踊―七夕踊(『舞と踊』骨董集にもとづく再画と推定される)
⑦ 十五夜八月(『風流十二月』石川豊雅画)

⑦

⑥ a

⑥ b

⑧

⑨

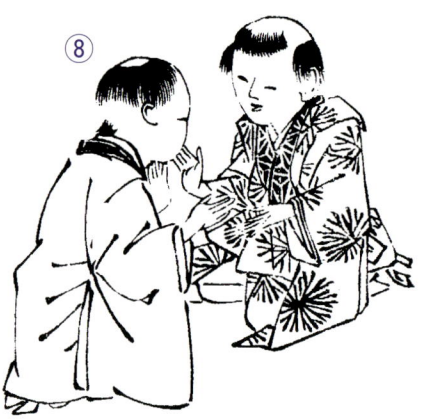

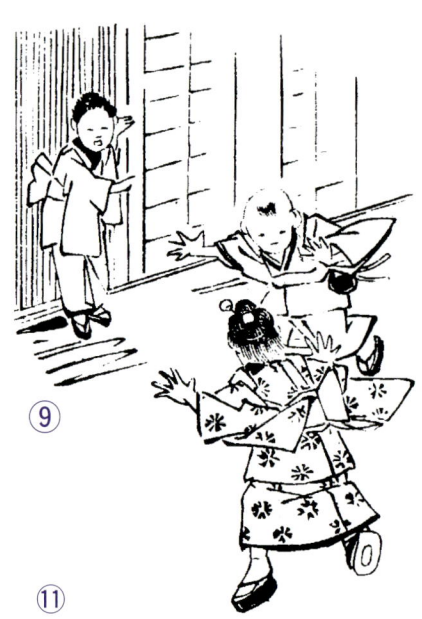

⑧ 手合わせ(『吾妻余波』鮮斎永濯画)
⑨ 向こうのおばさん(『吾妻余波』鮮斎永濯画)
⑩ 開いた開いた(『東京風俗志』松本洗耳画)
⑪ 手鞠(『四季乃花』喜多川歌麿画)
⑫ 盆々子供達(小林永濯画)

⑩

⑪

⑫

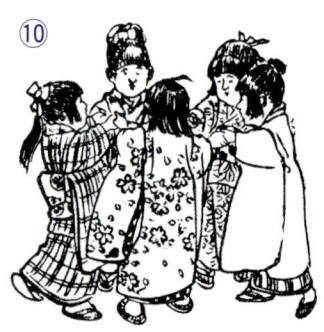

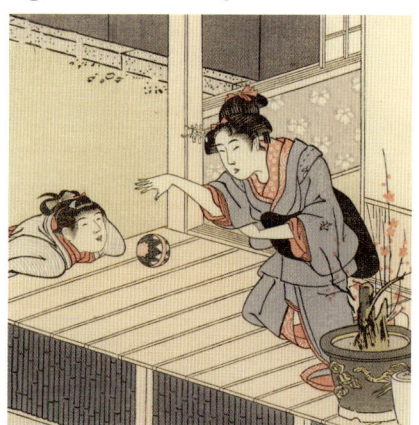

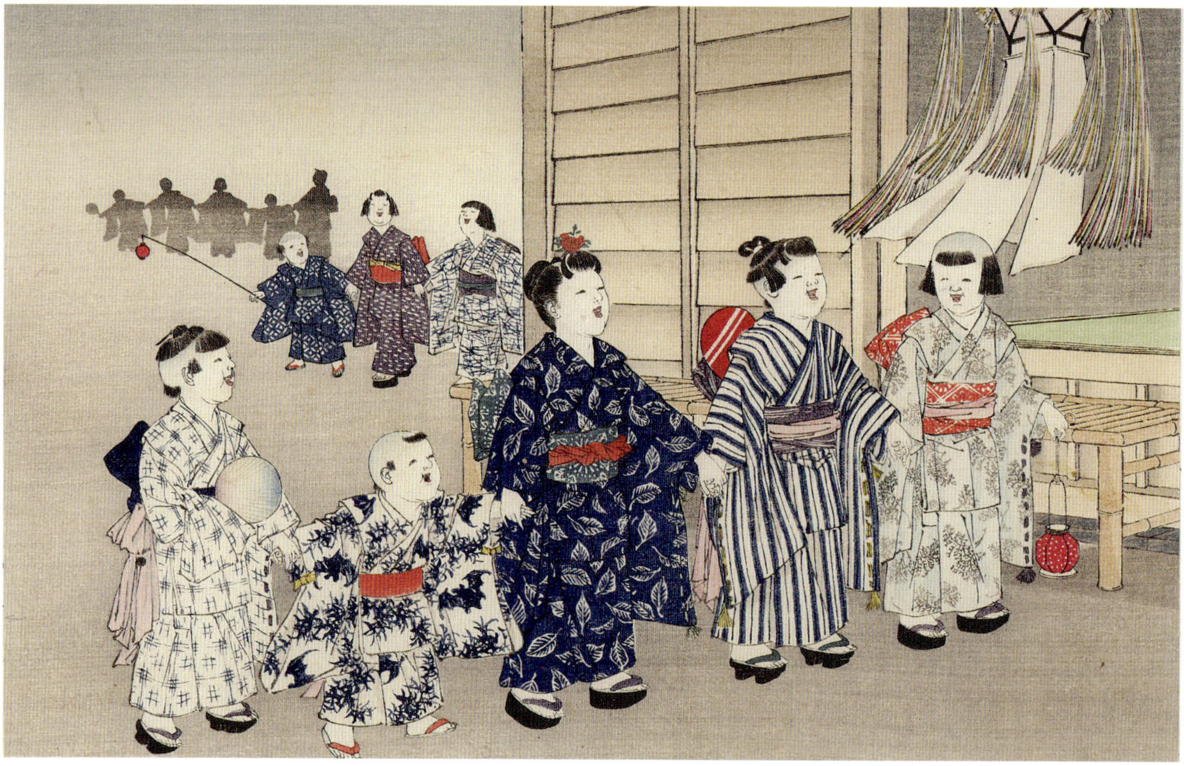

【今日のわらべうた〈供与〉】

⑬

⑬ ゴムだんで遊ぶ子どもたち（金沢市 1988年）
⑭ 竹おじゃみ　お年寄りから（能登 1989年）
⑮ 文庫でわらべうた（鹿児島市 1990年）
⑯ わらべうた講座　大人から大人へ（1995年）

⑭
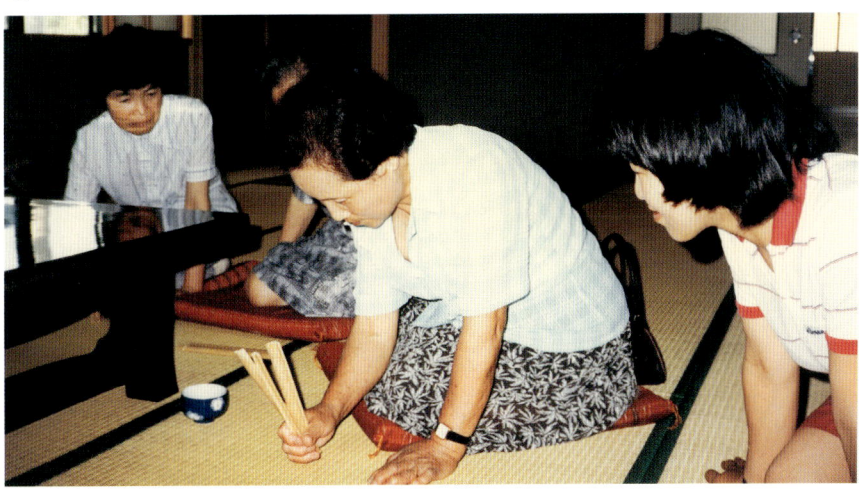

⑮

⑯

【親子で楽しむわらべうた】

⑰

⑱

⑰ ⑱ 川口市立戸塚図書館親子講座（1992年）
⑲ 川口市立新郷図書館親子講座（1995年）
⑳ 戸田市立戸田図書館、自由空間の子どもたち（2007年）
㉑ かたりべの会、草花で遊ぼう（2008年）
㉒ てんとう虫文庫、乳幼児向おはなし会（2009年）

⑲

⑳

㉑

㉒

はじめに

　本書の著者、落合美知子さんは40年以上にわたって、全国各地の図書館や子ども文庫で、絵本やおはなしを通して子どもたちと関わってこられました。そして10数年前からは、絵本やおはなしだけでなくわらべうたを、子どもやその親たちに伝え、一緒に楽しむ活動を続けてこられました。そんな彼女がふと立ち止まり、「昔の人はどんなわらべうたをどんなふうに伝えていたのだろう」「どうして、わらべうたは幼い子どもの心を弾ませるのだろう」「わらべうたを伝えていくことはどんな可能性を持っているのだろう」といった、わらべうたの歴史や理論について深く学んでみたいと思うようになりました。

　今から4年前(2006年)、落合さんは放送大学大学院の扉を叩きます。そして、ご自身の実践を中心に据えつつ、わらべうたの過去・現在・未来を、子どもの文化環境として位置づけて通覧するとともに、子ども論(子どものコスモロジー)と関わらせながら、わらべうたの理論についても研究を積んで、大部の修士論文にまとめられたのでした。この修士論文をもとに、一般の方がたにも読みやすいように工夫をほどこして、さらに新たな文章や写真・イラストを加えてできあがったのが本書です。

　ここ数年、子育て支援や幼児教育・保育や図書館の現場で、わらべうたが注目されています。それに伴って、曲譜や遊び方を載せたわらべうたの歌集や指導書が数多く発売されるようになりました。こうした「わらべうた指導書」の多くにも、最初にわらべうたの「効能」が簡単に紹介されていますし、「〇〇メソッド」「××セラピー」といった言葉を登場させて、お母さんや保育士さんに期待感や信頼感をもたらすような仕掛けがされています。けれども、十分な理論的裏づけは述べられておらず、単なるハウツーの紹介にとどまっている「マニュアル本」がほとんどです。これに対して本書は、実践者と研究者、両方の視点を兼ね備えた著者ならではの、実践と理論のバランスがとれた、わらべうたに関心を持つさまざまな立場の人びとのニーズに応える一冊と言えるでしょう。

　多くの皆様、特に若いお母さんやお父さん、図書館、幼児教育や保育の現場の先生方に、ぜひこの本を手にとっていただきたいと思います。わらべうたはすばらしい文化遺産です。わらべうたを子どもたちと一緒に楽しむことで、レイチェル・カーソンのいう「センス・オブ・ワンダー(神秘さや不思議さに目をみはる感性)」を私たちの心に蘇らせることができるでしょう。そして、日本や世界のわらべうたをともに口ずさむことを通して、民族や国境を越え、また世代や時代を超えて、人と人が共感し、つながり合うことを願ってやみません。

　「わらべうたさん、あなたは親善大使なのです」(英国スコットランドのわらべうた研究家モンゴメリー夫妻の言葉)。

　　　　　　　　　　　監修　鵜野祐介(梅花女子大学教授・元放送大学大学院客員教授)

目　次

口絵
はじめに　　（監修　鵜野祐介）　1

序章　わらべうたへのまなざし ──────── 5

第1章　わらべうたとは何か ──────── 11
 1　わらべうたと子どもの文化環境　12
 2　わらべうたの呼称と定義　14
 3　わらべうたの＜供与＞　16
 4　わらべうたの分類、特質　18

第2章　日本のわらべうたの歴史 ──────── 25
 1　原始〜古代　26
  わらべうたの起源／「童謡（ワザウタ）」としてのわらべうた／「遊びうた」としてのわらべうた
 2　中世　30
  地蔵和讃と僧侶／仏教による＜供与＞の広がり／子守唄と乳母／家族による＜供与＞／年中行事の中の唄
 3　近世　41
  初期のわらべうた集成／子ども集団による＜供与＞／守り子と子守唄／旅芸人による＜供与＞／遊びによる＜供与＞／ものがたりによる＜供与＞
 4　明治期　57
  転換期の基層文化／わらべうた集成の変化／学校唱歌とわらべうた
 5　大正から終戦まで　66
  「赤い鳥」と童謡運動／わらべうた復興への取り組み／文学作品とわらべうた
 6　戦後から今日まで　70
  年中行事を通してのわらべうた＜供与＞／採譜によるわらべうた集成／教科書の中のわらべうた／幼児教育とわらべうた／新たな動き
 7　考察　80

第3章　わらべうた＜供与＞の今日的状況 ── 85

1　ニュースからみる今日のわらべうた＜供与＞　86
2　子ども自身によるわらべうた＜供与＞　91
3　子どもの文化環境にみるわらべうた＜供与＞　104
　家庭／保育・幼児教育・学校教育の現場／地域社会・公共施設（図書館）／マスメディア他
4　わらべうた＜供与＞に関わる人びとの意識　110
　＜供与者＞のわらべうた観／グループ（講座、研修）のアンケート調査／個人の面接調査
5　考察　132

第4章　わらべうた＜供与＞の取り組み ── 135

1　親子でたのしむ絵本とわらべうた　136
　取り組みまでの経緯／取り組みの理念／取り組みの始まり
2　取り組みの工夫と変化　140
3　わらべうた＜供与＞の広がり　144
4　参加者の反応　146
　取り組みの風景／家族での反応／大人（親）の反応／継続による変化／自由空間での子どもの反応／わらべうたと子どもの世界／＜供与者＞の反応
5　参加者のその後　154
6　考察　158

終章　わらべうた＜供与＞の可能性 ── 163

1　前章までのまとめ　164
2　子どものコスモロジーに基づく理念の再考　166
3　今後の課題　169

文献リスト ── 172

資料編　親子でたのしむ絵本とわらべうた ── 175

1　わらべうた選集　176
2　絵本とわらべうた＜供与＞例　179
3　楽譜編　185

あとがき　206

序　章

わらべうたへのまなざし

わたしたちの地球は、何億年、何十億年もの昔、うまれました。
太陽の家族にあたる、九つの惑星のひとつで、
太陽からかぞえて、三ばんめの場所をしめています。
地球は、なかまのなかで、一ばん大きくもなく、一ばん
小さくもありませんが、わたしたちには一ばんだいじな惑星です。ここに
わたしたちはすんでいるからです。

（『せいめいのれきし』バートン1964:10より）　（注）惑星の数は当時の解釈

子どもへのまなざし

　私のわらべうたへのまなざしは、子どもへのまなざしからはじまった。子ども時代は、脈々と引き継がれてきたいのちの歴史のほんの一瞬ではあるが、なんと私のだいじな場所だったのだろう。なんと果てしなく広く、遠い世界なのだろう。次の詩はそんな思いを代弁してくれる。

　　「こどものころにみた空は」
　　ひとはみな／みえないポケットに／こどものころに　みた　空の　ひとひらを／ハンカチのように　おりたたんで／入れているんじゃなかろうか／

　　そして／あおむいて　あくびして／目がぱちくりしたときやなんかに／はらりとハンカチが　ひろがり／そこから／あの日の風や　ひかりが／こぼれてくるんじゃなかろうか／

　　「こどものじかん」というのは／「人間」のじかんを／はるかに　超えて　ひろがっているようにおもう／生れるまえからあって／死んだあとまで　つづいているようにおもう／

　　　　　　　　　　　　　　　（『こどものころにみた空は』工藤直子1997より）

　子ども時代から数十年経た今もわらべうたを口にすると、体の中にあたたかい声が潜んでいたことに気付く。そして、しあわせな時間や空間がこぼれだして、とてつもなく懐かしいいのちの歓びが湧き上がってくる。子どもの頃、いえ、この世に生まれる前から私は確かにわらべうたを聴いていたのだろう。風や光のようにごく自然なことばのリズムを聴いていたのだろうと思える。
　今、目の前の子どもたちがわらべうたで遊ぶ様子に接すると、次の平安末期の俗謡と同感のまなざしを持つようになった。

　　あそびをせむとや生まれけむ　戯れせむとや生まれけむ
　　あそぶ子どもの声きけば　わが身さえこそ動(ゆる)がるれ（『梁塵秘抄』）

　子どもへの率直なまなざしである。当時の子どもの環境は、子どもも労働の担い手で、すべて遊ぶ存在として認められていたわけではない。今日の子ども観は、平安時代と比して変化しているが、子どもが自由に主体的に遊ぶ環境が保障されているわけではない。遊ぶ子どもの声も、少なくなっている。しかし、遊びが、いつの時代も変わらない子どもの特性

であることには変わりない。また、どの国の子どもたちにもいえることだろう。

　過日、フランスの空港で「いないいないばあ」の遊びをしているアラブ系の母子に出会った。母親が顔を手で覆って「いないいない　ばあ」をすると、4歳くらいの女の子は満面の笑みを浮かべた。それから自らいろんな遊びを始めた。持っていたものや椅子の下から「ばあ」と顔をだす。動きながら、いろんな動作が加わった。そのうち待合コーナーの椅子を巡って各国の大人たち一人ひとりに「いないいない　ばあ」をして歩いた。和やかな空気が流れ、大人の笑みがこぼれた。もちろん私もしてもらった。くりくりした瞳と愛らしい声を忘れることができない。言語が違っても同じように人と人とが繋がっていて、わらべうたへのまなざしが広がり、ことばの不思議な力を味わった。

　私の子ども時代にも、そして今日の子どもたちにも子どもの世界に、自ら主体的に歌って遊ぶわらべうたがあるのは、「子ども自身の文化」であると気付かされた。

「子ども自身の文化」と「子どものコスモロジー」

　「子ども自身の文化」ということばに出会ったのは、『子どものコスモロジー －教育人類学と子ども文化』(藤本1996)であった。この本を読んだことがそもそも、本書[注1]を著す動機になっている。同書は、故藤本浩之輔と4人の研究者が執筆しているが、特に鵜野による、エピローグ—藤本浩之輔先生の「子どものコスモロジー論」の構想—に影響を受けた。

　子どもも、大人の文化と同等の文化をつくっている。遊びを中心にして、子どもが主体になって〈供与〉し、〈享受〉してきた文化があるということだ。藤本は、子ども自身の文化を「一つの集団や社会の子どもによって習得され、維持され、伝承されている子どもたちの特有の生活様式」と定義づけて、次のように分類(藤本1996:44)している。

① 言語によって表現される文化(言語表現の文化)
　　　　　　　　—遊びのうた・唱えことば・語りもの・文字、絵の遊び・命名法
② 身体によって表現される文化(身体表現の文化)
　　　　　　　　—演技の遊び・運動の遊び(ルールを伴う)
③ 事物や生き物に関わって表現される文化(事物表現の文化)
　　　　　　　　—手作りの遊び・生き物にかかわる遊び

　わらべうたは、この3つのどの領域にも属している。そこに投影されているのが藤本による「子どものコスモロジー」である。子どものコスモロジーは、子ども自身の文化を生成する原動力となり、大人とは異なる独自の様式性を持つ「子どもの心の世界もしくは内的世界」と表現されている。私も子どもたちと大人の世界の違いはここにあると常々思っている。藤

(注1)　本書は、2008年に修めた、放送大学大学院修士論文「わらべうたにみる子どもの文化環境」に、学部の研究論文「わらべうたにみる子ども文化の背景」から少し引用、加筆した。ご指導くださったのは、本書監修の鵜野祐介教授である。

本は、また以下のような「両生類としての子ども」という見方をしている。

　　考えてみると、子どもは二つの世界に生きる必要があるのではないか、将来の社会を背負うため、その社会の文化を継承するため、大人の与える文化を習得する世界と、もう一つは、自分たち自身の文化によって構成される世界とである。つまり、子どもは、その二つの世界を適当に行き来している両生類のような存在である。大人文化の中にばかり引きこまれていると体の水分が枯渇し、うるおいをなくしてしまう。学校文化を拒否し、大人を拒絶して閉じこもるのは、その自衛策の一つなのではないか。
　　子どもには、生気と活力を補給し、いきいき生きることのできる子どもの世界が必要である。それは、あそび文化の豊かな子どもたち自身の世界である(藤本1994:302)。

　以上のような藤本の抱く子どものコスモロジーのイメージを私なりに換言してみれば、子どものうるおいに満ちた、いきいきとした「生命の原動力」と規定できるように思う。わらべうたは、こうした子ども自身の文化を生み出してきた子どものコスモロジーの世界であろう。
　しかし、今日的状況をみると、わらべうたは、子ども自身の文化とばかり言い切れない。文化の伝え手であるわらべうた＜供与者＞が、子どもから大人に取って代わってしまい、子ども自身が＜供与者＞となることは、少なくなっている。
　私の子どもの頃を振り返ってみると、わらべうたに伝え手がいて、受け手がいたということ、すなわち、文化の環境があったことなど考えることもなかった。また、子どもの世界に大人が介入しているとも思わなかった。秘密に満ちた時間であったと思う。
　20代になって、私は、図書館や子ども文庫で子どもに本を手渡し、親子にわらべうたや子守唄を伝えるようになった。こうして子ども文化を＜供与＞する大人になってみると、子ども時代の時間には、いかに多くの大人のまなざしがあったか、大人の文化に包まれていたかが感じられるようになった。でも、確かに、子ども自身の文化(子どものコスモロジー)が存在していた。では、わらべうた＜供与＞の可能性は、どうなのだろうか？
　本書は、この子どもの文化であるわらべうたの＜供与＞に視点を当てている。最初に、わらべうたとは何かを原理的に考え(第1章)、次に、わらべうたを伝えること(＜供与＞)と、だれがどう伝えるのか(＜供与者＞)に的をあてて歴史を顧み(第2章)、それから、子どもの文化に関わる私の活動を振り返り、今日のわらべうたへのまなざしを再考し、今後への方向をさぐっている(第3・4章)。
　子どもの文化環境としての、わらべうた＜供与＞の可能性を探求し、いつの世も子どもたちがいきいきと生きていけるようにという願いを込めて書き進めたい。

子ども文化論との位相

　ここで子どもの文化を考える時、従来との違いをみておこう。本書のきっかけになった藤本『子どもの育ちを考える』(2001)の中で、「子ども文化」を、

　　　子ども自身の文化（言語表現の文化・身体表現の文化・事物表現の文化）
　　　大人＜供与＞の文化（育児文化、児童文化、学校文化）

に二分している(藤本2001:30)。

　「子ども文化」という言葉は、従来の児童文化と呼ばれていた「大人が創って子どもに与えていた文化財」の言い換えである場合が多いが、藤本による「子ども文化」は、子どもが創る文化としての「子ども自身の文化」を、大人が創る文化と同じ次元でとらえている点に特徴がある。さまざまな子ども文化論の違いを見ようとすると、根底に子ども観の違いがあると思われる。同書には、子どもに対する見方が次のような例で記されている。

　　　昆虫の親は自分の持っている生命と可能性のすべてを卵の中にこめて死んでいく。やがて卵はかえり、幼虫が生まれ、いろいろな段階を経て成虫となり、また同じことをくり返す。植物も同様である。考え方によっては、その生命のサイクルの中でいちばんすばらしいのは、小さな球体の中に生命と可能性のすべてを閉じこめている卵や種の状態であるとも言えるのである。(同2001:9)。

　こうした生命のサイクルにおける子どもへの深い、あたたかいまなざしが、実態を伴って根底にあるのが、「子ども自身の文化」であろう。藤本においても、子どもが創ってきた文化の中核は伝承であるが、「子どもの遊びをみていると昔の大人たちの生活がうかがい知れる」とする柳田国男の「古い生活文化の管理人」としての子ども観とは、概念が異なっている。子ども自身の文化では、大人の目から見ると大人の生活模倣にすぎないと考えられるものも、子どもの立場からすれば、自分たち自身による文化創造であり、そういう意味で子どもの世界もまた文化豊かな世界である(同2001:19)。

　藤本による「子ども自身の文化」の分類は、前記の通り、言語、身体、事物の表現の3領域がさらに11に細分されている。わらべうたは、これらの分類のうち「遊びの唄」、「唱えことば」、「文字・絵の遊び」、「手わざの遊び」、「手づくりの遊び」等の領域に属している。しかし、わらべうたの領域には、この他に大人が子どものために創造したり、歌ったりする大人＜供与＞のうたもある。子守唄などがその例であるが、鵜野はこの点について、次のように記している。

　「子ども文化」は、「子どもたちがつくってきた子ども自身の文化」と、「大人たちが子どもたちのためにつくって供与してきた文化」に二分される(藤本2001:29-30)。この分類に準

拠するなら、子どもが遊びの中などで口ずさむ、いわゆる「わらべうた」が前者の「子ども自身の文化」であるのに対して、「子守唄」は後者の「大人供与の文化(子どものための文化)」と一応は規定されよう。けれども実際の子守唄の歌い手について考えてみると、小学生くらいの子どももいたわけで、「大人供与」と言い切ることはできない。歌詞の内容にも、子どもの気持ちを安らかにして寝かしつけようという「子どものための文化」の要素がみられる半面、「ねんねんネコのケツにカニがはいりこんだ」などといった、子ども独特の発想に由来すると思われるユーモラスな「遊び唄」すなわち「子ども自身の文化」の要素や、聞き手の子どもを脅かしたり、子どもとは無関係に自分の心情を吐露する「ストレス発散唄」すなわち「大人自身の文化」の要素も見られる。つまり、「子守唄」は「子どものための文化」と「子ども自身の文化」、さらには「大人自身の文化」にも相跨っているのである(鵜野2005:55)。

　従来、子守り唄は大人＜供与＞のうたと決め付けられていたようだが、ここでは、だれが歌ったかという文化伝達の主体としての＜供与者＞、だれが創造したかという文化創造の主体としての＜供与者＞に関する問いがなされている。単純に二分出来ない大人と子どもの関係において相跨っている状況もあるが、今日のわらべうたを考えるときには、これが重要だと思う。私の体験では、「大人自身の文化」に相跨っているわらべうたの状況に接しているので、本書で取り上げていきたいと思う。そして、「子ども自身の文化」に込められている子どもへの視点を軸にしつつ、わらべうたの主体(供与者)、客体(享受者)では、主体のわらべうた＜供与＞からの複眼的な視点で考えてみたいと思う。
　遊びの実践をしてきた加古里子は、「子どもの遊びと文化」(『ジュリスト』増刊総合特集№16「日本の子ども」)の中で、「子どもを大切にとか、子どもは宝といいながら大人がやってくれたのは参考書や絵本や玩具、砂糖の入った菓子、(略)塾や入学金といったものを買ったり与えたり押し付けていただけだった。(略)長い伝統の遊びや文化の中で全く逆の、誠実さを欠き自らの人生を生き抜く迫力を失った大人の姿勢が子どもたちをこんなにゆがめ、無気力にしてしまったことに気づかぬというおろかさ(略)。子どもの遊びと文化の最大の敵がここにある」(加古1979:120)と、30年も前に遊び文化に対する大人への警告をしていた。現在、子どもの文化に大人はどう対処すべきなのか？
　今日のわらべうた＜供与＞もそれに答える一つの方法であり、子ども観に対する一つの表現に違いないであろう。では、歴史を紐解き、未来を見つめ、まず目の前のわらべうたへのまなざしを熟視し、示唆をさぐりつつ、その可能性の扉を開けることにしよう。

第1章

わらべうたとは何か

うたをうたうとき

うたを　うたう　とき
わたしは　からだを　ぬぎすてます
からだを　ぬぎすてて
こころ　ひとつに　なります
こころ　ひとつに　なって
かるがる　とんでいくのです
　　　うたが　いきたい　ところへ
　　　うたよりも　はやく
　　　そして
　　　あとから　たどりつく　うたを
　　　やさしく　むかえてあげるのです

(まど・みちお少年詩集『まめつぶうた』より)

1 わらべうたと子どもの文化環境

子どもの文化とわらべうた

　子どもは、この世に生まれてそこに存在する自然環境や文化環境の中で育っていく。文化とは何であろうか？　文化の定義にはさまざまなものがあるが、ここでは、アメリカの文化人類学者ラルフ・リントンの文化理論[注1]をもとに藤本浩之輔により定義された「文化とは一つの集団や社会の人々によって習得され、維持され、伝承されている生活様式」(藤本1994:286)としておきたい。

　子どもたちは、大人の生活の仕方(様式)に影響を受けながら育ち、文化の客体(享受者)であると同時に、藤本の定義のように子どもにも生活の仕方があり、子どもの中で文化は創造され継承されていくので、子どもも文化創造の主体といえるだう。藤本は、子どもたちは生産したり、商売したり、研究したりして社会を支える役割をもっておらず、いわば、遊ぶ存在であるから子どもたちの文化は、遊びの領域にあるとして、前記の通り、子ども自身の文化と称して、大人の文化と同等のものとして扱かった。従って子どもの文化には、子どもがつくってきた文化と大人たちが子どもたちにつくって＜供与＞してきた文化があるといえる(藤本2001:29)。わらべうたは主に、子どもが創造してきた子ども自身の文化といえる。ただし、わらべうたには、大人が子どもに歌ったりあやしたりする子守唄、遊ばせうた等もあるので、創造や伝達に視点を向けると、大人＜供与＞の文化に属するものや子どもと大人が共有している文化としての側面を持つと考えられる。

文化環境の変化

　私は戦後、昭和20年代に群馬県利根郡の山村で子ども時代を過ごした。その当時の記憶を辿るとぽっと灯りがついたような光景が浮かんでくる。ごく幼いうちからよく戸外で遊んでいた。その多くは、わらべうたであった(第2章6を参照)。6歳位だったと思うが、近所のお姉さんについて行って教えてもらっては、砂がたくさんある土蔵の前で遊んだ。さらさらした砂の上に小さなすり鉢状の穴があいているのを見つけては、「たっこはっこたっこはっこ」と歌いながら無残にもそのはっこの穴(ありじごく)を壊し、大人が聞いたら憚るようなエロ

(注1)　リントンは「文化とは、当該社会の成員が、教示もしくは模倣によって獲得した、多かれ少なかれ彼らのあいだに共有されている諸概念、条件付けられた情緒的反応、習慣的行動の型などの総和である」と述べ、(子どもの言語学習について)「子どもはあたかも、いかに話すべきかに関する「規則」をみずからつくり、つぎにそれらをいろいろな文脈で験してみながら修正を加え、新しい規則を付加していき、こうして(無意識的ではあるが)自分の話しかたを適切に導くひとくみの規則を獲得していくかのような過程をたどる」としている(江渕一公2000:62を参照)。

チックなうたを虫^(注2)に浴びせかけていた。今思えばそれだけのことだが、穴を見つけた喜び、夢中になって歌っていた時間は、子ども時代の特別な別空間の秘密の世界だったのだろう。陽だまりのあたたかさや砂の感覚も鮮明に蘇ってくる。それから小学校高学年まで毬つき、お手玉、おはじきや「かごめかごめ」など、うたって遊ぶ子ども集団があった。いじめの言葉さえ歌だった。みちこという名前のため「みっちゃんみちみち」と男の子たちにからかわれたが、今では懐かしいほほえましい光景として浮かんでくる。こうした子ども時代の文化環境は、限りなく広く、家庭や地域はもちろんのこと教育の場である学校でさえ遊びの空間と化して、遊びを伝え、創造し、共有していた。

　しかし、それから今日までの50年間に子どもの文化環境は、急速に変化し、遊びが成立するための時間、場所、仲間が制約されてしまった。藤本『子どもの遊び空間』(1974)では、「昭和30年頃からはじまった利益至上主義による経済成長と都市化の進行は、子どもたちの遊びの機会を大きく圧迫し、混乱におとしいれていった」(藤本1974:18)と、すでに1970年代(昭和40年代)に実態調査や経験に基づく子ども自身の文化への危機感が表明されていた。

　また、仙田満『子どもと遊び－環境建築家の眼－』(1992)にも、調査等を基に、日本の子どもたちの遊び環境のことが述べられている。第一の変化は、日本の高度経済成長と軌を一にしていて、遊び空間が極めて小さくなり、テレビ等の影響、核家族化、コミュニティの喪失などにより遊びの集団が減少していくという「縮小の変化」である。第2の変化は、1980年から始まっていて、遊びの空間は限界まで小さくなり分解が始まっている。テレビゲームによる子どもの自閉化も進行していることから「質的な変化」としている(仙田1992:173)。

　そして現在(2009年7月)、私の住んでいる地域では、午後3時になると、公園などあちこちに張りめぐらされた有線放送から「子どもたちの下校時間です。みんなで子どもたちを見守りましょう」と一斉に放送が流れて来る。誘拐や殺害のニュースに脅かされながら子どもたちは、大人の眼の届く所で暮らし、遊ぶ光景が多くなってきた。子どもたちの自由空間は、あたかも失われてしまったかのようにさえ見受けられる。

　わらべうたの衰退もこの文化環境の変化にみられる過程と同様の変化を辿って来たが、こうした状況の中で、今日、図書館、公民館、児童館等の施設空間で、わらべうた＜供与＞が見られるようになった状況は、また新たな動きとしてみてよいであろう。本書では、特にこうしたわらべうたにみられる子どもの文化環境を、子どもの視点に立って見直しつつ、わらべうた＜供与＞による子ども文化の可能性を考えていきたいと思う。

(注2)　後にその虫が、ウスバカゲロウの幼虫だったことを知った。

2 わらべうたの呼称と定義

呼称

　日本には「7歳までは神のうち」という諺があるが、わらべうたの「わらべ」という言葉は、この諺と結びついている。

　「わらべ」について、『日本史大辞典』(平凡社1994)によると次のように記されている。

> 　児童が一般に「童(わらべ)」と称されていた時代には、それは、こんにちの感覚では容易には推し量れない意味をもって見られていた。とりわけ古代、中世においては、童のもつ自由奔放さ、闊達さ、率直さ、いたずら好み、乱暴さかげんなどの特性が、信仰とも深く結びつきながら、現実の俗世界を超越した別世界にあいかよう力のあらわれと考えられ、童のつぶやき一つにもなにかの予兆を汲みとり、成人には理解しかねるような童の不可思議な行動一つにも神の恣意を感じとっていた。そして、一定の年齢に達するまでは「産神(うぶがみ)」の加護のもとに童が置かれているものと信じ込んでいたのであった。その年齢はおおむね七歳であり、これをすぎると「産神」の霊力が弱まり、危険に遭遇すると予測されていたらしい(1347頁)。

　わらべうたは、この「わらべ」すなわち子どものうたに違いないが、前述の通り、霊力のある「わらべ」と称した子ども観の歴史が織り込まれているのだろう。

　わらべうたは、童謡、童歌、童唄、わらべ歌、わらべ唄等さまざまな表記がなされているが[注1]、「わらべうた」と表記された歴史はまだ浅い。盛んに使われるようになったのは、町田嘉章・浅野建二編『わらべうた』(昭和37年岩波文庫)や小泉文夫編『わらべうたの研究』(昭和44年)頃からである。

　わらべうたを「童謡」と表記する歴史は古いが、万葉の時代には「ワザウタ」、大正時代は「ドウヨウ」などの呼称がある。しかし、今日、童謡という表記は、広く子どもの歌全般にわたっている。創作の子ども歌や唱歌等と区別されるものとして「伝承童謡」と称することもあるが、本書では、「わらべうた」と表記することにした。

　また、「わらべ唄」と表記する例は、「唄」の字が、口篇に貝旁を持って構成されており、

(注1)　「朝日新聞情報サービス」で検索してみると、わらべうたに関する報道のうち、表示の仕方は、最近では、「わらべうた」が一番多くなっている。2000～2003年(4年間)での表示の仕方は、「わらべうた」186件、「わらべ歌」245件、「わらべ唄」35件であるが、2004～2007年11月9日現在までの表示の仕方は、「わらべうた」196件、「わらべ歌」125件、「わらべ唄」31件)となっている。

貝が古代の財貨であったことからして、〈民衆の口の宝〉を意味しているという。ここでは、広い視点で捉えていくので、「わらべうた」と表記するが、伝承を強調する場合には、「わらべ唄」を用い、引用の文では、忠実にそのままの表記を用いることにしたい。

定義

わらべうたの定義については、さまざまな見解がある。辞(事)典等、関係するものでは、次のように記されている。

① 「二通りの種類がある。すなわち子どもが自ら歌うものと、子どもに歌ってきかせるものとである」(民俗学研究所編『民俗学辞典』1951年)。

② 「子どもの遊びの中で自然発生的に生まれ伝えられているものや、遊びの中に取り入れられた既成曲の総称。子どもの遊び歌ともいわれる。」(岩井正浩「わらべうた」、福田アジオ他編『日本民俗大辞典』2000年)。

③ 「古来民間の子どもたちが日常生活や年中行事に歌い継いだ唄。作者や年代の明らかな創作童謡に対し伝承童謡とも称す(略)」(牛山呆「わらべうた」、大塚民俗学会『日本民俗事典』1972年)。

④ 「こどもたちが、遊びなどの生活の中で口伝えに歌いつぎ、作りかえてきた歌。作者は問題にされず、遊び仲間などのグループによって伝承されるなどの性質をもち、いわばこどもの民謡である(略)」(目黒三策編『標準音楽辞典』1966年)。

⑤ 「子どもたちの遊び唄」「村や町の共同体に暮らす大人たちが集団的に作りうたった唄を〈民謡〉というのに倣えば、わらべ唄は、〈子どもたちの民謡〉と言ってさしつかえない、経済的責任を負う大人は労働をしなくてはならないが、その労働作業をなめらかに運行するために作られた歌が仕事唄であり、労働より解き放たれときの喜びの歌が踊り唄や祭りの唄であった。基本的に〈労働を猶予されている存在〉である子どもにあっては、〈遊び〉が、大人における〈労働〉の位置を占めている。したがって、子どもたちが〈遊びの必要性〉から編み出したわらべ唄は、本質的に〈子どもたちの民謡〉と見るべきものと考えられる」(上笙一郎「わらべうた」、上編『日本童謡事典』2005年)。

⑥ 「わらべうたとは、作者の意味を問わず、子供から子供へ、あるいは大人から子供へと口承される子供の歌、子供のための歌をいう」(本城屋勝『わらべうた研究ノート』1982年)。

⑦ 「わらべうたとは、大人によって子どものために、もしくは子ども自身によって、あるいはまた大人と子どもに共有される形で、主に口承に拠りながら、書承の影響も受けつつ歌い継がれてきた、匿名性を持つ、メロディやリズムを伴う詞章である」(鵜野祐介「わらべうた」、関口安義編『アプローチ児童文学』2008年)。

一方、英国圏のわらべうた(伝承童謡)では、オーピー夫妻『オクスフォード版伝承童謡

事典』において、次のように記されている。
⑧　「伝承童謡[nursery rhyme]は、幼い子どもたちのために習慣的に口ずさまれる韻律詩[rhyme]である。定義の観点からみると、起源や年齢は重要でなく、元来子どものためにつくられたものである必要もない。それは子どもたちによって口ずさまれることを通して、伝承童謡となるのである」(Opie, 1951:790、鵜野1995;5の邦訳より引用)。

以上、辞(事)典等のわらべうたの解説に見られることは
i)　子どもの遊びうたであること—遊び、ことば(歌詞)、うた(節)があること。
ii)　伝承されてきたうた、または唱えごとであること—文化、社会習慣、民俗風習であることであり、「子ども自身が歌うもの」と「大人が子どもに歌って聞かせるもの」とに大別できる。

そこで、本書において、わらべうたとは
　　　「子どもが自ら歌い、または、大人に歌ってもらいながら、伝承してきたうた」とする。従って、子どもが遊びの中で口ずさむうたのみならず、大人に歌って(遊んで)もらったうたや子守唄、唱えのことばも含まれるものとする。

3　わらべうたの＜供与＞

　文化伝達には、伝達主体としての＜供与者＞と、客体としての＜享受者＞が存在する。本書の＜供与＞[注1]は、わらべうたを提供し、共有し、伝播する等、相手に与える総合的な行為を意味するものとして＜供与＞という言葉を用いることにしたい。

わらべうた＜供与＞の方法
　わらべうたの＜供与＞には、人から人への肉声による＜直接的な供与＞とマスメディアを媒体とした＜間接的な供与＞が考えられる。

＜直接的な供与＞
　人間の肉声によるわらべうた＜供与＞は、以下のような形に大別される。
①大人→子ども(子どものために大人によって歌われるもの)
②子ども→子ども(子ども同士で遊ばれ伝承され、共有されるもの。年長の子どもが年少の

(注1)　角川書店『新国語辞典』によれば「供与」とは、「①提供し与えること。②利益を相手に与える行為」とある。

子どもに教えたりすることもある。子ども守り子による子守唄等も含まれる）

③大 人 → 大 人　（「わらべ」という言葉が、子どもを表現するだけでなく大人をも含んでいた唄など。今日、大人が大人に手渡す。子どもが自ら取り込む文化でもある）
　↓
　子ども

④子ども → 大 人　（今日は、わらべうた体験のない親に、家庭以外で覚えた歌を子どもが＜供与＞するという形もみられる。大人の文化に取り入れられることもある）

⑤子ども・大 人 → 子ども・大 人
　　　　　　　（子ども、大人と分けることが出来ない、共有される形で＜供与＞されるもの）

＜間接的な供与＞

マスメディアによるわらべうた＜供与＞の手段として、以下のような形態が考えられる。
①　大人向けわらべうた集・絵本・その他わらべうたに関する印刷物
②　ビデオテープ・CD・DVD等
③　ラジオ・テレビ等

＜供与者＞の分野

今日におけるわらべうた＜供与者＞には、次のような分野が見られる。
①　わらべうたを子どもの益になるよう与える—家庭、保育、公共教育機関等
②　伝承する（伝統を伝える）—体験を次世代に伝える、子ども自身が伝える等
③　音楽・ことばの専門分野で扱う—音楽教室、合唱コンクール、創作、病院等
④　子どもを育てる大人への援助・支援—講座、講習等
⑤　その他—大人自身が大人同士または子どもとたのしむさまざま方法など

4 わらべうたの分類、特質

　日本のわらべうたを中心にして、わらべうたの分類やわらべうたの特質について考えてみたいと思う。

分類の基準
　わらべうたについて、何を基準にして分類するかによって分類の仕方は変わってくる。歌詞、遊び、音楽をそれぞれ中心として分類することができるが、分類の仕方は、時代と共に移り変わる。下記のような基準が用いられている。

a　歌詞
b　遊びの種類
c　遊び方
d　音楽
e　伝達（＜供与＞の対象）

　実際には、これらが入り混じっている（表1の基準参照）。過去の多くのわらべうた分類の中から特徴のみられるものを取り上げて、年代順に表示したのが次の表1である。

＜分類の特徴＞（表の書名番号①～⑫と下記番号は対応している）
① 　最初の分類といわれている。集成した「わらべうた」に題をつける必要から分類したといわれる(本城屋1982)。特に「子守唄」は現在もこの分類を踏まえている。
② 　子供唄を子守唄、遊戯唄、手毬唄の三つにした。他の『日本全国遊戯法』(明治34)もほぼ同じである。
③ 　小泉八雲(ラフカディオ・ハーン)の分類は、天体や動物に関する分け方が加わって今日まで採用されている。この分類に歳時歌を加えたのが『日本民謡全集』(明治40、前田外林編)である。
④ 　歌詞による分類である。分類が類型として固まってきた。
⑤ 　これまでと違う理論付けが出てきた(本城屋1982)。しかし、「然らざるもの」が「児童の目に触るる所、耳に聴く所を謡ったもの」だけではない点に矛盾があると思える。『日本童謡十講』(青山1929)では、これを「自然童謡」に置き換えている。
⑥ 　柳田国男による「一つの分類案」(柳田1960)では、民謡種目の十番目に「童歌」を入れている。民俗学で子どもの文化が取り上げられたことが注目される。分類においては、

第1章　わらべうたとは何か

表1（分類の例）

書名（編著者）	刊行年	わらべうたの分類	基準
①『童謡集』（釈行智）	1820年頃（文政3頃）	子守唄（寝させ唄・目ざめ唄・遊ばせ唄）・羽根つき唄・手毬唄・鬼わたし・盆唄・みつかりこ・きしゃごはじき・わらひ仏、そのほか唄の歌いだしで分けている	b
②『日本歌謡類聚』下巻（大和田建樹編）	1898年（明治31）	子供唄（子守唄・遊戯唄・手毬唄）羽根突唄	b
③『Folklore Gleanings』（日本の子どものうた）（小泉八雲）	1901年（明治34）	天体と天象の歌・動物に関する歌・いろいろな遊戯の歌・ものがたりの歌・羽根つき歌と手まり歌・子もり歌	a b
④『俚謡集拾遺』（高野斑山・大竹紫葉）	1915年（大正4）	手毬唄・手玉唄・羽根突唄・子守唄そして気象・動物・植物・歳時唄と遊戯唄・雑謡	a b
⑤『童謡』（村尾節三）	1919年（大正8）	遊戯に伴うもの―遊戯歌 然らざるもの―天象歌・歳時歌・動物歌・植物歌・地理歌・金石歌 子守歌・雑謡	a b
⑥『民間伝承』（柳田国男）	1936年（昭和11）	子守唄・遊ばせ唄・手毬唄・お手玉唄・その他 童詞（遊戯詞・言いぐさ）	a
⑦『日本童謡集成』（北原白秋）	1947／1974～1976（昭和22／49～51）	子守唄・天体、気象、動物、植物の唄・歳事唄・雑謡・遊戯唄	a
⑧『わらべうた』（町田嘉章・浅野建二）	1962年（昭和37）	遊戯唄その1（手毬、お手玉、羽根突きなどの唄）・子守唄（眠らせ唄・遊ばせ唄）・天体気象の唄・動植物の唄・歳事唄・遊戯唄その2（縄跳び・子取り・鬼遊び・手合わせ他）	a b
⑨『わらべうたの研究』（小泉文夫）	1969年（昭和44）	となえうた・絵かきうた、石けりなど・おてだま・はねつきなど・まりつき・なわとび、ゴムなわ・じゃんけんグーチョキパーあそび・お手あわせ・からだあそび・鬼あそび（表2の分類表を参照）	c
⑩『日本のわらべうた』室内遊戯歌編（尾原昭夫）	1972年（昭和47）	室内―遊ばせうた・顔遊びうた・手遊びうた・おはじきうた・風船つきうた・竹がえしうた・あやとりうた・手合わせうた・絵かきうた・いしなごうた・お手玉うた・手まりうた＜近世・近代＞・手まりうた＜現代＞	c e
『日本のわらべうた』戸外遊戯歌編（同）	1975年（昭和50）	戸外―鬼遊びうた・子もらい遊びうた・輪遊びうた・列遊びうた・くぐり遊びうた・押し合い遊びうた・馬乗り遊びうた・片足とびうた・なわとびうた・ゴムとびうた・ぶらんこ遊びうた・各種遊びうた	c e
⑪『日本わらべ歌全集』全27巻（浅野建二他監修）	1979年（昭和54）～1992年（平成4）	遊びのはじめ・手まり歌・羽つき歌、お手玉歌・手遊び歌・鬼遊び歌・縄とび歌、ゴムとび歌　外遊び歌・自然の歌・動物植物の歌・歳事歌・ことば遊び歌・子守歌（第7巻による）。	a b c
⑫『わらべうたであそぼう』（コダーイ芸術教育研究所）	1970／1985（昭和45／60）	乳幼児のあそび、うた、ごろあわせ・年少編・年中編・年長編	c e

「童詞(わらべことば)」が使われていることに特徴がみられる。分類に追加して「その他に児童のうたうものはまだ此他にも数種ある。名があったら採集分類する方がよい」としている(柳田1969)。しかし、民俗学以外ではあまり採用されていない。

⑦　大規模な集成で分類は各巻の題名として記されている。これ以後に大きな影響をもたらしている。子守唄・天体、気象、動物、植物の唄・歳事唄・雑謡の部門は、昭和22〜25年に出版されている。遊戯唄も合わせて完成版が1974〜1976年に出された。

⑧　町田、浅野によれば伝承の危機を思って集成・編集された。囃し唄と呼称される悪口うたのような囃しうたは、文学、音楽の第一義でないとして割愛されている。

⑨　これまでの分類とは異なり、遊びの形態による分類がなされた。遊び方を徹底して研究している。わらべうたは子どもにとって遊びであることを重要視し、大人からの「子守唄」は、分類に入らない。小泉は、「わらべうたを歌詞のみでとらえるのでなく、メロディがあり、それが歌である。また単なる歌だけでなく必ず遊びと結びついている。遊びは身体を動かすこと─運動─と結びついていると理解していくと、わらべうたを歌詞の内容で分けるのは、あまり意味がないように思われます。わらべうたは、他のあそびのためにあるので、遊び道具のようなものです。まりつきの時のまりのように、お手合わせうたがないと、お手合わせはできないのです。ですから、遊びによってわらべうたを分類するほうが、よほど実際的です」(小泉1986:90)としている。

⑩　室内、戸外遊戯歌編の2冊がある。古典、歴史的なものや同時代における編者自身の採集によるものを含め、遊戯の種類によって分類されている。乳児から幼児、児童期へと子どもの成長・発達段階を考慮している。2009年から『日本のわらべうた』歳事・季節歌編(尾原)により、季節ごとの行事、自然、動物、植物等の分類が加えられている。

⑪　各巻ごとの執筆者によって多少分類は違っている。最後には子守歌を載せている

⑫　わらべうた＜供与者＞の目的に沿った分け方をしている。1970年版と1985年版(新訂)は、表示の方法を変えている。

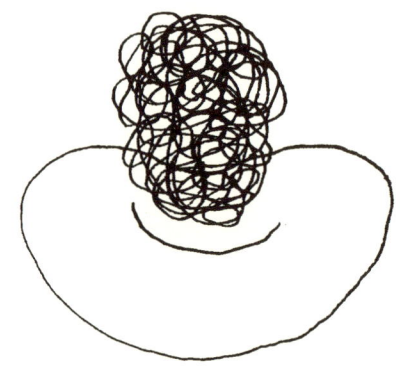

第1章 わらべうたとは何か

表2（小泉文夫の分類表）

0 となえうた	1 絵かきうた	2 おはじき・石けり など	3 おてだま・はねつき など	4 まりつき
00. 数をかぞえる 01. かぞえうた 02. となえうた（約束、ものえらびを含む） 03. わるくちうた・はやしことば 04. しりとりうた・頭韻あわせ・もじりうた 05. はやくちことば 06. 暗記うた 07. 替えうた 08. 09.	10. 字（文字、数字）のみを用いて書くもの 11. ものの形によって書くもの 12. 字とものの形の混合したもの 13. 字を書きあげるもの 14. 15. 16. 17. 18. 19.	20. おはじき 21. 石けり 22. こま 23. かんけり 24. 25. 26. 27. 28. 29.	30. おてだま―空中にほうりあげる（1人） 31. おてだま―空中にほうりあげる（2人） 32. おてだま―「おさらい」（下に置いてあそぶ） 33. はねつき―1人 34. はねつき―2人 35. ふうせん 36. 竹なんぽん 37. 小石あそび 38. けん玉	40. 基本形型 41. あんたがたどこさ型 42. いちもんめのいすけさん型 43. 基本型を欠く型 44. さっさ型 45. 支那の町型 46. リレー型 47. グループ対抗リレー 48. ジェスチャー型 49. 正座型

5 なわとび・ゴムなわ	6 じゃんけん グー・チョキ・パーあそび	7 お手あわせ	8 からだあそび	9 鬼あそび
◆なわとび◆ 50. 1人とび 51. 1人とびの追いかけ鬼 52. 順番とび 53. おじょうさん型（2人とび） 54. おじょうさん型（大勢とび） 55. ジェスチャーとび 56. 問答型 57. 変形波とび ◆ゴムなわ◆ 58. ゴム段とび 59. ゴムおもつれ	◆じゃんけん◆ 60. 基本的じゃんけん 61. 手と足以外のじゃんけん 62. 条件つきじゃんけん 63. 2グループじゃんけん（リレーじゃんけん） 64. ジェスチャーつきじゃんけん（予備運動の部分が発展し、様々な動作が加わったもの） ◆グー・チョキ・パーあそび◆ 65. 66. 出せ だせ あそび 67. グー・チョキ・パーごっこ 68. グリコ・パイナップルあそび 69.	70. 純粋なお手あわせ 71. 他のあそびに用いられるお手あわせ 72. グー・チョキ・パーあそびと結合したもの 73. じゃんけんあそびと結合したもの 74. ジェスチャーあそびと結合したもの 75. 76. 77. 78. 79.	80. 指・手あそび 81. 顔あそび 82. 手と腕あそび 83. 足・からだあそび 84. 手あそびに他の要素が結合したもの 85. 階段とび 86. 図型とび 87. 89.	90. 追いかけ鬼 91. かくれんぼ 92. ひっこぬきあそび 93. 関所あそび 94. 人あてあそび 95. 子もらいあそび（単純なもの） 96. 子もらいあそび（複合的なもの） 97. 98. 99.

わらべうたの特質

　日本のわらべうたには、どのような特質があるだろうか？　町田、浅野『わらべうた』(1962)では、以下のような6つの特質が述べられている。そのほかの先行研究を参考にすると、大まかな特質は、次のとおりである。

＜町田、浅野『わらべうた』(1962:270～282)で述べられているわらべうたの特質＞（概略）

1) 大多数がかなり古い時代から民間の子供たちに伝承されてきた唄で、作られた年代も中心地域もはっきりしないものが多く、作者などは分からない。素朴で優雅な曲調と二拍子及至四拍子を主とした単調なリズムをもっている。明治時代の「唱歌」や大正中期に勃興した「創作童謡」とは全く本質を異にしたものである。創作童謡の中には原型を仰ぐものがある。

2) 遊びのための唄が中心をしめているので、特に遊戯唄の種類が多く、変化に富んでいる。

3) 全国共通の唄が多く、民謡のように郷土特異の曲調を持っているものが割合に少ない。これは、児童生活の単純さが風土的、民俗的に一種の共通性をもっている。行商人などの伝播による。

4) 子守唄は他の一般のわらべうたと性質が異なり、子供自身が歌う唄ではなく、ただ対象が子供であるというに過ぎない。安らかに眠りの世界に誘う唄ばかりでなく、泣く子を威嚇することによって眠らせようとするものや、「守っ子」の如く子供の睡眠とは関係なく、子守自身の労働苦を述壊し自らを慰めるものなどがある。特に後者には民謡や流行唄との交錯が認められる。

5) 昔の流行唄や長唄、端唄などと交流の顕著なものがある。

6) 天体気象の唄・動物植物の唄・歳事唄等にそれぞれ特色ある多彩な唄を伝えている。地名を巧みに取り込んだ特殊な技巧唄もある。

＜瀬田『幼い子の文学』(1980)で述べられているわらべうたの特質＞

　瀬田貞二によれば、わらべうたの特質の最たるものは、ハーバート・リードが、子どものための選詩集『楽しい道』(This Way Delight)の跋文の中で使っていた「マジック　アンド　ミュージック」であると言っている。つまり、「マジックというのは、魔力があるというか、心を驚かすというか、気持ちをひきつけるということでしょう。ミュージックというのは響きがいい、耳に聴いていて気持ちがいいということ」(瀬田1980:61)。これは、日本のわらべうたにも当てはまることだろう。

＜阪田寛夫が述べているわらべうたの特質（属性）＞
　詩人の阪田寛夫は、
1　ワザウタ（童謡）などにみられる「恐ろしさ（怖さ）」
2　自然発生的な「おかしみ」
3　「なつかしさ」
が古代童謡から探り出せるとして、音楽的特質も含め、それが現代につながっていることを明らかにしている。また、わらべうたは、歌の本質を持っていると述べている（谷2007:82-86）。

　これらにさらに加えると、わらべうたは、歌詞（ことば）、音楽、遊びの三者が融合し、伝承の中で民俗や風土が折り込められてきたといえよう。三者それぞれに視点を当てると、

　第一に、歌詞（ことば）としては、母語の特性[注1]を持ち、詩（文学）としても扱われて文学との共通性[注2]を見ることが出来る。伝承の過程で子どもの独自性による創造性などによって、変化をもたらしている。

　第二に、音楽性としては、ことばと切り離すことはできないが、小泉『わらべうたの研究』(1969)を参考にすると、拍も2拍子系のリズムで、強拍、弱拍の結合ではなく前拍、後拍というふうに区別されている。しかし、例外として、縄跳びがなされるようになって、上下、強弱のリズムでも遊ばれるようになった。つまり縄飛びは、「西洋音楽と共通したリズム感を身につける最初のもの」（小泉1986）であるという。音階は、日本の伝統音階（5音音階、ドレミソラ）が中心になっている。「わらべうた音階」とも呼ばれる。小泉によると日本の伝統音楽で使われている「テトラコルド」（核音の枠）―民謡・律・都節・琉球―のうち、わらべうたの中心になる音階は「民謡のテトラコルドである」。「子どもが誰からも強制されずに遊びの歌を歌ったりする時は、（略）日本の民謡の基本音階で作曲します」（小泉1986:185）。つまり、わらべうたは、子どもの自然なリズム感、日本語にマッチした旋律であると言える。

　第三に、遊びとしては、遊びに必要な時間、空間、場所の条件を必要とし、四季折々の自然との触れ合いや人間とのコミュニケーションがあり、身体性を伴っている。遊びを成り立たせる決まり（例、鬼ごっこの鬼ほか）や集団での遊びは、社会性を培う要素を持っている。

　さらに付け加えるとすれば、民族の風俗、習慣等も織り込んできたといえるだろう。

　次章では、歴史を顧みて、わらべうた＜供与＞の諸分野をさぐり、今後への示唆を見出したい。

(注1)　日本語の場合は英語のように強弱でなく、高低のアクセントである。母音が中心になっている。
(注2)　瀬田貞二『幼い子の文学』(1980)において、1)素朴で具体的な言葉、音がよく響きのある言葉、2)反復や問答体のスタイル、対照的な見方などの型、3)リズム、と説明されている。

第2章

日本のわらべうたの歴史

　この章では、わらべうたが発生し、今日に至るまでの歴史を顧みて、特に日本のわらべうたがどう＜供与＞され、受容されてきたかに視点を向けてみたいと思う。

　日本には、英国圏のように歴史を包括した研究は少ないが、今日までに、多くの人々によって他に類のない数のわらべうた集成や研究がなされてきた。こうした記録に残された文献を辿ることによって、わらべうたの歴史の概略をみることができ、＜供与＞の様相を探ることが出来るであろう。しかし、何を以ってわらべうたとするか、また、どの文献によってその歴史を紐解くかは、さまざまな見解がある。ここでは、前章のわらべうた定義に基づいて、特に次の文献を参考にして歴史を辿ることにしたい。『わらべうた―日本の伝承童謡―』(町田・浅野1962)、『日本のわらべ唄』(上笙一郎1972)、『日本童謡事典』(上編2005)、『図説日本民俗学全集第4巻』(藤沢1971)、『日本のわらべうた　室内遊戯歌編』(尾原1972)、『日本のわらべうた　戸外遊戯歌編』(尾原1975)、『近世童謡童遊集(きんせいどうようどうゆうしゅう)』(尾原1991)、『子ども歌を学ぶ人のために』(小野2007)、『日本のわらべうた歳事・季節歌編』(尾原2009)。

歴史の時代区分は、
1.原始～古代(～平安時代)、2.中世(鎌倉～戦国時代)、3.近世(江戸時代)、4.明治期、5.大正から終戦まで、6.戦後から今日まで、とした。

1 原始〜古代

わらべうたの起源

　いつからわらべうたが子どもによって歌われ、遊ばれていたかわからないが、人類の歴史とともに古いものであったに違いない。記録に残されたもので辿ると、オーピー夫妻（Iona & Peter Opie）著『オクスフォード版伝承童謡事典[*The Oxford Dictionary of Nursery Rhymes*]』(1951, 1992)（アン・ヘリング抄訳『日本児童文学別冊』1970年所収35頁)には、「新訳聖書に断片的に残されているわらべ唄（マタイ伝11章17、およびルカ伝7章32）」と記されている。おそらくわらべうたの記録として最古に近いものとみてよいであろう。『聖書1954改訂訳』によるマタイ伝11章15〜17節では、次のように記されている。

　　15 耳のあるものは聞くがよい。
　　16 今の時代を何に比べようか。それは子供たちが広場にすわって、ほかの子
　　　　供たちに呼びかけ

　　17『わたしたちが笛を吹いたのに、
　　　　あなたたちは踊ってくれなかった
　　　　弔いの歌を歌ったのに、
　　　　胸を打ってくれなかった』

　というのに似ている。

　ルカ伝にも同じ場面が、多少言葉を換えて記されている。そのほか「古代ローマの子守り唄、ホラティウスが詩歌にとりいれた遊び唄(注1)などの、古代文化から残されてきた、わずかばかりのわらべ唄をみれば、二千年前の子どもの言語文化は、現在のそれとさほど変わらなかったことが明らかになるであろう」(1970:35)と述べられているとおり、この聖書に残された子ども同士の唄を読むことによって、同様に想定することが出来る。
　一方、明らかなしるしとして残されてはいないが、『和訓栞（わくんしおり）』や『守貞漫稿（もりさだまんこう）』にも出てくる石なごは、ずっと古く石器時代に始められた児童遊戯の石遊びに起原するものであって、木や石や貝のほかに、その時代の子どもには、手軽な遊びはみつけられなかったので、投石は、武器であり、仕事であった時代に、その模倣的遊戯として発達したもの(藤沢1971:81

（注1）「King of the Castle」

2)とも言われている。紀元前5世紀、ヘロドトスの記述にある骨お手玉は、ギリシアの子どもたちの間では一般化した遊びだった(注2)とされている。

世界各国にみられる「鹿・鹿・角・何本」などのあてっこ遊びも、柳田国男の『子ども風土記』に記されている。また、エドワード・タイラー(Edword Tylor)は、原始文化の一つとして記録している。

オーピー夫妻は、今日のわらべ唄の中で、最も古いと思われるものは、ヨーロッパ大陸にもいろいろ見出せるが、韻をふまない民間の唱え歌、擬声音としての要素すらない鬼定め文句、乳幼児を対象とした単純な遊び唄、さらにまた、何篇かのなぞなぞ唄、くらいであろう(オーピー1951:35)と述べられているが、日本もこれと同様であったと考えていいだろう。

では次に、日本のわらべうたの歴史に視点を向け、そこに見える、わらべうた＜供与＞の様相を探っていこう。

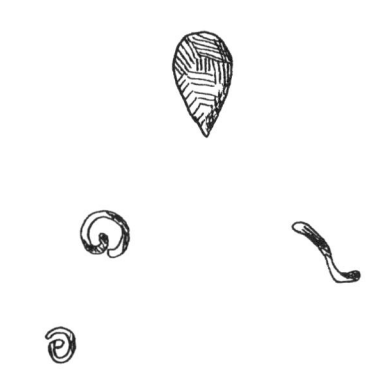

(注2) 藤本浩之輔『遊び文化の探求』(1991:14〜36)に「石なごはお手玉の祖型」として詳しく書かれている。16pには、「大英博物館の研究室でもらった資料によると、古代ギリシアの歴史家ヘロドトス(BC484〜425)が、骨お手玉(英語ではナックルボーンズ[Knuckle Bones])はリディア(紀元前730〜546年)で発見されたものだと記述しているのだというのである。ヘロドトスの時代、つまり紀元前5世紀には、骨お手玉はギリシアの子どもたちの間では一般化した遊びだったのである」と記されている。

「童謡(ワザウタ)」としてのわらべうた

　わらべうたが、童謡という漢字呼称で記録されたのは、前期古代社会であった。そして、元来わらべうたや民謡であったものに殊更の意味を付与し、未来の予兆としたり、政治的風刺とした歌は、大和言葉では＜ワザウタ＞と呼ばれた(上2005:431)。

　上代の童謡は、中国史書の影響による時事的な風刺唄といわれた。藤沢衛彦は、「皇極天皇の頃(642〜644)の文献が示すものが最も古いとされている」として、「日本後記」第13巻に見える次のような例をあげている(藤沢1971:128)。

　　大宮に直(ただ)に向へる野部の坂、痛くな踏みそ、土にありとも
　　(大宮の正面にむかっている野部の坂は、土であっても、あまり踏んではいけない)

　野部は、桓武天皇をさしていて、この童謡は、桓武天皇の即位を暗示しているものと当時の人々は考えた。このように当時の童謡は、事件や歴史的事実と関連した風刺、予言、暗示を示すものとして記録され保存されてきている。

　一方、『日本書紀』(720年)の巻24には、

　　岩(いは)の上(へ)に　小猿(こざる)米(こめ)焼(や)く／米だにも　食(た)げて通らせ　山羊(かましし)の老翁(おじ)
　　(岩の上で小猿が米を焼いている。米なりと食べておいでなされ、山羊(かましし)に似たおじさんよ)

という童謡が載っている(藤沢1971:124)。

　この謡の解釈はさまざまであるが、山背大兄王(やましろのおおえおう)(聖徳太子の子)の一族を襲った事件の前兆歌と解されている。

　このワザウタのワザには、いろいろな説がある。ワザワイ(禍)、カミワザ(神態)、シワザ(風俗)、ワザオギ(俳優)などがあるが、ウタには違いないので、コトワザ(諺)が「ことば」を意味するのに対し、ワザウタは、「うた」によって行うワザ(ウタワザ)の一種ぐらいの意に考えるのが、穏当であろう(町田、浅野1962:270)。従って、この「謡(うた)」は、肉声を意味し、楽器を用いず肉声だけで歌う「ウタ」である。

　中国における童謡は、政治等何らかの目的のために児童に歌わせたものであったが、わが国上代の童謡における「童(わらべ)」は、児童というより庶民のことを言っていたと解されている。同じ「童謡」の語を使用しながら、わが国では、政治的意図を含まないものもみられるようになり、『本朝世紀(ほんちょうせいき)』(藤原道憲)にみられる神事歌謡(童謡)の「しだら打て」(手を叩く)という歌舞の伝承においても「わらべうた」的要素を見ることができる。しかし、今日の「わらべうた」には程遠いといえよう。

「遊びうた」としてのわらべうた

　上笙一郎によると、遊びうたとして、記録でたどれる最古のわらべ唄は、『古事記』(712年)景行紀の倭建命(やまとたけるのみこと)葬送歌のひとつ、

　　　水漬(なづき)の田の稲柄(いながら)に　匍(は)ひ纏(もとほ)ふ野老蔓(ところずら)

で、おそらくは、今日にも伝わる「芋虫こウろころ」遊びのための歌であろうと言う(上2005:432)。これまで、ワザウタ的要素をもたないわらべうたは、平安朝の催馬楽、風俗、今様の歌謡群の中にみられるというのが、共通の見解のようである。手拍子に合わせて歌ったという。催馬楽(さいばら)の次のような唄が、その具体例として挙げられる。

　　　西寺の老いねずみ若ねずみ　御裳(おむしょう)喰むつ、袈裟(けさ)喰むつ、
　　　袈裟(けさ)喰むつ、法師に申さむ、師に申せ　法師に申さむ　師に申せ

　一方、『梁塵秘抄』(りょうじんひしょう)(後白河院編)における次の歌にも、子どもの遊びうた的な発想がみられる。

　　　舞え舞え　蝸牛(かたつぶり)　舞わぬものならば／馬の子や牛の子に蹴(く)ゑさせてん
　　　踏み破(わ)らせてん／まことに美しく舞うたらば　華の園まで遊ばせん

　また、平安朝の日記文学『讃岐典侍日記』(さぬきのすけにっき)(1107年頃)の35段に、

　　　つとめて起きて見れば雪いみじく降りたり。今もうち散る。御前を見れば別にた
　　　がひたる事なきここちして、おわしますらん有様、事ごとに思ひなされて居たるほど
　　　に、「降れ降れこ雪」と、いわけなき御けはいにて仰せらるる聞こゆる。

とあって、幼帝(数え年で6歳になる)の鳥羽(とば)天皇が口ずさんでいたわらべうたをここに見ることができる。後に、このわらべうたに関心をもった吉田兼好の『徒然草』(つれづれぐさ)181段では、

　　　ふれふれこ雪　たんばのこ雪　かきや木のまたに

と採り上げられている。今日まで各地に伝承されている「雪やこんこん　霰やこんこん」と同系である。子どもによって歌われてきたという記録であり、わらべうたとしての特徴を示している。

2 中世

　古代には、政治の権力を皇族や貴族がにぎっていたが、中世になると武士の政権が現れる。生産活動の中心は農業であり、生活のよりどころは「いえ」であった。家族の形態は時代、地域、階層によって大家族から小家族まであったが、それぞれの家族の中でわらべうたがうたわれていた。一方、仏教の影響により、仏教童謡から物語童謡への広がりをみることが出来る。大人と子どもが文化を共有する中から子どものあそびうたが生まれ、＜供与＞されていた。この時代、子どもが歌うわらべうたは日常の「うた」であるため、記録が少ないが、諸文芸作品の中にその一部を留めている。中世のわらべうたは、今日まで伝わるわらべうたの源流の時代になっていると言えるだろう。

地蔵和讃と僧侶

　平安後期以後、仏徳をほめたたえる和讃が発達した。和讃は、それまでの梵讃、漢讃に対しての呼称である。その中心的役割を担っていたのが、僧侶である。仏教布教のために多くの和讃が作られたが、次第にわかりやすい章句になると家庭内にも取り入れられ詠われた。

　大人が口ずさむ和讃の中でも特に、子どもにも共有され、暗誦されていたとみられるものに地蔵和讃をあげることができる。地蔵とは、

　　釈迦入滅のとき、その委嘱を受けて弥勒出世まで六道（地獄、餓鬼、畜生、
　　修羅、人間、天上）の衆生を済度教化する菩薩とされたのである（この仏説に
　　基づくのは六地蔵である）。地蔵菩薩は奈良時代にその経典が移入されたとい
　　うが、その信仰は平安末期から中世にかけて民間信仰として普及されるように
　　なった」（『日本大百科事典』10巻:819）

とある。

　日本人が古くから親しみをもって、お地蔵さまと呼ぶようになった要因の一つには、庶民の唄に地蔵和讃があったからであろう。その中でも、死んだ子どもを救ってくれるという内容を唄ったのが「西院河原地蔵和讃」である。地蔵和讃を通してのお地蔵さまの信心は、幼い子を亡くした父母の嘆きという共通の地盤に立っている。死んだ幼児を救って下さるのはお地蔵さま以外にはないという共通の心理がある（紀野1987:16）とされる。

　日本中にたくさんの地蔵和讃があるが、最も親しみ深いのは空也上人の作と言われている次の章句である。

これはこの世の事ならず／死での山路の裾野なる／西院河原の物語／聞くにつけても哀れなり／二つ三つや四つ五つ／十にもならぬみどり子が／西院河原に集まりて／父上恋し母恋し／恋し恋しと泣く声は／此世の声とはこと変り／悲しさ骨身を通すなり／かのみどり子の所作として／河原の石をとり集め／此れにて回向(えこう)の塔を組む／一重組みては父のため／二重組みては母のため／三重組みては故郷の／兄弟我身と回向して／（後略）

(藤沢1971:150～151)

に始まり、そこへ現れたる地獄の鬼の所作から幼子を救い入れる地蔵尊の哀れみがうたわれている。空也上人が巡化(じゅんげ)した天暦(931～957年)の頃は、乱世の中、下層の農民の子どもは葬式どころではなく死ねば賽の河原などにすてられたという。こうした中で、子どもを想って歌われ続けた地蔵和讃は、救いの灯であり、近年にも各地にその伝承を見ることができる（後述）。その後の地蔵の唄や遊びの源流ともいえるだろう。その類歌や子どもの遊び唄には、次のような例がある。

「賽(さい)の河原を眺むれば」＜ねさせ歌＞（久留米市）
賽の河原を　眺むれば／黄金(こがね)づくしの　地蔵(じぞ)さんが／数多(あまた)の子供を　引きつれて／日にち毎日　砂遊び／一条積んでは　父のため／二条積んでは　母のため／この山無情の　つつじ花／一枝折りては　神にあげ／二枝折るまに　日が暮れて／父母恋しと　泣いている／泣くな歎くな　幼な子よ／七月半ばの　十五日／みんな残らず　連れていく／みんな残らず　連れていく

(友野晃一郎『福岡のわらべ歌』1988:220)

「六地蔵」＜尻取り歌＞（高槻市西面(さいめ)）
橋の下の　六地蔵　鼠がちょっと　かじった　　　鼠こそ　地蔵さんや
鼠こそ　地蔵なら　なんで猫に　捕られた　　　　猫こそ　地蔵さんや
猫こそ　地蔵なら　なんで犬に　捕られた　　　　犬こそ　地蔵さんや
犬こそ　地蔵なら　なんで狼に　捕られた　　　　狼こそ　地蔵さんや
狼こそ　地蔵なら　なんで火ィに　焼かれた　　　火ィこそ　地蔵さんや
火ィこそ　地蔵なら　なんで水に　消された　　　水こそ　地蔵さんや
水こそ　地蔵なら　なんで人に　飲まれた　　　　人こそ　地蔵さんや
人こそ　地蔵なら　なんで地蔵　拝んだ　　　　　ほんまの地蔵は　六地蔵

(右田伊佐雄『大阪のわらべ歌』1980:286)

地蔵信仰が広まると、さまざまな地蔵にまつわる年中行事もおこなわれるようになった（地蔵懺悔・地蔵講・地蔵巡礼・地蔵盆・地蔵流し・千体地蔵・笠地蔵・比比丘女(ひふくめ)など）。町角にお地蔵さまをまつって地蔵巡礼の風習を始めたのは、西光法師といわれている。「七道の辻ごとに六体の地蔵菩薩を造り奉り」と『源平盛衰記(げんぺいせいすいき)』に記されている。巡礼者は、道の悪いところは直し、橋のないところには橋をかけ、村むら辻つじには、接待の人が出て巡礼者をねぎらうのがならわしであった。江戸時代に続いても、地蔵尊への巡礼で、西院河原地蔵和讃も称えられていたという。ちょうど空也上人と同じ行ないが引き継がれつつ、地蔵和讃も伝えられてきたのである。京都の六地蔵巡り、東京の六地蔵巡り等、多くの地方で今日まで続いている。

　この六地蔵こそ真の地蔵であるというわらべうた（童謡）が、鎌倉時代以前からおこなわれていた（藤沢1971:154）のが上記の六地蔵の例であるが、その類歌に「みちばたの黒地蔵」があり、子守唄として歌われ、後に、宮沢賢治も母親のイチからこの唄を聞いたという(注1)。

　　「道ばたの黒地蔵」
　　みちばたの黒地蔵(じんぞう)　ねずみに頭をかじられた／ねずみこそ地蔵(じんぞう)よ　ねずみなんど地蔵だら　なしてたたこ（猫）にとられべ／たったここそ地蔵よ　たったこなんど地蔵だら　なしてこっこ（犬）にとられべ／こっここそ地蔵よ　こっこなんど地蔵だら　なしておかみ（狼）にとられべ／おぉかみこそ地蔵よ　おぉかみなんど地蔵だら　なして野火にまかれべ／野火こそ地蔵よ　野火なんど地蔵だら　なして水に消されべ／水こそ地蔵よ　水なんど地蔵だら　なして馬こに飲まれべ／馬ここそ地蔵よ　馬こなんど地蔵だら　なして人に乗られべ／人こそ地蔵よ　人なんど地蔵だら　なして地蔵拝むべ／地蔵こそ地蔵よ　みちばたの黒地蔵　ねずみに頭をかじられた

（注1）　『宮沢賢治の音楽』（佐藤泰平1995:11筑摩書房）に道ばたの黒地蔵（花巻の子守唄）が紹介されている。

仏教による＜供与＞の広がり

(1) 比比丘女(後、子捕ろ子捕ろ)

　今日でも観られる、仏教芸能「鬼来迎」の"賽の河原の段"の中で、お経の場面をそのままに「ひふくめ」がおこなわれている(尾原1975:69)(注2)。この鬼来迎を観ると、確かに賽の河原地蔵和讃とのつながりを見せてくれる(口絵②参照)。

　『三国伝説』8巻26(1431)では、「童部の戯れに、比比丘女といふ事は、恵心僧都、閻羅天子故志王經を見て、其心を得て始めさせ給ひけり」と恵心僧都(947～1017)が考案し子どもに＜供与＞したと遊びの由来を伝えている。その『閻羅天子故志王経』には、地獄の鬼が罪人たちを捕まえようとするのを地蔵菩薩がかばい助ける場面が書かれているが、鬼と菩薩の押し問答のことば「とりつく比丘比丘尼うばそくうばい」を子どもたちがうまくいえず「取りちょうゥひふくめ」というようになったと記されている(注3)。

　山東京伝著『骨董集』(1815年)にも

　　今童遊びに、子とろ子とろといふ事をすめり。これいと古き事なり、古は比比丘女といへり。その原は恵心僧都経文の意をとり、地蔵菩薩罪人をうばひ取り給ふを、獄卒取りかへさんとする體をまなび、地蔵の法樂にせられしより始れりといへり（口絵③参照）

とある。この遊びは今日まで伝承され、特に江戸時代に、この子取り遊びが大流行した様

(注2)　千葉県山武郡横芝光町の広済寺では、お盆の時期に「鬼来迎」が演じられている。鎌倉初期に始められたものである。全国で唯一の古典的地獄劇で、演者はじめすべて地元の手によって行われていて、1976年より国指定重要無形民族文化財に指定されている。(インターネット2007・10・14横芝光町ホームページより)

　2008・8・16「鬼来迎」の日、私は、虫生という地区を訪れた。その部落は、穏やかな田んぼと25軒の家と広済寺があり、時間の流れがゆっくりとしていて別空間のように感じられた。お寺の庭では山の地肌に舞台が作られ、幕が掛けられていて地元の人以外に写真家などで埋め尽くされていた。保存会会長さんの話によると、これまで寺の行事として鎌倉時代から地元の人に引き継がれてきた「鬼来迎」(仏教劇)が、近々、後継者が足りなくなって、地元の人のみでは不可能になるという。見せるために行うものでないから、これまでは席など作らなかったが、今年は作られていた。じゃらんじゃらんという鉦やホッホーの掛け声で幕が開いた。仮面をつけた演者は、地獄劇をゆっくりとしたテンポで「大序」、「賽の河原」、「釜入れ」、「死出の山」の順に演じた。「大序」では、鬼婆に赤ちゃんを抱いてもらう「虫封じ」に大勢の親子が参加していた。全国に類のない貴重な生活信仰の伝承を今も継承して残している(口絵②参照)。

(注3)　尾原『日本のわらべうた戸外遊戯歌編』(1975:68)に詳しく掲載されている。

子は、釈行智の『童謡集』(1820年頃)に、

　　子をとろ子とろ／どの子がめづき／あーとのこがめづき／さあとって見やれ

とあり、喜田川守貞『守貞漫稿』(1853)にも「子とろ」で遊ぶ子どもの絵が記されている。一人が鬼で、1人が親で残りは親の後ろに子となって連なり、親が左右に動いて、子を守る親の最後の子を鬼が捕まえる遊びだが、捕まった子が鬼になり、鬼は親になって、「仏教の輪廻のように途切れることなく遊びは継続される」(笹間2005:iv)。このように「日本の鬼ごっこには、明らかに浄土信仰の影響が色濃く反映されている」(笹間2005:iv)といえるだろう。

　子どもたちの間で引き継がれてきた遊びも時代をたどるとその＜供与＞に僧侶の働き、仏教の広がりの影響をみることが出来るのである。

子とろ子とろ『守貞漫稿』喜田川守貞画

（2）仏教的教訓の＜供与＞

　明らかに仏教的な教訓を＜供与＞しようとするわらべうたの例をあげてみたい。

　　なかのなかの小坊さん／何で背が低い／親の日に　えび食うて／
　　そんで背が低い／立ってみよう　すわってみよう／うしろにだれがいる

「まわりのまわりの小仏」と歌われる地域もあり、後ろの正面型、目隠し鬼型で遊ばれる。この遊戯が仏教寺院の輪転蔵の上でまわる"笑仏"から着想をえたと『嬉遊笑覧』(1830)に見え、前述の釈行智『童謡集』でも"わらい仏"と題している。「この歌が"親の命日には精進潔斎すべきで、魚肉類を食べることは慎まなければならない"とする仏教的教訓を含んだ遊戯歌であることは否定できません」(尾原1975:28)とあるように、ここにも子どもに対する僧侶の仏教的教訓の＜供与＞の一環がみえる。

　　うの字　うっさいこく　うんじゅうじ／うららんが　うっさいこく

うっさいだるまのだるまの子／うっさらまっさら　うの字が
　　　うんぎりまめ　十三だいず
　　　（えの字と続く）類歌「いのじいっさいこく」は、イロハと続く

（町田、浅野1962:258）

　歌意は明らかでないが、所々に仏語らしい言葉が使用されている点からみて、「中の弘法大師」などと同様に、京阪地方の寺院を中心に教化の方便として発達した童謡の一つと思われる(町田・浅野1962:258)。このように仏語が取り込まれ、子どもたちによって手合わせなどで、継承されてきたことを思うと、当時の仏教的環境が、わらべうたに反映していることがわかる。

（3）山伏による＜供与＞

　遠野のわらべうたの源流について、伊丹政太郎『遠野のわらべ唄』(1992)に次のようなことが記されている。

　「唄の言葉ってものは、決して取っ替えではなんねえんだ」と菊池カメは向いに住んでいた阿部ヤエ（当時小学5年生）に言って、昭和22～23年に遠野のわらべ唄百余編を口承で阿部ヤエに伝えた。「…もし、別の言葉と替えてしまったら、おらたち遠野の百姓がずっと昔から伝えてきた"ご先祖のこころ"を無くしてしまうことになるんだ」(伊丹1992:9)。

　なぜ、替えてはいけないのかをカメは、わらべ唄が、飢餓に耐えていきのびる方法や百姓の学問になっているからと説明している。そして、「（略）…つまり京でつくられ、流行った唄を山伏みてえな人が遠野へ運んできた。それをそのまま教えだり、ここの土地に合うようにつくり変えだ…」(伊丹1992:41)と伝えている。

　11世紀半ば、平安末期の遠野郷の歴史は、例「からすあっぱ」などのわらべ唄にみられる。鎌倉期、交易の中継地であり、産金地であった事実は、例「おずなおばな」などにみられ、わらべうたの童は、子どもだけの意味ではなく普通の大人の意味も込められていた。最初に、これらのうたを人々に＜供与＞したのは山伏で、それを一般の大人たちや年上の子どもから年下の子どもが引き継いでいたものとみられる。

　その他、吉野の山伏が、恵心僧都の着想した「ひふくめ」を、その由来するところにより行っていたことが『三国伝記』(1431)に記されている(尾原1975:69)。

（4）物語童謡の始まり

　物語童謡の起源について考えれば、内容としては仏教童謡の影響をうけて変化し、形式からは、今様を散見する『平家物語』に由来するところが多い(藤沢1971:163)。

「那須与一・扇の的」や「牛若丸・弁慶」の物語は、一つのリズムをもって語り継がれてきて、舞や浄瑠璃がさかんになると、子どもたちはそのことばを口ずさみ、自然にあふれた物語童謡を生みだしてきた。

例えば、牛若の取り帽子折、

　　大きびのつぶの荒かなるを　一くせくくせませ　櫛形をいがいがと　一ためためて左へ折たび候え

のことばを、

　　烏帽子の所望に参りて候／大きび候が　当世様か／お好み候え　折って参らしょう／牛若丸きこしめし／烏帽子はただ黒しとばかり心得つるに／数多　折方の名のありけるは／何と折らしょうな／われらが先祖は左折召さるるとな／牛若も　左へ折らせ着ばやと思召す

と歌ったという(藤沢1971:164-165)。

子守唄と乳母

聖徳太子(574～622年)の乳母として選ばれた5人の姫君が歌ったとされている子守唄は、『聖徳太子伝』巻1の中に記されている(注1)。「歌謡文学研究家の間では、我が国における子守歌の、文献上で現在確認できる最も古いものとして取り扱われている」(吾郷、真鍋1971:121)。その歌詞は次のとおりである(注2)。

　　ねんねんねんねんねんねんねん　ろろろろろろ／念禅法師古法師／宿れ宿れ古法師／生める子の下には／禰宜ららが候ぞ／

　　寝いれ寝いれ小法師／ゑんのゑんの下に／むく犬の候ぞ／梅の木の下には目木羅々のさぶろふぞ／ねんねん法師に緒をつけて／露々法師に引かせよう／露々法師に緒をつけて／ねんねん法師に引かせう／御乳母はどこへぞ／道々の小川へむつき濯しに／ねんねんねんねんろろろろ／梅の木の下には／目きららのさぶらふぞ

(注1)　岡田希雄「鎌倉時代末期の子守歌」(『歴史と地理』第19巻第1号　1927年1月)によって紹介された。

(注2)　『子どもの歌―古代から現代まで　日本の童謡』(「国文学」2004年2月臨時増刊号)に掲載されている。『『聖徳太子伝』の子守唄」と題して、植木朝子による関連した著述がある。

この唄に関する解釈や関連する研究については、以下のような内容で記されている。

前記の「ねんねんねんねん」は、次の「寝入れ寝入れ」の訛伝と解釈されているようだ。

大意は、「ねんねしなさい。縁の下のむく犬や目のきらきらしている者（当時、縁の下には得体の知れない何ものかがいて、人間を脅かすと恐れられていた）に連れられていかれるぞ。乳母はどこへ行った。川へおしめを洗いに行った。ねんねしなさい」[注3]で、一見おどし唄のような寝させ唄である。

子どもを寝かせつける子守唄には、これとは対照的になぐさめ、安心させてねむりにさそおうとするものがあり、こちらの方が多いようである[注4]。聖徳太子の子守唄は、前者のおどし唄の方であったのだろうか。異説もみられる[注5]。

こうした乳母という子育ての役を担った女性は、平安時代の文学作品（『源氏物語』等）の中にもみられる。大抵、良家の娘が位の高い屋敷で子育ての役を担っていた。

風流古今十二月弥生『風流古今十二月　弥生』歌川国貞画

（注3）　この謡の解釈については、前記『子どもの歌―古代から現代まで日本の童謡』26〜27頁を参考にした。

（注4）　吾郷寅之進、真鍋昌弘『わらべうた』（1971；125）に関連した記述がある。

（注5）　鵜野祐介『子守唄の原像』（2009）には、異説が詳しく論述されていて、「妖精子守唄」と記されている。「この子守唄を歌い聞かせる本当の相手は、子どもではなく、子どものいのちをつけねらう怖い妖精、もしくは「意地悪な産神」ともいうべき存在だった。この相手に向けての厄除けの呪文として、本来この子守唄は歌われていたのではないだろうか」（2009：34）

家族による＜供与＞

　子どもに日々接している身近な家族が、歌い、遊んだわらべうたに類似するものは、ことばを持つ人類にとって有史以前より存在していたと予測されるが、ここでは、文献に残る記録から、家族によるわらべうた＜供与＞の様相をさぐってみよう。

　前記の聖徳太子の子守唄が、家庭でも歌われていたことは、『聖徳太子伝』に「御乳母はかやうは深き心あってもり参らせしを当時の人はなほざりに」うたったものとして「寝入れ寝入れ」を引いて記している(吾郷・真鍋『わらべうた』1971:120)。当時の人たちも「寝入れ寝入れ」と家庭でこの子守唄を子どもに歌ってやったのだろう。

　その担い手としてまず挙げられるのは、祖父母であろう。『骨董集』(1819)の「祖父祖母の物語」という条には、『異制庭訓往来』(『庭訓往来』1340年頃の別冊)の遊戯の事を述べたところに「祖父祖母の物語」（爺婆の昔話）もあることから、その光景が浮かぶ。

　また、室町時代、狂言のせりふのなかには、そのころの流行歌などが良く取り入れられていて、次のような子どもの歌だったと思われるものもある。

　　一里間町、二里間町、三里間町、四里間町

　　芋よ　芋よ／どの子が　愛ほし。雨土塊に　叩かるる／そそり子が　愛ほし

身近な子どもへの関心が偲ばれる。
一方、狂言小舞謡「兎角子共達」(鷺編『狂言伝書小舞』江戸前期)には、

　　　とかく子どもたちは、いたいけなが能いもの。アイヤ、上ろ上ろ、肩に乗せて御所へ参らう。ねんねこ、ねんねこ、ねんねこや。目だに覚むれば、手打ち手打ちあわわ、傾頭傾頭しほの目。よとる舞のはりうりにかくれんぼ。はり鞠蹴よ、手毬突こ。正月がおじゃれば玉打たう、羽つかう。かるた将棋双六、丁か半もよいもの。弓矢ふり鼓。五月がおじゃれば竹馬に打ち載って、印地せう印地せう。七月がおじゃれば木曾踊はじめて、ふりをよう踊ろよ

とあり、幼児を眠らせる「ねんねこねんねこ」や、「ちょちちょち」と手を打ち、「あわわ」と口を軽くたたいてみせるあやしことばがみられ、今日まで＜供与＞されている。また、子取り遊び、かくれんぼう、蹴鞠、手毬つきや季節ごとの子どもの遊び（正月の鞠打ち、羽根突き、さいころなど、端午の節句に印地つまり石合戦、盂蘭盆の踊り等）も見られ、大人も関わっていて、継承に欠かせないものがここに示されていると思われる。

狂言「子盗人」の演技にも「手打ち手打ち。かむりかむり。にぎにぎにぎ」とあり、前記同様に子どもを肩車にのせてうたわれていて、庶民の子煩悩の存在が確かめられる。この光景は、絵でも表現されていて、『絵入狂言記』(元禄12(1699)年)の「子盗人」の場面にみられる。

「子盗人」『続狂言記』江戸時代元禄頃

継承の一例として遠野では、昔話同様、口碑保存と言うべきわらべうたをみることができる。遠野のわらべ唄の語り伝えを、今日まで阿部ヤエが引き継いできた。その継承の姿は、前述の伊丹『遠野のわらべ唄』にそのほぼ全貌が、記されている。阿部は、祖母や隣家のつっつばあと呼ばれている菊池カメ(共に1866年生まれ)から、わらべうたを受け継いでいる。先祖の努力で語り伝えられてきた、わらべ唄(庶民の唄と解されていた)は、子どもが遊ぶとき、決して変えてはならないと教えられた。先祖がそうしてきたのは、そこに深い意味が込められているからだという。そのために、時代を遡ってわらべうたの継承を見る事ができる。私は数回、阿部にお目にかかり、お話やわらべうたを聞いた。阿部が特別な役割を担ってきたことを知り、同著に記されていることを確かめることができた。

例えば、お手玉唄「おっつう御ひとつ」

おっつう御一つ／御一つ　御一つ
御一つ　御二つ／御二つ　御二つ
御三つ(略)

掛けも一俵／
一俵　お二俵　納めさ置えで来／
一俵　お二俵　納めさ置えで来／
一杯盗って　二杯盗って／
転んだって　儘よ／
一杯とって　飯返し
　　　(略)

という唄は、「餓死どきの唄」とよばれ、歌詞の背後に飢餓のとき、生きのびる方法が示されている。おおよそ次のような意味であるという。

　百姓は、汗水たらして米をつくっても年貢として盗(と)られてしまう。飢餓のときもそうだから、飢餓に備え年貢米の俵から米をほんのわずか掠(かす)めて蓄えておけ。飢餓がきたらその米で生きのびよ。餓死しかないと悟ったときは、滝に身をなげて死ぬがよい。ハヤチネサマが極楽へ迎えてくれる。このように百姓の生き方が隠されていたという(伊丹1992:3)。

　また、子どものしつけにもわらべ唄が利用されていた。阿部の体験によると、子どもへの＜供与＞方法には順序があって、
(1)「眠らせ唄」乳児
(2)「子守り唄」2・3歳～
(3)「子守唄の暗記」5～8歳
(4)「意味のとり方を教える、昔話との繋がり等」8～12歳
(5)「大人の意味のとり方を教える」12～14歳
が守られてきたという。つまり、遠野に限定されるものではないのだが、
(1) 子どもへの＜供与＞のなかで長い年月、保存されて、伝承されてきた
(2) 大人の生きる知恵が隠され、歴史的事実が継承されてきた
(3) 人を育てるメッセージが込められている
のである。

年中行事の中の唄

　人間の生活は、平常の生活「ケ」と、晴れの生活「ハレ」の組み合わせによって営まれてきた。子どもは、「ハレ」の歳事に欠くことの出来ない主要な担い手であった。
　まず、お正月。「正月は、正月様・歳徳神などとよばれる神を迎えて祀るものとされ、正月神は老翁の姿になぞらえられる」(上2005:71)。例えば『徒然草(つれづれぐさ)』(鎌倉末期)に「東国の風として、歳の夜は亡き人の来る夜」と記されていて、「古くは盆と正月は対応し、敬虔に訪れ人を祀るものであった」(上2005:71)という。

　　お正月がごーざった／何処までごーざった／神田までごーざった／何に乗って
　　　ごーざった／ゆずり葉に乗って／ゆずりゆずりごーざった

(東京の歳時唄)(上2005:71)

も、大人の音階(陰旋法―都節音階)であることから、子どもが歳時に敏感に反応してい

40

ることがわかる。

　各地に、盆花折り、正月に豊作祈念するための予祝など、祖先の霊に供える花を折ってくる行事がある(注1)。

　　汝等子供ども　花折りに行かんか／何花折に／牡丹しゃくやく　菊の花折りに／一本折っては　腰に差し／二本折っては　笠に差し／三本目に　日が暮れて／(略)

（上2005:318）

このようなうたが手毬唄として用いられるようになる。

　古代の貴族等の年中行事が、中世には農民の暮らしの中にも広がり変化し、新たに生まれ、歳時唄として子どもたちにも歌われていた。こうした唄に「鳥追い」、「七草なずな」、「盆ならさん」等が挙げられよう(注2)。

3 近世

初期のわらべうた集成

　近世(江戸時代)になって、口承のわらべうたを記録し、保存する資料集成がなされるようになった。わらべうた集成は、わらべうた＜供与＞にとって大事な一分野であり、先達の残してくれた今日への大切なメッセージでもある。

　もし集成がなかったら、今日残っているわらべうたも違ったものであったと思われる。以下、近世におけるわらべうた集成の歴史について、尾原昭夫『近世童謡童遊集』(1991)と本城屋勝編『増補　わらべうた文献総覧解題』(2006)の二書を主な情報源として辿ってみたい。

①　野間義学『筆のかす』1704(宝永元)年頃

　鳥取地方のわらべうたの記録と目される。本書には『古昔近代童謡巻拾』という副題が付されているようであり、それからすると少なくとも十巻にも及ぶ充実したものであったこ

(注1)　信州では7月11日を＜花取り＞の日として、山に出かけて盆花をとってくる。　山形県真室川では、旧暦4月9日「平山の花折り祭り」がある。

(注2)　菅江真澄『小野のふるさと』(天明5年)にも、秋田県湯沢付近の景として「6日のゆふべ七草はやすを聞ば、とうどの鳥とみなかの鳥と、わたらぬさきに、たんたらはたきにたらはたき、と声うちあげて、菜がたなもて叩く声家ごとにとよみたり」と記されている(町田・浅野1962:195・197)。

とがうかがえる(尾原1991:14)。しかし、岩田勝市氏によるほぼ忠実な写しとみられるものだけで、原本・写本共、所在不明である。記録には、

「いちくたちく」(鬼きめ)・「側の側の小仏」(輪遊び)・「大やぶ小やぶ」(顔遊び)・「お月さんなんぼ」(子守唄)・「でんでんでの虫」(かたつむり)などの動物の歌、天体気象の歌・ことば遊びうた等がみられる。尾原により一部が紹介されたのみであり、今後の資料発掘が期待されている。

その他、太田全斎『諺苑(げんえん)』1797(寛政9)年に「雪コンコンヨ」他、宗亭『阿保記録(あほきろく)』1803(享和3)年の下巻に付録として、「大寒小寒」「まわりまわりの小仏」他がみられる(本城屋2006:145)。

② 釈行智(しゃくぎょうち)『童謡集』1820(文政3)年頃

前記『筆のかす』の原本が発見されていないので、現存する日本最古のわらべうた集とされている。

序文に

> 行智がいとけなき時うたひてあそびたるをおもひ出して、書き附けおく也。当時43歳、おもへば昔なりけるよ。まだ此ごろのやうに思ふてゐたのに、とはいふものの年は取ても気はいつもわかく、やっぱり子どもと一所にあそびたひ心もち也。

と記されているとおり、大人になってからも、なお、行智がわらべうたを伝えたいという願いがこの『童謡集』を編ませたのだろう。行智は、阿光房と称し、江戸浅草の修験者(真言宗)である。44のうた、あそびが記録されている貴重な資料となっている。今日よく知られているものに、

「お月さま　いくつ　十三七つ／まだとしや　わかいな／あの子をうんで、この子をうんで／だれにだかしよ／お万にだかしよ／お万どこいた／油かいに茶かいに／油屋の縁で／氷がはって／すべってころんで／油一升こぼして／次郎どんの犬と／太郎どんの犬と／みんななめてしまった／その犬どうした／太鼓にはつて／あっちらむいちゃどんどこどん／こっちらむいちゃどんどこどん」
「うさぎうさぎ　なによ見て　はねる／十五夜お月さま　みてはねる」
「子をとろ子とろ　どの子がめづき／あとの子がめづき／さあとって見やれ」
「かごめかごめ　かごのなかの鳥は／いついつでやる／夜あけのばんに／つるつるつッペェつた／なべのなべのそこぬけ／そこぬいてたァもれ」
「あんよはじゃうず　ころぶはおへた」

「ここまでござれ　あまざけしんじょ」
「大さむ小さむ　山から小僧が泣いてきた／なんとて泣いてきた／さむいとて泣いてきた」

他がある(注1)。

③　万亭応賀著、静斎英一画『幼稚遊昔雛形』1844(天保15)年
　江戸の童戯、童謡75種を子ども向けの絵本3巻として出版されたもので、翻刻は尾原昭夫『近世童謡童遊集』の中で初めて紹介された。
　あやしはじめの詞章「かいぐりかいぐり／とつのめ／あわわ(にぎにぎ)／ちようちちようち」では、赤ん坊を抱いた女の人や子どもが描かれており、またやり方や注意が事細かに書かれている。

　　これより、いろいろのませたるあそびを、たくさんにごらんにいれますから、けして、
　　此ごろのいやしきはやりうたや、あぶないおあそびを、おぼうさんがたおやめなさい。
　　ことのほかききぐるしうて、おためになりません。どうぞ、おやごさまも、きをつけてお
　　そだてなされますれば、おほきくなって、そのしるしは、きっと見へますぞへ

とあり(注2)、続くわらべうたも子どもがすぐ遊べるような説明のことばがついている。画期的な絵本としてのわらべうた集であり、子どもへの関心が出ていて、わらべうた〈供与〉の姿勢が画にも言葉にもみえるものである。

「お手玉」『幼稚遊昔雛形』静斎英一画

(注1)　ここに記したわらべうたは、『童謡集』に表記されている表記方法と異なっていることをお断りしておく。例えば、原文では、繰り返しの記号や伸ばす箇所には、「引」の小文字が表記されている。
(注2)　あやしはじめと共に、ここでの表記は、元本と異なる。繰り返しは記号で書かれている。「長音を「引」であらわしたのは、本書の特色で、現行伝承の旋律にも合致する」(尾原1991:55)。

④ 高橋仙果『熱田手毬歌(あつたてまりうた)』1830(天保初)年頃成

　　手毬歌28編、盆歌41編、童謡(童唄、童言葉)52編を収めていて、一地域の童唄集としては江戸後期で最大規模である。(尾原1991:222)

　　　　おせんや　おせんや　お仙女郎、そなたのさいたるかんざしは、ひろたかもろたかうつくしや、ひろいももらいもせぬ、とんとみつめりや糸屋のむすめ、姉は廿一妹ははたち、娘がごりよくわんかけて、おいせ七度くまのへ三度、あたご様へは月まいり。

のように、手毬歌には、人物の出てくる物語唄が多くみられる。

⑤ 小寺玉晁(こでらぎょくちょう)『尾張童遊集(おわりどうゆうしゅう)』1831(天保2)年序

　　尾張地方の童戯童謡の集成で、子どもの遊びのみが記録されるようになった。特色は遊戯の様子を図で示し、さらに文献から関連事項、注を抄出して考証の資料としている。序には、

　　　　(略)嗚呼如才(あゝじょさい)なき世の中ならずや、所持万端(しょじばんたん)隅(すみ)からすみ迄ぬけめなく、撰(え)まぬ事なく、書きとどめぬことなし。片便なる未来の土産と、念仏題目を現代から筆に残し、鬼が笑ふ来年の晴雨をことしからしるす世の中に、わらべの遊びをしるせし冊(ふみ)をいまだ見ぬ儘に、一昔(ひとむかし)思ひ出して、ながき夜のつれづれに書きとどめ、尾張童遊集と名付ぬ。こは尚老いてのたのしみとせむのみ。

とあり、太平の世に、わらべの遊びを自身の過去と重ねて、愉しみながら書かれたことが伝わってくる。
　　「乳児に教ゆること」では、「かいぐりかいぐり」両手を廻す。「しつたらしつたら」両手をたたく。「乳児をすかす」では、「いんのこいんのこ」小児ノヲビユル時タタキ付ルマジナヒ。というように説明が加わっているので、<供与>の役割を存分に果たしていることがわかる。柔和な絵が親しみを湧かせる。

⑥ 村上小十郎・橋本季吉『紀州童謡』明治初期成か

　　『日本庶民文化資料集成』所収。集成では、「南葵(なんき)文庫旧蔵わらべ唄」と題されている。
　　大きな特色は子守歌で、ほとんどが近世民謡調の七七七五の詞型をとる。守子歌が主体(尾原1991:202)となっている。

ねんねしなされ、ぎよしなりなされョー、あすはとーから、おきなされョー
　　　わしはいにたい、あの山越えて、親にあいたい、ふた親に

といった短い唄が数多く収集されている。他、手毬歌・羽根衝歌もみられる。

子ども集団による＜供与＞
　近世の風景にみられる子どもの集団によるわらべうた＜供与＞の例をあげてみよう。

① 子ども組
　室町時代とそれに続く戦国時代を経て江戸時代になると、農業の生産力も伸び、村落生活も共同体意識がすすみ、子どもの自由時間も出来て、日常での子ども集団も生まれた。子ども組、稚児組などと呼ばれる集団で遊ぶようになって、わらべうたも集団的な遊戯歌―「子とろ子とろ」、「花いちもんめ」などが広がった。

② 地蔵盆
　地蔵盆とは、「地蔵を中心とする主として8月（旧暦では7月）24日の行事（現在は、多少違っている）。西日本とくに近畿地方で盛んに行われる」（小学館『日本大百科全書』10巻820頁）。畑中圭一は、「この地蔵さんは地蔵菩薩で賽の河原で石を積む子どもを鬼から守ってくれるとされ、そのことから地蔵盆は、子どもの祭りになった」（畑中2002:93）と事例を紹介しているが、いつ頃から子どもたちによって行なわれているかは、明らかではない。おそらく、江戸初期からと推定され、1685（貞享2）年の黒川道祐『日次記事』7月2日＜人事＞の項に「洛下児童地蔵祭」と題して載っているのが初出とされる[注1]。

③ おんごく
　大阪では、江戸時代から明治中頃まで子どもたちによって歌われた「おんごく」がある。

　　　おんごくなはは　なははやおんごく／なはよいよーい　何が優しいゃ蛍が優し
　　　草の葉陰で灯をとーもす　アリァリャー／コリァリャー　サアサョーイヤサ
　　　一おいて廻りゃ　こちゃ市ァ立てぬ／天満ならこそ　市立てまする
　　　二おいて廻りゃ　こちゃ庭掃かぬ／丁稚ならこそ　庭掃きまする
　（後略　十おいて廻りゃ　まである。）　　　　　　　　　（町田・浅野1962:213）

（注1）　「洛下の児童、おのおの香華を供え、街衝の石地蔵にてこれを祭る。けだし道饗祭の遺風か」と小川信子「地域社会のなかの子ども祭り―地蔵盆」（『ジュリスト』増刊総合特集、1979:126～132）に記載されている。同論では地域での取り組みや変化など詳しく記されている。背後には、大人による見守りのある光景が記されている。

盆の夕暮れ、皆、揃いの真赤な縮緬の単衣に黒いビロードの帯をしめた十数人の子ども
が、幼いものを先頭に年長ほど後になって、前の者の帯に手をかけ連なってこの唄を歌
いながら歩いた(町田・浅野1962:213)。
　こうした子どもの祭りにおいて歌われたわらべうたの例は、他にも全国各地にあるが、子
どもから子どもへの＜供与＞がみられる。

大阪遠国『守貞漫稿』喜田川守貞画

守子と子守唄

　どの時代でも子どもの乳幼児期には、母親の手助けをし、またその代わりとなって子ども
の面倒を見る存在としての「守り」がいたことは疑いないが、近世になると、子守奉公に出
される奉公守り子(注1)という新たな形が生まれる。古代に見られる乳母(例—聖徳太子の
乳母)とは、経済的な背景、対象となる年齢の幅、社会的評価等の違いがみられるが、子
どもや娘が関わった子守りと子守唄の一部が、おどし唄のようであったり、また、子守り自身
のことを歌っているなどにおいて共通性も見られるように思う。
　守り子、子守り娘等の呼び名がみられる子守りについて、右田伊佐雄は、最も古い形は、
「兄姉守り子」(家庭内の子守り)、次いで「互助守り子」(助け合いの守り子)であろうとし、
形としては、奉公守り子が一番新しい(右田1991:57)と述べているが、奉公守り子はいつ頃
から存在していたのであろうか。右田によると、歌謡集『山家鳥虫歌』(1773年)に

　　　勤めしようとも　子守りはいやよ／お主にゃ叱られ　子にゃせがまれて／
　　　間に無き名を　たてられる

(注1)　この呼び方は『子守りと子守歌』で右田によって表記されているものである。吾郷・真鍋『わらべ
　　　うた』では、「子守奉公の娘たち」、上『日本のわらべうた』では、「子守娘」と記されていて、決まった
　　　呼称はないように思われる。

という盆踊り歌がみられるように、江戸中期にさかのぼることができる。
　さらに長崎の子守唄に

　　泣くな嘆くな　三月にゃもどす／四月絵踏みにゃ　早もどす

とあるようにキリシタン信仰厳禁の踏み絵の時期には、守り子も家に帰ったことがわかる。踏み絵が行われた年代は、1628〜1857年であるから、奉公守り子は、それ以前から存在していた可能性もある。しかし、日本全国にみられるようになったのは、江戸時代末期から明治初期にかけてである(注2)。

　奉公守り子は、金銭取引の上で奉公に出された年少労働者であったが、中には躾をさせるために奉公に出す親もいたという。およそ7歳〜13歳位まで半年から1年の年季であった。その守り子が主として仕事の辛さをまぎらわすために作って歌ったうたが、守り子唄（子守娘唄）である。遊ばせたり、眠らせる唄であると同時に、守り子自身の気持ちを歌ったものでもあった。

　　守子というもの　辛いもの／朝の六つから　起こされて／晩の六つまで　立ちどおし　親に叱られ　子にゃ泣かれ／人には楽だと　思われて／こんなつまらぬ　ことはない／早く二月が　来ればよい／二月の二日が　来たならば／旦那おさらば　いとま乞い／おかみさんおさらば　お茶あがれ／坊ちゃん泣くなよ　ねんねしな／またも切り替え　金を取る

　　　　　　　　　　　　　　　　　　　　　　　　　　　　　　（上1972:310）

年季で雇われた守り子は、邪慳に扱われ、この辛い思いを訴えられるのは、正月と盆に家に帰った時だけであった。

　上笙一郎は、子守娘唄の特徴を、大方、近世小唄形式の七七七五形式の26音でまとめられているとし、この唄の大群が全国いたるところに散在していて、中世の隆達節に初見し、江戸中期に確定し、子守娘たちの気持ちを端的に表現するのに最も好都合な形式であった(上1972:314)と記している。子守娘たちは、1人で鼻歌でうたうこともあれば、一斉に斉唱したり、掛け合いでうたわれることも少なくなかったという。二手に分かれ、娘たちが歌えば、一方はありったけの知恵を絞って返事をうたう、また相手をやりこめる詩句を考える(上1972:317)こともあったようだ。

(注2)　『日本のわらべうた』(上1972:310)ではその理由として、「農業の生産力があがり、子守り娘を抱えられる家も多くなったから」と記している。

子どもの中で伝承されてきたわらべうたと民謡との中間的な唄、つまり他の子守唄とも違う特徴をもっているのが、守り子唄（子守り娘唄）である。遊びたい気持ち、辛い思いも歌うことによって慰められていたであろう。「五木の子守り唄」等、今日でも愛唱されている。

子守娘『守貞漫稿』喜田川守貞画

旅芸人による＜供与＞

　わらべうたが子どもたちに継承されてきたのは、子どもからの＜供与＞や身近な大人からの＜供与＞ばかりでなく、旅する人によって伝承され、影響を与えられてきたことが記録されている。ここでは、木村重利『わらべ唄の成長』、前掲の吾郷・真鍋『わらべうた』の二書を中心にして瞽女や行商の薬売り、飴売り等が唄を運びわらべうた＜供与＞に関わってきたことを考えてみよう。

① 瞽女の唄

　『日本大百科全書』9巻(小学館1986)には、瞽女について次のような解説がみられる。

　　盲目の女性旅芸人。三味線を弾き、歌を歌って門付けをしながら、山里を巡回し暮らしを立てていた。中世の盲御前から出たといわれるが確証はない。（略）地方ごとに集団を組織して統率するとともに、一定の縄張りを歩くことが多かった。（略）瞽女は、3人ないし数人が一団となって巡遊した。娯楽の乏しい山村では大いに歓迎された。昼間は門付けに回り、夜は定宿に集まった人々に芸を披露した。葛の葉子別れや小栗判事などの段物を始め、口説き、流行歌というように多くの唄を管理した(322頁)。

　瞽女仲間(例—高岡瞽女仲間)は、近世での呼称であって、明治以降は、呼称も変わっている。

一例をあげてみると、小林ハルは、明治33年に生れ、2歳に失明し、4歳から弟子入りをし、稽古は最初、端唄(はうた)、6歳には三味線、長唄、その後ようやく衷切な長い語りものの祭文松坂(さいもんまつざか)(段物(だんもの))に移り、寒稽古を7年行った。8歳からは、親方に連れられて初旅にでたという。昭和48年養護老人ホームに入所するまで3人の親方、そして弟子も養女もとり、唄の数、種類は計り知れない程あった。祭文松坂は13曲67段に及んでいる(注1)。

　このように瞽女は芸を身につけ諸国を仲間と歩いた。それと同時に子守唄、わらべうたの＜供与＞にも関わっていた。

　木村重利『わらべ唄の成長』には、幼い頃の子守唄として聞いた「おばこ歌」の伝承を辿って、瞽女唄に辿りつくまでの探求が書かれている。木村は、「おいらのおばこはよいおばこ」を母親から聞いた。ここから、謡の広がりと成長し伝播していく、育つわらべうたを辿っている。「おばこ歌」が瞽女の唄であったというのではなく、この歌が旅の歌として彼女等の境涯に合致していたことで、彼女等が持ちあるいていたのではないか(木村1985:157)とある。それによって、この唄が、子守唄として、また手毬唄として成長していくことの具体的な例が記されている。

　また、瞽女が、親しくなった家を訪れた時などは、子守なども頼まれ、子供相手の昔話や遊び唄や子守唄などのわらべ唄もうたったことがあったはず(木村1985:158)と述べられていて、瞽女によるわらべうた＜供与＞が想定されている。

　瞽女の謡は、さらに次のような例もあげられる。

　　ねんねんさいさい童子丸／おがさんは信田(しのだ)に帰るから／ちょうちょうとんぼも殺すなや／行燈障子(あんどんしょうじ)も嘗(な)めきるな／隣の子どもも泣かせるな／ねんねんさいさい／童子丸

この福島地方の寝させ唄は、瞽女歌の口説(くどき)の段物の「葛(くず)の葉の子別れ」、

　　今日はいかなる　悪日ぞえ　我が身の化(ば)け様(よう)現れて　母は信田へ帰るぞえ
　　（略）

の文句を用いている。瞽女(ごぜ)たちの落し物(注2)として浄瑠璃(じょうるり)の一場面が子守唄になりさらに

（注1）　瞽女文化を顕彰する会『瞽女　小林ハル―103歳の記録―』(2003年)
（注2）　吾郷・真鍋『わらべうた』(183頁)では、「江戸期、盛んに国々をめぐりあるいた瞽女たちの落し物」という言い方でさらに伝承されていった唄を紹介している。また、葛の葉子別れの話の中心である「恋しくは…」の歌謡を踏まえた子守唄も記され、後の子守り娘たちの労働歌に入れられるという記述もある。

他の地域にも広がっている[注3]。

　こうして見る限り、近世以降の歌（わらべうたを含む）の伝播に、瞽女が果たした役割は大きかったように思われる。

② **飴売り・薬売り他**
　当時、流行した「とのさ節」は、謡の出だしが、「殿さェー」や「おらが殿さは」であるところから、この名がある。この大流行は、わらべうたをも刺激し、「おらがお母さん」「おらが婆さん」「おらがとっつぁん」などのうたい出しで広がり、子守唄、手毬唄にまで及んでいる。このように唄われた「とのさ節」の分布は、飴売りの活動範囲と重なるという（木村1985:160）。柳田国男が、静かな村の奥までも一つの手毬唄が行き渡っているのは、最初の搬入者が旅を面白く続けて居た人々（「手毬唄の話」『民謡覚書』二）と述べていることは、瞽女同様に飴売りにも重なることである。
　わらべうたは、そうした旅人の手にかかって伝播波及（でんぱはきゅう）していき、落とされた土地々々で「わらべ」の手によって育てられ、受け継がれていた（木村重利1985:161）ことがわかる。
　飴売りのうたに、次のような「いの字」の類歌がある（尾原1972:96）。

　　いいいィいっさん　いろいろのいんじゃるれん／いららいらら　いらかいすりて／一たんだるまのいらめ／いィさらばァさらけェ／とうじんソレなんきんもめん十三反／なんばんもめん三反半

　　　　　　　　　　　　　　　　　　　　（『半日閑話』太田南畝1768～1822）

　飴売りによってこの唄も各地に広まり、当時の流行歌であった。その他、次のようなあめやの唄もある。

　　よかよか　あめやにゃ誰がなる／仕事の嫌いな馬鹿がなる／そのまた母（かか）には誰がなる／日本一の馬鹿がなる
　　よかよか　あめやにゃ誰がなる／仕事の嫌いな馬鹿がなる／あめ箱たたいて母（かか）連れて／雨にたたかれ　ぬれて来た（後略）

　　　　　　　　　　　　　　（『新治村のわらべうた』持谷靖子著、上毛新聞社、1987:126）

　一方、西舘好子『「子守唄」の謎』では、江戸の子守唄「ねんねんころりよ（略）」が全国

（注3）　前同『わらべうた』に類歌等が記されている。木村重治『わらべ唄の成長』（1985）では、福島、新潟、山形を中心にその他の地域への唄の広がりが述べられている。

各地に伝播した様子を次のように記している。

> 当時の江戸には、全国各地の大名が集まって暮らし、国元の藩との間を行き来していました。「唄は形のないみやげ」といわれ、武士たちは、自分の藩に帰った際に、「江戸の子守唄」を持ち帰ったといわれます。
> また、それに一役買ったのが、流通の中心である江戸と全国を縦断する薬売りや飴売りなどの行商人や旅役者、また年季のあけた奉公人などの存在でした（西舘：2004：27）。

③ 猿まわし

岩井宏寛『旅の民俗誌』(2002)では、猿まわしに関して、次のように記されている。

> わが国では古くから、馬の守護神はサルであると信仰されてきた。そのため、サルを飼い馴らして芸を教え、厩の馬の安全祈祷をする猿屋という職業があった。この職業のことは中世にすでに広く知られていたが、これが近世になると、大名や武家の厩祈祷を行い、そのついでに民家を訪れて祝言を述べ、お金をもらう門付芸人の猿回しとなった（岩井2002：124）。

猿まわしも＜供与＞の一端を担い、芸の中に「江戸の子守唄」を用いて（右田1991、鵜野2009：47）広めていた。

わらべうたの伝播は、このように人から人の口を通して広がり、育ち、さまざまな類歌が生れてきた。

遊びによる＜供与＞

わらべうたが、大人と子どもが遊び文化を共有する中で子どもたちの世界へと広がり、大人と子どもが遊びの中で溶け合う光景を、近世の記録の中に見ることが出来る。

① 良寛とわらべうた

良寛(1758〜1831)は、江戸後期の曹洞宗の僧侶であるが、子ども好きで子どもたちと手まりで遊び、「手毬上人」とも呼ばれた。良寛の作品にも手毬歌に通う古代歌謡の旋律がみられる（高橋1997：223）。こうした歌に次のような長反歌「手毬二首」がある。

> あづさゆみ　春さり来れば／飯乞ふと　里にい行けば／里子供　道の岐に
> 手毬つく　我も交じりぬ／そが中に　一二三四五六七

汝がつけば　我は歌ひ／我が歌えば　汝はつきて
　　つきて歌ひて／霞立つ　永き春日を　暮らしつるかも

　　霞立つ　永き春日を　子供らと／手毬つきつつ　この日暮らしつ

いわば、手毬歌も良寛の歌の場も、古代歌謡の場と等質なのだろう。また次の

　　子供らと　手毬つきつつ　此さとに／遊ぶ春日は　くれずともよし

短歌作品の代表作にもその光景が偲ばれる。
　手毬は、所持品の愛用具として持ち歩いていたことが、良寛の自筆で記録されている。これ程、子どもに近いところで歌って遊ぶ大人はあまりいないだろう。子どもよりも遊びの世界に入り込んでいるエピソードが多い。また、その根底には、かけがえのない子どもを思う気持ちがある。天然痘で命を奪われた多くの子どもの親に代わって、「子を思ひ」の歌を詠んでいるように、子どもへの思いは、はかりしれなく深い。さて、どのようなわらべうたをして手まりやおはじきで遊んだのだろうか。良寛作ともいわれる「向ふ山で　光るものは　月か星か蛍か（後略）」の他に、口ぐせに歌っていたのは、

　　おせん　おせんや　なぜ髪結はぬ／櫛がないかや　鏡がないか／
　　櫛も鏡も山ほどあるが　とっさ賦にやる　三吉や江戸へ／なにが嬉しうて髪結
　　はふ

である(注1)。当時の越後の手毬唄であったらしい(東郷1970:294)。良寛が子どもたちの仲間に入って遊んだのは40代から30年間、人生の後半すべてだという。東郷豊治が述べているように、良寛がわらべうたで遊んだ特色の第一は、「かれは教育的見地から子どもらを遊ばせたのでもなければ、遊んでやったのでもない。子どもたちに遊ばせてもらい、幼童と変わらぬ地位に置かれて満足していた」。第二に、「遊びも常識はずれに徹底していた」そして、「世間の評判から超越していた」ということだ。今後の＜供与＞のあり方に、多くの示唆が与えられている。良寛の「子どもの仮なきを愛す」という思いの背後にある心、信仰が手まりで遊ぶ良寛の姿となって子どもの世界に共鳴しているのだと思える。

（注1）　東郷豊治『新修　良寛』(1970:294)に当時、口授してもらったという記述がある。
　　　　菅江真澄『高志栞』では、「托鉢にありくる袖に、まり二つ三つ入れもて、児女てまりつくところあれば、袖よりいだして、ともにうちて、小児のごとに遊びける。まことにそのこころ童もののごとし」と記し、「手まり上人」の良寛の童心をたたえている(尾原『近世童謡童遊集』1991:397にも同様な記述あり)。

② ジャンケンの起源

　子どものジャンケン遊びの起源は、謎に包まれた部分が多いが、大人による拳遊びから子どもたちによって始められたものと思われる[注2]。拳遊びは、手や指の屈伸で勝ち負けを決め、どこでも道具なしに遊べる素朴な遊戯である(樋口1988:117)。鵜野祐介によると、拳遊びには大きく分けて数拳と三竦み拳がある[注3]。原型はともに奈良期から平安期にかけて遣唐使によって中国から渡来してきたものと考えられ、特に江戸期にお座敷遊びとして都会の大人たちの間に流行した(鵜野2000:90)。ジャンケンが文献に初めて登場したのは『誹風柳多留』(天保9(1838)年刊)[注4]で、その他の資料を合わせると、ジャンケンは天保年間に虫拳と豆拳を元にして新しく作られた拳であり、当初から子どもの遊びであったと考えられる。

　拳遊びは、明治になって、紙メンコに狐拳やジャンケンの文字や絵が描かれることによって、子どもの遊びとして広がっていった。そして1960年代後半以降は、紙メンコからも、子どもの遊びからも、狐拳は姿を消し、ジャンケンだけが生き残った(同91-92頁)というから子どもたちのジャンケン遊びは、子どもたちが大人の文化を吸収し、創造して継承してきたと言えるだろう。

　子どもにも継承されていた別の例が、尾原『日本のわらべうた　室内遊戯歌編』の中で次のように挙げられている。

　　えびと　かにには　手があるあるよ／ナマコばかりは　手がないないよ／とっつたり　ひっついたり／チョチョンが　ズドン

(尾原1972:40)

(注2)　その他の例としては樋口清之『遊びと日本』(日本の歴史5巻)に「その起源は、長崎から流行しはじめ、享保年間(1716～1736)に江戸でも行われるにいたったという。今のジャンケンよりずっと複雑で種類も多かった。長崎本拳(本拳)・石拳(今のジャンケンの石、紙、鋏)・虫拳。全身で行う虎拳・狐拳。相撲そっくりの相撲拳などがある」とされ、拳遊びの種類、方法が記されているが根拠が明らかでない。

(注3)　数拳は二人がそれぞれ片手の指で数を示しながら、同時に二人が示した数の合計を予測する数を発声し、正解だったほうが勝ちとなるというもので、本拳、豁拳、長崎拳、崎陽拳などといった名称を持つ。一方、三竦み拳とは三種類の指の形や所作で示した三者の関係が、AはBに勝ち、BはCに勝ち、CはAに勝つという構造を持つもので、ジャンケンの他に虫拳(蛙―なめくじ―蛇)・虎拳(藤内拳とも呼ばれる。和藤内―虎―老母)・狐拳(狐―庄屋―猟師)・豆拳(豆(女陰)―菊(肛門)―ゑん(陰茎))などがある。

(注4)　鵜野祐介によると、この書の第156巻に載った句「リャン拳て鋏を出スハ花屋の子」であり、また同書164巻の句「ぢゃんけんの石は折ゝ豆に成り」で子どもも遊んでいたことが良くわかる(鵜野2000:91)。

チョンあいこ　チョンあいこ／チョン　チョン　あいこ　あいこ／
　　　チョチョンが　なんだそうで／チョチョンが　鉄砲（コンコン様　だんな）

（同上：41）

　このチョンあいこは、全国的に流行した「チョンキナ」—チョンキナ　チョンキナ／チョンチョンキナキナ／チョンがヨンヤサデ／チョンがヨイヤサ—という拳うたの転用で、幼児を遊ばせるために、いろいろなしぐさをする手遊びにうたわれた。大人の遊びが子どものために活用され、転用された。（同上：42）

拳・狐拳・圧屋拳『幼稚遊昔雛形』静斎英一画

③ 手毬唄

　山東京伝『骨董集(こっとうしゅう)』の説では、平安朝の貴族のあいだで見られた蹴鞠(けまり)が最初の鞠遊びであるとされるが、江戸時代に民間に広まったものは、お手玉を空中に放り上げてあそぶことからとされる（上2005：252）。その由来は定かでないが、内容も数も非常に多く、大人の遊びから子ども自身が創り出したわらべうたの豊かさをみることができる。

　　　一人きな　二人きな／見てきな　寄ってきな　いつきても　むつかし七薬師／
　　　このよでとうよ

や次の「一匁の一助さん」も子どもたちが伝え、創造している例である。

　　　一匁(いちもんめ)の一助(いすけ)さん　一の字が嫌いで／一万一千一百石　一斗一斗一斗まめ／
　　　お倉におさめて　二匁に渡した
　　　二匁の二助さん　二の字が嫌いで／二万二千二百石　二斗二斗二斗まめ／
　　　お倉におさめて　三匁に渡した（後略）

（上1972：70）

④ 絵かきうたの始まり

　文字絵、絵文字の源流を辿れば、人類のことばから文字の発祥の域に到達する(加古2006:529)のだが、子どもたちの遊びとして盛んに行われるようになったのは江戸時代から明治期の頃である。江戸時代にも絵遊びはさかんに行われていたが、それは主として文字絵であり、むしろ大人の遊びに属していた(尾原1972:127)。子どもたちは、大人が興じている文字絵に関心を示すようになった。もっともよく知られている文字絵は「へへののもへじ」であろう。早くからは歌舞伎『菅原伝授手習鑑』の寺子屋の段で、習字をする子どもたちがいたずら書きをする演出として用いられてきた。文献上は安政元年(1854)の広重画『狂字図句画』に「へへののもへいじ」として実際の文字絵入りで紹介されている(小野2007:153)。当時の「ヘマムショ入道」(つるまむし入道)も子どもたちの創造性豊かな伝承で、非常に多くの絵かきうたが生まれている。これらは、次期の子どもの遊びへと広がっていく[注5]。

ものがたりによる＜供与＞

　昔ばなしや伝説にわらべうたが入り、またそこから生まれることによって、子どもたちは一層、わらべうたやものがたりに親しんでいる。江戸時代には、物語による多くのわらべうたが生まれている。(藤沢1971:180)

①「花さかん」

　遠野のわらべうた「花さかん　ひらいた／はさみで　ちょんぎりと／えっさか　さっさ」は、やんや(じゃんけん)やはやし唄や花を取る時にうたったり、遊んだりするものであるが、この土地に伝わる早池峰山(はやちねさん)の昔話につながっている。その昔ばなしは、早池峰山の神様は花を盗むことを許す神様という内容だが、じゃんけんによって勝ちたいと努力することは力強く生きる力を養うので「早池峰の神様と同じようなことをしてもいいから精一杯生きろと、唄や昔話を通して教えている」(阿部1998:190)。以上の例にみられるように、昔話とわらべうたを関連づけて大人たちは子どもに＜供与＞していたことが分かる。

②「千松のうた」

　庶民所産の童謡で切実な感情が表されているものに「千松のうた」をあげることが出来る。一説には、禁制の歌を歌ったために、千松がまだ子どもであるのに戦国の殿の家来にひっぱって行かれ戦にやられ、それっきり帰って来なかったので、千松の母がうたう歌、

(注5)　加古里子『伝承遊び考1　絵かき遊び考』(2006)には、1948(昭和23)年からの子どもとの交わりから始まる「絵描き遊び」の調査、研究がまとめられている。江戸時代からの「へのへの」の変容やその後の文字絵かきあそび(うた)、数字絵かき遊び(うた)等の研究も詳しく載せられている。

おらがむすこの千松は／近江のいくさにたのまれて／一年たってもまだ来ない／二年たってもまだ来ない／三年たったら首がきた

が、伝説として伝承され、歌い継がれて広がった(藤沢1971:167)。
　伊達騒動を脚色した歌舞伎「伽羅先代萩」(1777年初演)にも千松のうたが取り入れられている。「こちの裏のチサの木に」と歌い始めにみられ、「雀の歌」の流れを汲むわらべうたとされている。一方、宇和島の千松のうた、

　　　この世の背戸のチサの木に／雀が三羽とうまって／前なる雀はもの知らず／後なる雀ももの知らず／いっちのなかの小雀が／物をちゃんちゃんよく知って／シロ三枚　ゴロ三枚／合わせて六枚しきつめて／けっこうな嫁女をよんできて／金襴緞子を縫わすれば／なにが悲しゅうて泣かしゃんす／わたしの弟の千松は／七つ八つから金山へ／金がないやら死んだやら／一年待てども状がこん／二年待てども状がこぬ／三年三月で状がきた(藤沢1971:171)

の背景には、この「伊達騒動の伝承を素材とするもの」や「わたしの弟の千松は、7つ8つから金山へ、金がないやら死んだやら、云々」などがみられる。
　千松の歌は、各地に手まり歌として長い物語唄(注1)が伝わり、変化している。千松という名まえのみが残っている手まり歌もある(注2)。

昔話・爺婆の話『吾妻余波』鮮斎永濯画

(注1)　イギリスのわらべうた(「マザーグース」)は、物語唄や特定のキャラクターが登場する唄が多いことで知られるが、ここで紹介した「千松」のように日本のわらべうたにも、こうした唄は決して少なくない。にもかかわらず、「マザーグース」の研究書(鷲津名都江著『ようこそ「マザーグース」の世界へ』等)に、日本にはこうしたものがないと記されているのは残念である。

(注2)　浅野他監修『日本のわらべ歌全集』(1979〜1991)によって調べてみると、広島、大阪、京都、三重、福島、石川、静岡、千葉、宮城等に採集されている千松の手まり歌がみられる。いずれも千松の名を留めつつ、手まり歌として変化している様子が伺える。

4 明治期

　維新革命を経て明治期に入ると、学制（明治5年）の導入により、教科目のひとつに「唱歌」が記載された。学校教育を通してのうたの＜供与＞は、西洋音楽を取り入れた唱歌が中心になっていった。わらべうたは衰退の道をたどるかに思われたが、目立たないながら、子どもたちの間で着実に伝承され、基層文化を担ってきた。

転換期の基層文化
① 街角のわらべうた、村のわらべうた
　刻々と変化する子どもの環境について記されたものは多いが、普通一般の子どもの日常を記録したものは数少ない。その中で、藤本浩之輔『聞き書き明治の子ども　遊びと暮らし』(1986)は、明治の子どもの姿を知る貴重な資料である。藤本の聞き取りは、明治18～33年生まれの35人（主に近畿圏）になされていて、当時の都市部、農村・漁村部の子どもの日常の暮らしの様子や遊びが手に取るように記されている。
　藤本が、「一般の子どもたちがどのような生活を送っていたのか、日常の衣食住をはじめとして、遊び、手伝い、学校での学習など含めたトータルな生活を、可能なうちに現存者から聞き書きしておかねばならないと思うようになった」(藤本1986:1)と述べているとおり、生存者から次々聞くことの出来なくなる時期であった。私もこの本によって、江戸から明治にかけての子ども周辺の文化環境を確かめることができた。「都市部の子どもたち」「農村部の子どもたち」の二部構成で記録しているが、その背景の違いとともにわらべうたで遊ぶ子どもの風景も実態として残されていて、子どもたちが、子ども自身の文化を創造している様子を見ることが出来る。

② 新たなわらべうた
　ⅰ）縄とびうた
　縄とびは、江戸時代以前の文献には記載されていないようだ。明治になって学校の体操および遊戯として取りいれられ、それが巷にも普及していった(藤本1994:239)という。明治中頃には、ほぼ全国的に広まっている(太田1968)。うたの方は、集団遊びに歌われたものと見られ、子どもたちの間で縄とびうたが創造され、伝承されて広がっていった。

　　　大波　小波／ぐるっとまわって／ねこのめ

このうたは、全国的に変わらず歌われている。

明治時代の初めに郵便制度が開設された頃の郵便風俗をうたいこんだ縄とびうたに

　　ゆうびんやさん／早(は)よかけて／もうかれこれ十二時だ／エッサカ　モッサカ／ドッコイショ(尾原1975:232)

があり、変化して

　　ゆうびんやさんの　おとしもの／ひろって　あげましょ／一枚、二枚、三枚、四枚、五枚、六枚、七枚、八枚、九枚、十枚／ありがとう
　　　　　　　　　（飛びながら片手を地面につけて、10回出来たら外へでる）

と、全国的に普及しておこなわれるようになった。

縄跳び『東京風俗志』松本洗耳画

　ii）まりつきうた
　まりで遊ぶ歴史は古い(注1)が、今日のようなよく弾むゴムまりの登場は、明治15－16年(1882-1883年)頃ドイツから輸入されたのが最初(藤本1994:250)だという。しかし、貴重品であったために、子どもたちの間にいきわたるのは、大正の末から昭和のはじめになってからである。ゴムまりになって、まりつき唄に変化があらわれた。弾みがゆっくりしているので、唄のテンポはゆるやかになり、また長時間つけるので、いくつかの唄が一つに接合されたりした(藤本1994:251)。

（注1）　「まりあそびが日本で始まるのは、奈良時代に唐から蹴まりが移入されてからである。蹴まりは、平安時代、京都の公卿階級を中心に盛んにおこなわれた。(略)鎌倉時代に入ると、しだいに手を用いるまりあそびもおこなわれるようになる。しかし、この頃のまりあそびは上につき上げる上鞠方式であった。江戸時代に入ると下につく方式になるのだが、これは江戸時代における綿の生産の普及と関係があるだろう」(藤本1994:250)。

各地で最もよく流行したのは、「あんたがた　どこさ」であろう。

　　あんたがたどこさ　肥後さ／肥後　どこさ　熊本さ／熊本どこさ　船場さ／船
　　場山には　たぬがおってさ／それを猟師が　鉄砲で打ってさ／煮てさ　焼い
　　てさ　食ってさ／それを木の葉で　ちょいとおっかぶせ　（尾原1972:252）

③　おもちゃ絵

　おもちゃ絵(注2)の一種に「歌謡豆絵本」と呼ぶべきものも存在した。子ども歌の歌詞をコマごとに細かく区切り、それぞれに色彩摺りの絵をそえたものであった。それらの多くは、冒頭の第一コマに表紙を、末尾のコマに裏表紙が摺ってあり、豆絵本に仕立てるような配慮がなされている。このような歌謡豆絵本には、わらべうたが数多く取り上げられている(小野2007:112)。手毬歌では「向う横町のお稲荷(いなり)さんへ」、遊戯歌では「ずいずいずっころばし」「かごめかごめ」「おつきさまいくつ」など、数多くみられる。

　江戸時代の子どもたちが街角でわらべうた「子とろ子とろ」などで遊んだほかに、子どもの心を誘うものに、庶民の風俗を描いた手軽な木版画の世界（浮世絵の分野）があったに違いない(注3)。現に天保13(1842)年の禁令の後に、おもちゃ絵は目立って隆盛となって、堂々と日本中の子どもたちの余暇をたのしませるものになった。そこには、ひたすら子どもをたのしませる工夫が見られ、教化や教訓はあまり感じられない。しかし、明治期に入ると、大きな変化がみられ(注4)、浮世絵伝統と少々別個の質が題材や扱い方の上にみられ、おもちゃ絵の変換が印象づけられるようになる(瀬田1982:下38)。このおもちゃ絵の登場と衰退は、子どもの文化に対する大人のあり方に示唆を与えているように思う。

(注2)　おもちゃ絵とは、「子どもの手遊び向きの図柄に描かれた浮世絵版画（絵草紙）。玩具絵。江戸時代の安政(1854〜62)前後から明治中頃にかけて流行、当時の子どもたちに親しまれた」(小学館『日本大百科全書』4巻358頁)。江戸時代には、一部では「手遊び絵」といっていたようだが、大人からは見下されて、はっきり名称もつけられないままに、ひたすら子どもに愛され、庇護され、浮世絵のなかの一つの確固としたジャンルに育ってきたものである(瀬田1982:下31)。

(注3)　瀬田貞二『落穂ひろい』下(1982:38)「大人専科の浮世絵の題材は次第に華美になり、たびたび弾圧をくらった中で、底流に過ぎなかった「手遊び絵」を絵草紙屋や画家が表だたせるのにいい機会であったのであろう」。

(注4)　一つは、色彩の変化でそれまでの深々とした藍や朱を駆逐し、ドイツから明治7年ころ入ってきたアニリン染料の強烈な赤や紫が目立つようになった。もう一つは、明治5年に敷かれた学制の発足で、娯楽が教育体系に組み入れられて、おもちゃ絵も文部省製本所で刷られるようになる。

④ 人形芝居や見世物
i) 人形浄瑠璃「でこ芝居」
　藤本『聞き書き明治の子ども　遊びと暮らし』に、「たのしみと言えば、阿波からでこ芝居（人形浄瑠璃）の一座が来よったなあ」という瀬戸内漁村の古老の回想談の話が載っている(藤本1986:461)。村人たちは、このでこ芝居を村中の祭りのようにたのしんで浄瑠璃語りや役者を大きな家へ割り付けて泊まらせて、盛大だったという。漁村の遊芸は、村の大人も子どもと同じ受容者であった。

ii) てんてこ回し
　特に子ども相手には、「てんてこ回し」がやってきたという。「でこを箱の中に入れて天秤棒で担ってやってきた。家を回ることもあったが、子どもらをお宮の境内に集めて、1銭か2銭で見せた」。それから、「お恵比寿さん回しもやってきた」(明治時代3・40年代の話より)という(藤本1986:461)。子どもの暮らしにうたがあり、たのしみがあった様子が伝わってくる[注5]。

iii) のぞきからくり
　江戸時代にもあったもので、江戸・東京では「からくり」、大阪、京都では「のぞき」と称する。一間ほどの箱状の表面に数個の穴を開け、そこへ大きく見えるレンズをはめこみ、箱の中の正面にある絵を覗き見るもので、絵は数枚あって、一枚ごとに紐をもって上へ引き上げられ、次の絵を見せる仕掛けになっている。からくり節という一種独特の口調で、中の絵を説明する(藤本1986:66)。夜店とかお祭りでみられた。「竹のムチでピシャピシャ調子とって唄うてな。ガラスからのぞいてると、時々紐引っ張って絵をかえますネン」(藤本1986:66)と述べられている。そこには「不如帰（ほととぎす）」とか「須磨のあだ波」のうたもあって、子どもたちに伝わっていった。「不如帰」の歌は、手毬唄として子どもたちに歌われ、遊ばれた。

覗きからくり『西川祐信画譜』西川祐信画

（注5）　恵比寿回しは、傀儡師（くぐつし）の一つで、兵庫県西ノ宮からでた人形つかいである(藤本1986:463)。

わらべうた集成の変化

① 諸地方のわらべうた集成

諸地方でわらべうた集成が盛んに行われるようになる。本城屋著『わらべうた文献総覧解題』を参考にしてみると、逐次刊行物（雑誌）によるわらべうたの収集は、次のような例をあげることが出来る[注1]。

i)『風俗画報』（1889(明治22)年創刊）東陽堂（復刻　国書刊行会）

　明治29年1月の手毬歌（福井、姫路、鹿児島、飯田）から始まり大正3年まで収集されている。

ii)『児童研究』（1898(明治31)年創刊）日本児童学会（東京）（復刻　第一書房）

　明治32年から大正時代末まで、諸地方のわらべ唄収集と共に児童の遊戯に関する記事がみられる。

iii)『音楽雑誌』（61号より『おむかく』と改題）音楽雑誌社（59号より共益社）

　既に明治24年1月には、福井地方の子守謡（曲譜）がみられる。明治29年11月には「如何にして卑俗なる俗歌を撲滅すべきか」という記事もみられる。

②『日本歌謡類聚』—大和田建樹編（1898(明治31)年）博文館

　民謡の一部としてわらべうたを取り入れた。ほぼ全国から集められたわらべうたが、900編近い。

③『諸国童謡大全』童謡研究会―橋本繁（1909(明治42)年）春陽堂

　上によれば「純然たるわらべ唄蒐集本は、この本だけに止まった」（上2005:436）とされるが、本城屋によるとこの書は、雑誌『風俗画報』所収を中心にまとめたものという（本城屋2006:65）。改訂版『日本民謡大全』（大正15）、復刻版『わらべうた民謡大全』（昭和60、マール社）がある。

こうした収集をたどると、唱歌に関心が向けられていた時代があるが、これらの集成はその後のわらべうた集成にも大きな影響を与えていたと言えるだろう。

(注1)　『わらべうた文献総覧解題』では、逐次刊行物の各巻号の主な内容も記されている。また、町田・浅野編『わらべうた』の巻末にも諸地方収集が掲載されている。

学校唱歌とわらべうた
① 小学唱歌

　明治4年(1871)文部省が創設され、翌年、学制が頒布された時、小学校の教科に「唱歌」が現れた。しかし、当初は、この教科で何を教えてよいのかまったくわかっていなかった。学制の中でも「唱歌」の下には「当分之を欠く」(堀内・井上1991:241)と当初の学校における唱歌について記されている。ここでは唱歌教育の成立とその展開そしてわらべうたとの関連について、山住正己著『子どもの歌を語る』(1994)、堀内・井上編『日本唱歌集』(1991)の二書を参考にして考えてみたい。

　唱歌という言葉は、昔から日本にあり、平安時代には器楽の譜を声で歌うことを唱歌(ショーガ)」と言い、「室町末期から江戸時代にかけての物語本や随筆書には、短い歌曲の歌詞を唱歌(ショーガ)と呼んだ例もみられる」(堀内・井上1991:239)というが、堀内・井上によると明治以降の唱歌は、

>　「初等・中等の学校で教科用にもちいられ、日本語でうたわれる、主として洋楽系の短い歌曲」であり歌詞は「徳性の涵養と情操の陶冶」に資するような教訓的および(あるいは)美的な内容をもち、曲は欧米の民謡、讃美歌、学校唱歌および平易な芸術的声楽曲からそのままとり、それらの型によって邦人の創作した小歌曲、および少数の日本民謡やわらべうたをふくむ。
>
> (堀内・井上1991:240)

と解釈されている。学校教育の科目や教材としての唱歌の成立とその展開は、山住によると、次のような過程をたどっている。

　アメリカに派遣され、音楽を学んだ伊沢修二の提言から文部省音楽取調掛が設立された。ボストンからメーソン(音楽教育家)が招聘され、音楽教師の養成と唱歌教材集の編集がなされ、歌唱教材集『小学唱歌集』初編が出されたのは明治14年であった。続いて第2編(明治16年)、第3編(明治17年)が出された。三味線音楽か民謡あるいはわらべ唄など、従来の音楽をそのまま教室に持ちこめばそれなりの音楽教育を始めることができただろうが、アメリカで子ども向きの歌を用意して教育を行っているのをみた伊沢には、それでは満足できなかった。はじめは外国曲(スコットランドやアイルランドの民謡)の中の有名なものに歌詞がつけられた。「むすんでひらいて」の曲の歌詞に「見渡せば、あおやなぎ／花桜、こきまぜて(略)」のように「花鳥風月」のモチーフを取り混ぜたり、「アニー・ローリー」の曲に「かきながせる、筆のあやに／そめしむらさき、世々あせず／ゆかりのいろ、ことばのはな／たぐいもあらじ、そのいさお(略)」」(「才女」)のような人物(紫式部、清少納言)を題材にした歌詞がつけられ、次第に教訓色も色濃くなっていく。

伊沢は、東西二洋の音楽を折衷して新曲を作ることと、将来国樂を興すべき人物を養成することを唱歌教育の理想として掲げている(堀内、井上1991:243)。また、明治の知識人の共通見解の一つに、邦楽は楽譜と和声を持たないからヨーロッパ音楽より劣っていると考えられていたという見方もあり、『小学唱歌集』は、小学校の唱歌教材として広く用いられた。こうしてみると、わらべうたは、教材の中では当初、影をひそめていたと言える。ただし、音楽取調掛が明治20年に発行した『幼稚園唱歌集』では、「かぞえうた」、

　　一つとや　一夜明ければ賑やかで　賑やかで／お飾り立てたり　松飾り　松飾り
　　二つとや　二葉の松は色ようて　色ようて／三蓋松の上総山　上総山
　　（略）
　　十二とや　十二の神楽を舞い上げて　舞い上げて／歳神様へ舞い納め　舞い納め

(尾原2009:111／273)

を、次のような文語体の歌詞に換えて載せている。

　　一つとや、人々一日(ひとひ)も、忘るなよ、忘るなよ／
　　はぐくみ　そだてし／おやのおん、おやのおん

　　二つとや、二つとなきみぞ、山桜、山桜／
　　ちりても　かおれや／きみがため、きみがため
　　（略）
　　十とや、とよはた　みはたの、朝日かげ、朝日かげ／
　　いよいよ　くまなし／きみがみよ　きみがみよ

幼児が歌うには難しすぎる歌であった。山住は、「音楽取調掛の仕事にみられる重大な問題点の一つは、日本の伝統音楽の基本であるわらべ唄は卑俗であるとして学校唱歌から排除したところにある」(山住1994:33)と指摘している。

② **教科書に取り入れられたわらべうた**
　教科書は、当初、文部省が出版した前述の『小学唱歌集』の他、民間で出版されたものの中から文部省が調査し適当と思われるものを採択する調査制度もあったが、明治23年、教科書検定制度を確立して、検定したものに限ることになった。

このような状況で、わらべうたはどのように＜供与＞されたであろうか？伊沢による『小学唱歌』6冊も明治25年から出され検定済み教科書になった。その第一巻に、わらべうたの

　　　からす　からす　こんがらす／おまえのいえは　やけるぞ／早く行って　みずかけろ

が次のように改作されている。

　　　からす　からす　かんざぶろう／おやのおんをバ　わするなよ(小学唱歌1)

　それまで、わらべうたを退けていたが、ここで和洋折衷の考えを実行したと思われる。しかし、終止の音は、「シ」とか「ミ」でないと歌えないが、無理に「ド」にしている(山住1994:38)。このように古来のわらべうたの音階や歌詞を改作している。
　また『小学唱歌(一)』の同じ頁に、わらべうたの「かりかり　わたれ／おおきなかりはさきに／ちいなかりは　あとに／なかよくわたれ」が載っているが、指導の上で8分音符は使っていないので、日本語として「おおきなかり」や「ちいさなかり」が歌いにくく、日常の歌と違っている。そして、注意書きには、「列ヲ正シクシテ、乱レズ、(略)兄姉ハ、弟妹ヲ愛シ、弟妹ハ、兄姉ヲ敬シ、互ニ睦シクスベク、又学校友ダチノ中ニテモ、長幼愛敬ノ道ヲ盡スベキコトヲ論シ、此唱歌ヲ教フベシ(略)」とあり、唱歌も修身と同様に教えられていた。
　その他、わらべうたは『小学唱歌(二)』(明治25・6大日本図書)にも「俗樂第1種の旋法」の例として「うさぎうさぎ　なにみてはねる」が採られ、「俗樂第2種の旋法」に「たかい山から　谷そこ見れば」が載せられている。

③ 「言文一致唱歌」以降
　唱歌の世界に新しい息吹が見えてきたのは、言文一致唱歌の現れであろう。言文一致の趣旨は、話ことばと書きことばを一致させ、だれにでもわかるような文を書こうとするものである。文学上でも二葉亭四迷・巌谷小波等により言文一致で書かれていたが、学校教育では、なかなか受け入れられなかった。

　　　桃太郎さん桃太郎さん／お腰につけた黍団子／一つわたしにくださいな(「桃太郎」)

や「浦島太郎」などの言文一致の歌は、子どもたちに受け入れられ、支持された。
　言文一致唱歌の第1号は、明治33年、『教科適用幼年唱歌』(納所弁次郎・田村虎蔵共作、

十字屋)である。この本では、児童が、題目や歌詞の意味を理解できないものがほとんどで、これは一大欠点であることが指摘されている。編集に当たって特に注意した事項は、我国古来の童謡で、教育的価値あるものは、程度に応じて挿入し、国民感情養成の助けにしたと記されている。それからも田村虎蔵は、言文一致の理論を実践して全10冊を完成させる。その後、鉄道唱歌集等、さまざまな唱歌集が出された。

　明治36年から教科書は、検定制から国定制に改められる。(しかし、唱歌は、当時、民間の検定教科書から採定)。やがて、文部省唱歌が出現する。最初は、明治43年『尋常小学読本唱歌』一冊で、日本古来のわらべうたは、27曲中歌詞の変更された「かぞえ唄」のみであって、すべて新作曲であったのが特徴である。

　翌年から『尋常小学唱歌』1〜6年が出され(昭和6年まで)、その曲も大方引き継がれ、さらに、子どもに支持されていた歌も取り入れられた。わずかな例であるがわらべうたに関わりのあるものをあげると、明治44(1911)年文部省編集教科書『尋常小学唱歌』第2学期用に次の歌が収録されている。

　　雪やこんこん　霰やこんこん／降っては　降っては　ずんずん積もる／山も野
　　原も　綿帽子かぶり／枯れ木残らず　花が咲く

　この歌の歴史をたどれば、前述のように「降れ降れ粉雪」(『讃岐典侍日記』下巻、嘉承3年(1108年)正月2日の記事)が、6歳の鳥羽天皇に歌われたとされているものや「降れ降れ粉雪たんばの粉雪」(『徒然草』181)などがある。江戸時代には「雪やこんこん」の形に変容を遂げる(小野2007:170)。

　改定版『新訂尋常小学唱歌』(全6冊1918(昭和7年))になるまでに芸術教育方面に活発な運動が展開された。昭和16年から国民学校令が実施されると、すべて教科書は国定に統制され、それ以外は採用が許されず、軍国主義を徹底する歌に重きを置かれるようになった。『ウタノホン上・下』『初等科音楽1〜4』などである。

5 大正から終戦まで

「赤い鳥」と童謡運動

(1) 『赤い鳥』の童謡運動

　「赤い鳥」とは、鈴木三重吉が主宰し、1918年(大正7)〜1929年(昭和4)と一時休刊の後の1931年(昭和6)〜1936年(昭和11)まで全196冊発行された児童雑誌である。「赤い鳥」のモットーは、「赤い鳥の標榜語」として次のように掲載されている。

　　世間に流行している子どもの読み物の最も多くは、いかにも下劣極まる。
　　赤い鳥は、下卑た子供の読み物を排除して、子供の純性を保全開発するために、現代第一流の芸術家の真摯なる努力を集め、兼ねて、子供のための若き創作家の出現を迎ふる、一大区劃的運動の先駆である。

(「赤い鳥」より抜粋)

　当初、この赤い鳥の運動に賛同する作家は、泉鏡花、小川未明、谷崎潤一郎、北原白秋等で、当代の名作家を網羅していた。また寄稿、投稿者から名作や童謡詩人も誕生させた。2年目(大正8年)の第2巻3号からは「少年少女諸君」に、との呼びかけで創作童謡の募集も行われ、掲載されるようになった。
　この童謡運動の根底には、小学唱歌への鋭い批判、否定がみられる。

(2) 「赤い鳥」におけるわらべうた

　創作童謡童話募集と平行して、創刊号より「各地童謡伝説募集」という形で記載されて、わらべうたの収集がなされている(わらべうたを「地方童謡」と表記している)。1回目(2巻1)手毬歌11編は小島政二郎の選定であるが、それ以降、2巻、4－21巻、昭和3年まで北原白秋によって選定された。巻頭を飾る北原白秋の創作童謡(曲付)は、昭和8年まで続き、台湾の童謡「一羽の鳥は」(2巻3)や英国童謡(マザーグース)「お靴の中に」(4巻2)、「おもちゃの馬」(4巻4)等の各国のわらべうたも白秋訳によって紹介された。子どもの歌は、わらべうたから唱歌・童謡へと目まぐるしく広がっていった。
　白秋は、『お話し・日本の童謡』(1924年)を書き、その内容を『赤い鳥』に掲載して[注1]、次のように宣伝した。

(注1)　『赤い鳥』14巻の中で『お話、日本の童謡』の広告として1頁使って掲載した。

日本の童謡は、何と云っても日本の童謡です。…(略)。昔から日本の田や河
　　や、木や草や、気候や、お話や、遊びや、さうした中から日本の童謡は生れました。
　　代々の日本の子供たちから子供たちへと傳はって歌はれて来ました。で、何と云
　　っても日本の子供たちのものです。…(略)。日本は日本です。日本の子供は日
　　本の子供です。むろん、日本の子供も世界の子供として新しい進んだ子供にな
　　らねばなりません。然しやはり日本の子供といふことに根ざしを据ゑて、昔むかし
　　の日本の子供たちから傳はって来た大切なものを忘れてはならないと思ひます。
　　かういふ考へから、私なども新しい日本の童謡を盛かへしたわけなのですが、そ
　　れには今までの日本の童謡といふものが何よりの大切な礎になって居ります。で、
　　皆さんにも是非知っていただかねばならないので、かうした日本の童謡のお話を
　　お目にかけて置きたいのです。

　このように白秋の伝承童謡(わらべうた)を復興させたいという想いが、随所に表われて
いる。また、わらべうたが、白秋の創作童謡の根源にあることは、「赤い鳥、小鳥／なぜな
ぜ赤い／赤い実をたべた(後略)」を、北海道(帯広)の子守唄によって作ったということ
でも示されている。

　　ねんねの寝た間（ま）に　何しょいの／小豆餅（あずきもち）の　栃餅や
　　赤い山へ持って行けば　赤い鳥がつつく／青い山へ持って行けば　青い鳥
　　がつつく
　　白い山へ持って行けば　白い鳥がつつく

　「赤い鳥　小鳥」の童謡は、「私の童謡の本源となるべきもの」と白秋自身も述べてい
る。白秋の童謡思想の根幹は、＜童謡とは、童心を童語をもって表現し、そしてその根底
を日本の民俗伝統においていること＞であったと言われる(上2005:13)ように、白秋がわら
べうたを重要視していたことが随所に表現されている。

わらべうた復興への取り組み

① 北原白秋『緑の触覚』1929(昭和4)年

　北原白秋は、童謡復活（わらべうた復興）への思いを「真の童謡は本来子供自身のものだ」と述べている(注1)。白秋の子ども観とわらべうたの関係は同書の随所に記されている。「だいろう(蝸牛)にょにょ、角出せ角出せ、角出さねば、お寺の鎌もって、ちょきちょきしましょ」というわらべうたを「すばらしい鮮やかな感覚」として捉え(同9頁)、「子供の遊戯は、自然に必然に子供そのものの感覚感情から生れて、自ら形になったものばかりだ。だから深い詩情に富む。詩だ、歌だ。本質だ。ぴったりと子供と合っている」(同32頁)と述べ、いかに大人がこれを忘れているか指摘している。「私たちは、以前みんな子供であった」と母親の感覚を思い起こさせて「母親の子守唄で、はじめて私たちの子供詩情は引き出されたものだ。この恩恵の、詩の根本を忘れてはならぬ。日本の子供は誰でもが、この日本の郷土のにおいを忘れてはならぬ」(同42頁)と言うように、わらべうたと子どもの感覚とを述べ、わらべうたの危機とその復興を訴えていた。今日に続く取り組みがここに見られる。

② 北原白秋編『日本伝承童謡集成』全6巻

　この集成が完成するのは、白秋の死後であったが、大正期から昭和にかけて、白秋による唱歌への反論とわらべうた（「伝承童謡」と命名）の重要さの発信が、わらべうた復興としてなされた。白秋のわらべうたの収集は、『赤い鳥』での地方童謡募集や雑誌『近代風景』などを通して着手された。

　20年におよぶ大規模な収集を刊行し、後世に残したいという白秋のたっての願いは、なかなか実現にいたらなかった。白秋の依頼によって昭和17年10月に集成編纂部がおかれ、童謡集成の作成がスタートした。一ヵ月後の白秋死去により、この編纂は、弟子たちによって引き継がれ、全6巻として完成された。第1巻は、「子守唄篇」(昭和22年)。第2巻は、「天体気象・動植物唄篇」(昭和24年)。次いで第6巻「歳事唄・雑謡篇」(昭和25年)。國民圖書刊行會の発行による。その後、中断し、残り3巻（遊戯唄篇）が完成したのは戦後30年を経た1976(昭和51)年であった。全巻で2万余りのわらべうたが収められている。配列の分類にも工夫がみられ、地方ごとに掲載されている。

　こうして、各地の伝承童謡が記録されたことにより、わらべうたが次期に継承されて影響を残すことができた。白秋の大きな功績である。

（注1）　復刻版『童謡論―緑の触覚抄―』（北原1973:41）。白秋においては、わらべうたは、「童謡」と表記されている。この本に「童謡復興」が記されている。

文学作品とわらべうた

　文学作品の中にわらべうたが取り入れられている例として、ここでは宮沢賢治の作品を挙げてみよう。

　「風の又三郎」では、真室川(まむろがわ)地方で凧あげをする際に歌われたわらべうた

　　風の三郎はァ背痛みだ／お陽さままめだ／カラカラ風　吹け吹け

が連想される。また「雪わたり」にも、わらべうた

　　粉雪　かんこ　しみ雪　かんこ

が作品の重要な役割を果たしている。

　一方、賢治の作品の背景には、前項(51、52頁)の良寛と同様、仏教思想と子どもに溶け込む風景を見ることができる(注1)。

　例えば、「ひかりの素足」という作品には、賽の河原の地蔵和讃が見られる。ひかりの素足とは、仏さまのことで、仏足石(ぶっそくせき)に象徴されるように仏さまの姿を描かず、足の形を描きだすことで、存在を感知させた。宮沢賢治は、ここに「現代版西院の河原地蔵和讃」を書き、荒涼としたひろい野原で鬼に苦しめられる子どもたちの中へ一郎と楢夫という兄弟を送り込んで、この伝統的な物語(唄)の中に新しい生命を吹き込もうとした。そして、この作品で、賽の河原の石を積んでは崩し、積んでは崩しの繰り返しに対し、賢治はそこにひとつの解決方法を示した(紀野1987:78)のかもしれない。

（注1）　北川省一『宮沢賢治と毘沙門良寛』(1986)の中に両者の共通性が指摘されている。

6 戦後から今日まで

　終戦は、日本の文化にも大きな転換をもたらした。伝統的な生活習慣も根本的に変化した。さらに1960年代の高度経済成長期とその後の日本社会の変化の中で、わらべうたが、どのように変化し、扱われてきたかを辿ってみよう。

年中行事を通してのわらべうた＜供与＞
　終戦直後には、まだ、戦前の伝統的な生活様式や習俗が地方部を中心に残っていた。私が、丁度終戦の年生まれであるため、子どもの頃を省みて、戦後の風俗習慣をここに記しておきたい。
　終戦直後、子どもの頃過ごした群馬県利根郡では、まだ歳時による行事が大切になされていた。正月は、子どもにとって格別たのしい行事であった。物のない時代であったが、正月には、羽子板(注1)の新しいものを買ってもらった。

　　　ひぃや　ふぅ　みぃや　よぉ　いーつや　むぅ　なーな　やぁ　ここの　とう

と歌って遊んだ。雪の上に落ちた羽を拾っては、突いた。
　また、七日には、七草粥を作った。

　　　ななくさなずな　とうどのとりが　にほんのくにへ　わたらぬさきに

と歌いながら七草を切ることを教えられた。
　1月14日の早朝、7歳位から年長の子どもたち（子ども組）と歌いながら、正月飾りを集めてまわった。当時の古馬牧村（現みなかみ町）では、

　　　お松とっとくれ　毎年きまりの　じゅうよっか（14日）

と歌っていた。列を作って歌いながら歩く緊張感とわくわくした遊び心が印象に残っている。各家では、松飾りや菓子の包みなどを用意して待っていてくれた。翌朝は、若者たち

（注1）　「今日おこなわれている羽子板は、左義長の儀式に用いられた胡鬼板の変形したもので、胡鬼というのは邪気のことである。疫病などをはらうまじないに、三角の板で、トンボの頭になぞらえて作った羽根をつきあげる行事が、羽根つきあそびの由来だと考えられている（トンボは疫病を媒介する蚊を食う益虫とされていたのである）」（藤沢1966:247）。

（若者組）が作った「どんどん焼き」(注2)の小屋に火がつけられ、集めた松もこの火祭りで焼かれた。まだ明けやらぬ空に炎が上がり、大人と共に神秘な思いでこれを見つめていた。無病息災を願って、餅を焼いて食べ、松飾りが炭になったのを持って帰って飾った。そうした子どもの集団は、昭和30年代、生活習慣の変化と共に急速に崩壊していった(口絵⑤参照)。

　旧暦10月10日、親や近所の大人たちに藁てっぽうを作ってもらい、子ども集団で地面をたたいて家々をまわった。もともとは大人たちの祭りであったものが子どもたちに担当が変わったという。藁でっぽうは、生姜を芯にして藁をたばね、細いなわを巻いて、丈夫に作られていた。大人から「もぐらが出ないようにたたくのだ」と教わっていた。

　　　とうかんや　とうかんや／朝きりそばに　昼団子／夕飯食ったら　ぶったたけ　ぶったたけ

と歌っていた。隣の村では、

　　　とうかんや　とうかんや／十日たったら　えびすこう

と歌っていたようだ。

　この頃の年中行事を振り返ると、天神講の子どもの集まり、小正月の繭玉飾り、節分の豆まき（ひいらぎを飾る）、雛の節句、神社の祭り、端午の節句、七夕、盆の行事、秋の収穫祭り等、経済的には乏しかったが、子どもにとって楽しみな年中行事が多かった。ただし、当時の年中行事のわらべうたは、唱歌や童謡に取って変わったものも多く、新しい歌が主流を占めるようになってきた時代でもある。こうした年中行事も急速に消えていくのを子ども時代に目の当たりにした昭和20年代であった。

　その他、全国各地には、祖先の霊に供えるため、野に出て花を折ってくるという花折りの行事などがある（本章2中世で取り上げたので省くことにする）。

(注2)　この「どんどん焼き」は、「左義長」いわゆるトンドの行事。この左義長の行事は「有史以前からつたわってきた太陽崇拝の火祭りであって、火とともに死んでしまう太陽が、春よみがえると考えられ、太陽とともに新年がむかえられるよう、ことほぐ行事であった。」「燃える火はいっさいを清めるものである。むかしは毬杖（ぎっちょう）がこの火で焼かれ、その後胡鬼をはらう胡鬼板が焼かれるようになり、今は正月の餅をこの火で焼いてたべ、災厄をはらうまじないとしている」（藤沢1971:247）。

採譜によるわらべうた集成

　旧来のわらべうた集成は、一部を除いて歌詞だけであったが、わらべうたを詞と曲が一体となったものと考え、旋律を記録し採譜による収集がなされるようになった。戦前期の採譜による集成として、広島高等師範学校付属小学校音楽研究部の編集による『日本童謡民謡曲集』正続（1933（昭和8）年／1934（昭和9）年）がある。戦後になって、詞と曲をひとつのものとして収集することが一般的となった。主な集成は次のとおりである。

(1) 町田嘉章・浅野建二編『わらべうた―日本の伝承童謡―』（1962年）

　本書が発刊されたのは1962年である。解説には次のように編纂の動機が記されている。

　　私どもの「わらべうた」編著の仕事も、成人に言わしめれば既に20年余遅きに失したというが、民謡と違って其の殆どすべての曲が子供の世界から遊離されてしまった今日、これを採譜、検討するということは確かに至難の業であり、余り賢明な所為とはいえないかも知れない。しかし、さればといって、このまま放置すれば、折角先輩の遺した優秀な日本の文化財も永遠に消滅してしまう恐れが多分に存する（町田、浅野1962:282）。

　ここには、全国各地でのわらべうたの保存、育成運動の高まりを願って、次の世代に贈ったものであるという願いも示されている。

　作成に当っては、白秋の『日本伝承童謡集成』を検討して、種々複雑な問題を解決しようとする姿勢もみられる。例えば、白秋の集成は子供唄と称しながら、その中に種々の労作唄や盆踊唄、婚礼の祝言歌、門附等の芸能歌が混入しているものもある（同278頁）と指摘し、また、白秋の集成にみられるいわゆる悪口唄のような種々の囃し唄は、音楽・文学の両面からみて、わらべうたの第一義とすべきものではない（同278頁）として割愛し、現存わらべうたの中から伝承童謡（自然童謡）として、もっとも代表的と思われる曲、160篇を集成し、これに必要な解説と注解を加え、曲譜の全部を掲載したものである（同3頁）。子どもに向けたわらべうた＜供与＞を意識的に示していると思われる。

(2) 小泉文夫編『わらべうたの研究』研究編・楽譜編（1969年）

　この研究は、小泉文夫を中心とした東京芸術大学の共同研究によって成されたものである。序に「この本は、昭和36年に東京の子どもたちが歌っていたわらべうたを集め、それらを分類、比較しながら研究した成果と、その資料となった比較総譜とからなっている」とあるとおり、東京芸術大学やその他の有志によって、東京都内の小学校100校のわらべ

うた採集とそれ以外の場所からの2000曲に限定して、8年間の研究の成果を踏まえて本にしたものである。

　本書は、日本音楽をより深く研究するための方法論上の要請から、わらべうたの研究は最も基本的であるとの小泉の認識に基づいて編まれている。また、音楽の概念に関して、言語、風俗、習慣などと並列できるかという問題、わらべうたによる採譜の方法など、きわめて音楽学的な視点によって始められた共同研究である。当時の子どもからの採集は、わらべうたの危機が叫ばれ始めた時だけに、貴重な収集、記録にもなったといえるだろう。わらべうた研究においても多方面に影響を与えている(第1章4.わらべうたの分類、表2を参照)。

　この研究の目的の中には、音楽教育の指針を得ることも掲げられている。近代の西洋音楽を中心として楽器の技術的な習得をもって、日本人の音楽的表現が高められたというふうに置き換えることにはいささか疑問があるとして、音楽教育の中で、子どもたちのしゃべっている日本語、子どもたちが自ら作り出しているわらべうたの音楽性が生かされない以上どこまでいっても借りものの音楽文化でしかないという実感をもっていた(研究編248頁)。小泉は、このように「音楽教育の出発にわらべうたを」という主張を示したのである。

(3) 尾原昭夫編『日本のわらべうた』室内遊戯歌編(1972年／2009年)・戸外遊戯歌編(1975年／2009年)・歳事・季節唄編(2009年)

　この三書は、近世以前から近年までの採集されたわらべうたから選ばれて、掲載されている。遊戯方法、歴史や歌詞の解説さらに類歌も付記されている。歌詞、曲譜の大半は編者が単独で十数年かけ、採集、採譜したものから選び、他の部分および類歌の半数は先学諸氏の資料から借用、引用したものである(凡例参照)。戸外遊戯歌編の巻末には、曲譜採集記録(伝承地名、歌唱者名、歌唱者生年、採集年月日)が付されている。並々ならぬ努力のあとが伺える集成であるが、それも、「一日も早く採集、記録しないと、瞬く間に忘れ去られ、消滅してしまうおそれもある」(尾原1975:333)との思いがある。「わらべうたが一過的現象のブームとして見過ごされることなく、わらべうたの本質をふまえ、じっくりその教育的な意義や活用の方法について考えていかなければならない」(尾原1975:334)と述べている。「単なる回顧趣味や商業主義のためでなく、日本の子どもたちの遊びや教育に役立ち、さらに次代の文化創造のいしずえともなれば」(尾原1975:334)という願いが込められている。

(4) 浅野建二他監修『日本わらべ歌全集』全27巻39冊(1979～1992年)

　これまで、「全国を通じて各地に伝承されてきたわらべ歌の歌詞と旋律、その歌にまつわる民俗的伝承などの資料を総合的に集大成したものはない」との共通認識の下に、この全集は、浅野建二・後藤捷一、平井康三郎の監修、尾原昭夫・倉田正邦・高橋美智

子・右田伊佐雄の各編集委員、全国各地のわらべうた研究家50人余りの執筆により、十数年かけて成し遂げられたものである。

　北海道から沖縄まで、主に明治期から昭和前期に伝承されていたわらべうたの歌詞、曲譜が克明に記録され、解説が付されている。採譜による集成で、音楽関係、保育関係者もわらべうたを巾広く用いることが出来るようになった。

(5) 各地のわらべうた採集記録

　わらべうたの地方における集成は早くには、『富山県内子守歌遊戯調書』(明治39年富山県教育課)などが見られるが、採集、保存の記録が出されるようになったのは、昭和以降、特に昭和30年代から急増している。

　発行は、例えば、
・教育委員会(例―『幸手(きって)童謡集』1933(昭和8)年、久喜市教育委員会)
・郷土研究会(例―『越前地方の童唄』1943(昭和18)年)
・個人(例―『鳥取県童謡集』1954(昭和29)年、野坂薫・京極友助)
・大学(例―『吉備わらべうた歌詞集』1979(昭和54)年、広島女子大)
・地誌(例―『大宮市史　第5巻民俗・文化財編』1969(昭和44)年)
・雑誌、会報等

多岐にわたっている[注1]。

(6) わらべうた資料の再集成

　これまでのわらべうた集成から、独自に選択して再集成し、子ども用の本、あるいは＜供与＞を目的とした本が出されるようになった。対象が親、保育、教育等の大人に向けている「わらべうた集の本」の主なものを挙げてみたい。

① コダーイ芸術教育研究所『わらべうたであそぼう』(1971)

　　昭和40年代に入ると、コダーイ芸術教育研究所では、これまでのわらべうた集成から選んだわらべうたによって、乳幼児から年長編までの4冊の本を出版した。曲譜、遊び方、幼児教育での課業の方法、イラスト等も付されている。まず幼児教育機関で広がり、わらべうた＜供与＞が、保育の場でなされるようになった。(別途CDもある)

② 近藤信子『にほんのわらべうた全4巻』(2001)

　　音楽教室で取り入れている180曲のわらべうたに、子どもたちの実践写真や絵による遊びの方法や子どもへのことばなどが親しみやすいように入れられている。(楽譜、CD付)

(注1)　本城屋『増補　わらべうた文献総覧解題』(2006)を参考にした。詳しい文献総覧が記されている。

③ 小林衛己子編『赤ちゃんとお母さんのあそびうたえほん』(1998)、『子どもとお母さんのあそびうたえほん』(2000)

挿絵を入れ、遊び方の説明も記して、手に取りやすい絵本のような形にしている。子育てに役立つようにという願いがみられる。

教科書の中のわらべうた

昭和20年の終戦により音楽教育はどう変わり、わらべうたは学校の音楽他でどう扱われたであろうか?まず、終戦直後、国民学校の教材のなかでどう指導されたのであろうか?

当時、「今後の音楽教育はどんな方針でやればよいのか、そしてなにを教えてはいけないのか、なにを教えたらよいのか全くわからなかった。文部省は沈黙して、なんの指示もしなかった」(堀内・井上1991:270)のである。

その後、「唱歌教材選択の一般方針として次の三項目が示された。①軍国主義的なもの、②超国家主義的なもの、③神道に関係のあるもの、以上三点を排除すること」(堀内・井上1991:270)が示されたことから、教材を選ぶ目安も出来て、広く世に歌われていた童謡が学校でも公然と使われはじめた(注1)。

文部省は、昭和21年6月になって、はじめて、暫定教科書を出した。これは、国民学校教科書の中から不適当なものを省いたものであった。その後、昭和22年3月に教育基本法、5月に日本国憲法が発布され、にわかに教科書も作り変えられた。しかし、この新文部省唱歌も戦後の民主主義の風潮に伴い二年で廃され、昭和24年からは各出版社の発行する民間の検定教科書が用いられるようになった(堀内、井上1991:271)。

(1) 学習指導要領にみるわらべうた

教科書が出されると共に『学習指導要領　一般編(試案)』が昭和22年3月20日に発行された。「なぜ、学習指導要領が作られたか」(序論)の冒頭には、「いまわが国の教育はこれまでとちがった方向に進んでいる」と書かれている。これまで、どんな児童にも中央で決めると一様に当てはめていこうとしたため、画一的で教師も創意、工夫の成される余地がなかった。この書は、学習の指導を述べるのが目的であるが、「これまでの教師用のように、一つの動かすことのできない道をきめて、それを示そうとするような目的でつくられたものではない」とし、教科課程をどのように生かしていくかの手引きとして出されたことが記されている。その後、『学習指導要領』は、昭和33年の改訂から試案は消え、昭和43年、昭和52年、平成元年、平成10年に改定があり、今日に至っている。では、わらべうた

(注1)　堀内、井上『日本唱歌集』(1991:270)に「いわゆる童謡が広く世に歌われ」と記されている。この「童謡」は、創作童謡と解していいだろう。

は、学校の音楽教育でどう扱われていたであろうか。

　最初の指導要領の1・2年生の指導目標には「ヨーロッパ音楽の音組織を音楽教育の基礎として教える」とあるように日本古来のものはほとんどみられない。附点音符などの関係で「日本のものには非常に附点音符が多い」とし、重点をリズムの上から単純なものを主とすることばかりに向けられ、歌詞は無視されていたように思われる。巻末には、鑑賞用のレコードや書籍が紹介されているが、そこでは、コロンビア合唱団によって歌われている「ひらいたひらいた」をみることができる。

　昭和43(1968)年になって初めて共通教材として、日本の子もり歌が取り上げられている。1・2年生の内容に「日本旋法を聞き分けられる」等、入ってきたが、昭和52年の改訂で教材にわらべうたが入った。「ひらいたひらいた」が1年生に、「うさぎうさぎ」が3年生に、「さくらさくら」（日本古謡）が4年生に、日本の「子もり歌」が5年生に。指導計画の作成、内容の取り扱いに、「歌唱共通教材のうち、わらべうたや日本古謡の指導に当たっては、それらの教材と関連して、それぞれの地方に伝承されているわらべうたなどを適宜取り上げるように配慮する必要がある」と記されるようになった。平成10(1998)年では、指導計画の作成と各学年にわたる内容の取り扱いの項で、「歌唱教材については、共通教材のほか、長い間親しまれてきた唱歌、それぞれの地方に伝承されているわらべうたや民謡など日本のうたを取り上げるようにすること」と記されている。

　共通教材が各出版社の教科書に反映されていることを思うと、今日に至って、音楽の教科書でもわらべうたの存在は大きくなってきたと言えるだろう。

(2) 教科書に取り上げられたわらべうた—小学生用

　指導要領には、主に次のようなわらべうたが掲載されている。

学　年	わらべうた	改訂の年度	教材
5年生	ずいずいずっころばし	昭和36年	教科書（教育芸術社）
1年生	ひらいたひらいた	昭和52年、平成元年度、平成10年度	共通教材
3年生	うさぎうさぎ	同	同
5年生	子守歌（ねんねんころりよ）	同	同

　以上、共通教材であるため、教科書に必ず載っていたので全国共通のわらべうたとして歌われている。しかし、近年、わらべうたを掲載する数は教科書ごとに違ってきた。例えば、東京書籍[注2]のものには、次のようなわらべうたが見られる。

（注2）　筆者が調べた中では、東京書籍の教科書が一番数が多い。同書の3年生の教科書に載っている「日本わらべうたマップ」(60頁)では、全国のわらべうたを地図にのせている。(2007年現在)

「おせんべやけたかな」「おちゃをのみにきてください」「おちゃらかホイ」(以上1年生)、「ちゃちゃつぼ　ちゃつぼ」(2年生)、「うちのうらのくろねこが」「(3年生)、「かりかりわたれ」「十五夜のもちつきは」(4年生)、「子守歌」(5年生)

幼児教育とわらべうた

① コダーイ芸術教育研究所

コダーイ芸術教育研究所は、ハンガリーの作曲家であり、民族学者、教育者であったコダーイの理念を汲み、音楽教育の変革を当初の目的として、1968年に羽仁協子等によって設立された。

羽仁は、ハンガリーで生活した折、コダーイシステム(ハンガリーの音楽教育の体系のほかに人間と音楽の関係そのものを教育体系化した方法)を日本の保育・幼児教育に取り入れることを考えた。コダーイは、バルトークと共に膨大な民謡採集をした。戦後、コダーイの指導のもとで、これらが体系化された民謡大観の第1巻がわらべうたであった。コダーイは、学者や音楽家は「どれ程、子どもから教えられなければならないか」を書いている。「民謡とは、野の花のようなものだ。それをそのまま、都会の生活のなかにもってくることはできない」(バルトーク)のことばから、羽仁は、「コダーイは野の花を教育という形に包んで、都会の生活の中、あるいは現代の人間一般の生活の中に運んできた人とはいえないでしょうか」といっている(羽仁1993:48)。このようなコダーイシステムに基づき、日本のわらべうたを使って行う音楽教育を幼児教育現場で実践して、今日に至っている。コダーイ芸術教育研究所は、実践のための本も多数発行している。『保育園・幼稚園の音楽－わらべうたの指導－』『わらべうたであそぼう』(『乳幼児のあそび・うた・ごろあわせ』・『年少編』・『年中編』・『年長編』)他

② その他の教育実践

筧美智子は、『幼稚園保育園の音楽教育の理論と実際　子どもの発達と音楽』(1977 音楽之友社)で、わらべうた教育がうまれるまでの道筋を次のように述べている。

> 日本のわらべうたを、日本の子どもたちの音楽教育の手がかりにしようと考えられはじめたのは20年前(1957年頃)のこと。主に、小学校の音楽教育を中心にして提唱された。明治に始まった学校教育のなかの音楽が、子どもたちにいったいどのような力を育ててきたかということへの、真摯な反省と検討の結果として見出された道すじ(後略)(筧1977:43)

とあり、教育の対象者である子どもの実態が無視されていたことを指摘している。明治の

基本的な誤りでスタートしたことへの反省として「日本の子どもには、日本語から生まれたわらべうたを、音楽教育の手がかりにするのが最も自然な道すじではないか」という発見を導き出した。このいきさつは1957年以降の日教組全国教研音楽分科会の研究報告書や『下手でもいい、音楽の好きな子どもを』(音楽之友社　園部三郎著)の中などから、その経過を知ることができる(筧1977:43)。

新たな動き

　各所でわらべうたを取り上げ、広げようとする試みが見えるようになった。次に例をあげてみたい。

(1) メディア関係
① 子どもの絵本
　子どもの本は、大人が子どものためにつくる大人＜供与＞の文化であり、これまでにもわらべうた絵本は作られていたが、近年急に種類が多くなった。絵本には、i)「わらべうたをそのまま取り入れ絵が付けられた絵本」、ii)「わらべうたを題材に創作した絵本」、iii)「現代のわらべうたと呼ばれている創作の絵本」が見られる。主な絵本には次のようなものがある。

i) わらべうた絵本

題名	著者等	出版年	出版社
うめぼしさんのうた	ましませつこ・え	1967	福音館書店
絵本わらべうた	赤羽末吉著	1977	偕成社
日本のわらべうた	高田敏子著、朝倉摂え	1998	さ・え・ら書房
あがりめさがりめ	ましませつこ絵	1994	こぐま社
あんたがたどこさ	同	1996	こぐま社
みんなであそぶわらべうた	近藤信子著	1997	福音館書店
いちじくにんじん	千里子ども図書館案 ごんもりなつこ絵	2007	福音館書店(こどものとも012)
いろいろおせわになりました	やぎゅうげんいちろう作	2008	福音館書店

ii) わらべうたをテーマにした絵本

題名	著者等	出版年	出版社
いないいないばあ	松谷みよ子・瀬川康男絵	1967	童心社
ひらいたひらいた	もりひさし、わかやまけん他	1977	こぐま社
ねんねこさっしゃれ	ひぐちみちこ作	1993	同
ととけっこうよがあけた	こばやしえみこ、ましませつこ作	2005	同
まてまてまて	同	2005	同
ちびすけどっこい	同	2006	同
せんべせんべやけた	同	2006	同
おふねがぎっちらこ	柚木沙弥郎作	2009	福音館書店(こどものとも012)

iii）現代のわらべうた絵本といわれる本

題名	著者等	出版年	出版社
あのやまこえてどこいくの	ひろかわさえこ著	1993	アリス館
めのまどあけろ	谷川俊太郎文・長新太絵	1984	福音館書店

　絵本を読んでもらう（見る）体験は、わらべうたとことばのリズム等において類似点があるが、わらべうたの特性を経験したことにはならない。但し、親しみやすいものにすることは出来る。特に、ii）わらべうたをテーマにした絵本は、新たな創造か、あるいはわらべうたの伝承に大人の手が加わったものとして残るか、今後も注目していく必要があろう。

② 映像によるわらべうた
　テレビ番組「にほんごであそぼ」（NHK）にわらべうたが取り入れられた。そこで放映されたわらべうたは、私の出会う多くの子どもが知っていた。また、DVDによるわらべうた（注1）が出されて、これまで「どのようにて遊んだらよいか」がわからなかった人も映像の助けを借りることによって＜供与＞しやすくなってきた（テレビ、DVDともに第三章参照）。

(2) 公共施設でのわらべうた＜供与＞
　図書館等のおはなし会でわらべうたを組み入れて行っているところが多くなった（第3章参照）。またブックスタート（注2）で本を手渡す時、わらべうたが歌われるようになってきた。

(3) 子育て支援
　子育て支援センターでわらべうたを取り入れるところが見られるようになってきた。各市町村で地域子育て支援センターが設置され、NPO、企業、行政で取り組み、連携を取って広がっている（注3）。

（注1）　例として「012歳のふれあいうたあそびうた」－88曲（エイデル研究所）があげられる。
（注2）　1999年「子ども読書年推進会議」が「ブックスタート・プロジェクト」開始を決定し2000年秋からスタートした。イギリスで始まった赤ちゃんに本を手渡す「ブックスタート」は日本でも地方行政を通して急激に広まった。保健所、図書館、福祉関係等のさまざまな箇所でブックスタートを担当しているが、本を手渡す時、赤ちゃんばかりでなく、母親にわらべうた＜供与＞をしているところが徐々に増えてきた。
（注3）　『こども未来』（財団法人こども未来財団　毎月1回発行）では、全国各地の子育てグループ、子育て支援センター等を紹介する記事が毎号載せられている。例―児童館の子育て交流サロン「あかちゃん天国」（東京都中央区）をはじめ、2009年8月号では、上尾市つどいの広場「あそぼうよ」や水戸市の「見和めぐみ保育園子育てふれあいセンター」の活動が紹介されている。また、2008年度には、子育て支援や保育関係の委託会社（K社）の研修に、わらべうたを取り入れた研修を私も担当した。そこから、子育て支援にわらべうた＜供与＞の広がりの実態をみることが出来た。

7 考察

わらべうた＜供与＞の歴史的推移

　わらべうたの歴史を辿ってみると、ちょうど赤ちゃんがこの世に生れてリズムよく音声を発するのと同じように、人類の歴史の始原から歌うこと、遊ぶことは行われていたであろうと考えられる。しかし、記録に残されているものでは、例えば、ヘロドトス(BC484-425年)の時代の骨お手玉(藤本2001:16)(第2章1.原始～古代参照)等から想像するにすぎず、記録に残されなかった子どもの日常にこそ、わらべうた＜供与＞の本来の姿があるに違いない。本書では、記録された文献によって日本のわらべうたの歴史を辿ってみたが、わらべうたの創造や伝承の主体である＜供与者＞が、次の表で取り上げたように、必ずしも子ども自身だけではないことがわかった。

本書第2章で取り上げた主なわらべうた＜供与＞例

	時代背景	＜供与＞例	方法・背景	資　料
1	(西洋古代)	(マタイ伝11・17)	(子ども→子ども)	(『新訳聖書』)
	飛鳥時代	童謡(わざうた) 「岩の上に小猿米焼く」	政治的対立者→ 一般民衆	『古事記』『日本後紀』 『日本書紀』
	平安時代	「ふれふれこ雪」	子ども→子ども	『讃岐典侍日記』
2	鎌倉時代	地蔵和讃 「比比丘女(鬼遊び)」 聖徳太子の子守唄「寝入れ寝入れ小法師」	僧侶 僧侶→子ども 乳母→子ども	『三国伝説』『閻魔天子故志王経』 『聖徳太子伝』
	室町時代	「ちょちちょちあわわ」 歳時の唄	民衆→子ども 民衆→子ども	『狂言小舞謡』
3	安土桃山時代・江戸時代	わらべうた集成 「地蔵盆・おんごく」他 「ねんねんさいさい」他 「いいいぃいっさん」	蒐集家(僧侶他) 子ども→子ども 瞽女→子ども 飴売り→子ども 薬売り、猿回し他	『童謡集』他
		守り子唄「守り子というもの辛いもの」 良寛と手毬唄「おせん　おせんや」他	子ども 僧侶⇔子ども	『山家鳥虫歌』 『手まりつく良寛』
4	明治時代	おもちゃ絵「かごめかごめ」他 のぞきからくり「不如帰」他 縄とび	浮世絵師→子ども 芸能者→子ども 教師・教科→子ども	
5	大正・昭和20年まで	わらべうた集成(全国各地の大集成) 『風の又三郎』(「かぜの三郎」)	(北原白秋⇔各地の有志) 大人→大人 (宮沢賢治作品)	『日本伝承童謡集成』

| 6 | 昭和21年から平成時代 | 採譜による集成（町田、浅野）
同　　　　　　　（小泉）
コダーイ芸術教育研究所、コダーイ・システムを導入
映像でみるわらべうた | 大人→大人
大人⇔子ども・大人
保育者→子ども、大人
DVD | 『わらべうた』
『わらべうたの研究』
『わらべうたであそぼう』
『0・1・2歳のふれあいうたあそびうた』 |

　記録された日本のわらべうた＜供与＞の推移を辿ると、1）童謡（ワザウタ）期、2）わらべうたとしての初期、3）子どもによる＜供与＞の最盛期、4）唱歌、童謡（どうよう）の母体期、5）復興運動期、6）新たな動きという変化がみられるのではなかろうか？（この区分は上記時代区分とも対応している。）

　この推移にそって、わらべうた＜供与＞を再考してみると、歴史の流れとともにわらべうた＜供与＞の内容やそこに関わる大人の子ども観に変化が見られることがわかった。上記の区分ごとに考察してみよう。

（1）　わらべうたを童謡と記すことの意味は、徐々に変化していて、童が子どもばかりでなく、一般の大人をも表していた時代というのは、子どもと大人の境界のない社会であったらしいこと[注1]、子どもも労働者の一部であり、子ども特有の集団を作りにくかったであろうと思われる。当然、大人が口ずさむ「謡」は、子どもにも共有されていたに違いない。わらべうたが童謡（ワザウタ）期においては、まず、楽器ではない肉声によって歌われる「謡」であって、ワザの力が潜んでいたのだろう。そこに生れることばのリズムや繰り返しの特徴や遊び心の発想は、子どもにも共有されていたとみなしても良いのではなかろうか。大人に歌われていた童謡（ワザウタ）とはいえ、わらべうたの源流に値すると思われる。また、それを裏付けているのが、阪田寛夫が「あかがり」（8世紀か9世紀頃に作られた神楽歌）を実際音声で聴き、歌うなかでわらべうたとして発見したこと（谷2007:85）である[注2]。上著『日本のわらべ唄』（1972）によると、「日本のワザウタは『六国史』におけるワザウタと違っており、政治目的などのために子どもに歌わせることはなかった」（上1972:14）というが、果たし

(注1)　近代になって、アリエスにより「子どもの＜誕生＞」といわれるようになった。
(注2)　『声の力』（2002:43〜93）に「童謡の謎　わらべうたの秘密」（阪田寛夫）が記されていて、「あかがり」との出会いのいきさつが語られている。
　　　あかがり踏むな　後なる子／我も目はあり　前なる子（あかがりとは、あかぎれのこと）
　　　阪田は『古代歌謡集』により、「続日本書紀」のなかに「葛城」という童謡があると、新たな発見を記していたのだが、「あかがり」との出会いから、「葛城」が催馬楽（雅楽の民謡化）によって歌われたものを聴くという体験をして、平安末期に童謡がどのように歌われ、受け止められ、働きかけていたかを突き止めることができたという。

てそうであろうか？ 遠野にみられるわらべうたのように大人が関わり、かつ、歴史の事実が潜んでいるわらべうた(伊丹1992:75)を子どもに歌わせていたという記録もある。

(2) 近世以前では、家族（親）が、わらべうたに関わった日常性は、ほとんど記録に残されていないが、おそらく子どもと共有するものがかなりあったと思う。たとえば、地蔵和讃など大人が歌うと同時に子どもも歌い、その後の子守唄や鬼あそびに進展した。こうした共有の文化がわらべうたを生みだしていたのだろう。

(3) 子どもの身近な大人や僧侶、旅芸人などによるわらべうた＜供与＞は、子ども自身の文化に大きな役割を果たしていたことがわかる。その＜供与＞の背景には、信仰や芸能を垣間見ることができる。これらも大人が子どもに与えた一つの文化環境であろう。子どもは、そこから模倣し吸収してわらべうたの世界を創ってきたと思われる。

(4) 明治時代からの学校制度により、子どもたちの生活を管理、指導する環境が増えて、音楽教育にも唱歌が取り入れられた。学校では、それまで子どもたちが歌っていたわらべうたは退けられて、わずかに載せられているわらべうたも新たな歌詞や音階の改定などが成され、「修身」の徳目や歴史的に教訓的な要素が織り込まれている。しかしながら実際には、子どもたちが、自分に合わない歌は捨て去ってしまうという現象もみられた。軍歌の替え歌などがその顕著な例といえるだろう(鵜野2000:99)。

(5) 大正時代から、唱歌への批判を込めた新たな童謡運動が起こり、子どもへの関心も高まった。わらべうた観の相違も見られるようになってきたが、子どもたちの間では、わらべうた＜供与＞が続いた時代であろう。北原白秋等により、わらべうたの復興運動がなされ、子どもへのメッセージやわらべうた集成に力が注がれて、その後のわらべうた＜供与＞に影響を与えている。すでに、白秋の主張する真の童謡(わらべうた)は、「子ども自身のもの（文化）」であると記されている。

(6) 終戦から十数年後の1960年以降には、わらべうた消滅の危機を感じる人々により、保存と再生の試みが始まった。わらべうたが採譜により集成され、大人がわらべうた＜供与＞に積極的に関わるようになった。わらべうたを幼児教育や音楽教育等にも用いるようになり、メディアによる＜供与＞も加わって、わらべうた＜供与＞の多様な歩みがなされている。

歴史的背景からの示唆

　わらべうたの歴史からどのような示唆があったであろうか？　私には、まだ多くのことを歴史から捉えることはできないのだが、わらべうたが衰退したかにみえる今日だからこそ、今後のわらべうた＜供与＞には、歴史から学ぶ必要があると思われる。

　わらべうたの歴史をたどると、静かなうねりのように、あらたな動きが見られるようになってきたと私は感じている（終章に続く）。次に歴史的背景から示唆として受け取れたものをあげてみたい。

（1）わらべうた口碑(こうひ)の時代

　口碑であった太古のわらべうたを今日辿ることは出来ないが、記録に残っていなくても、私たちの体に刻まれているのではなかろうか？わらべうたの心地よい単純なリズムは、子どもたちに共通した躍動を与えている。ちょうど樹々の緑を見て心地よいと感じるのと同様に過去からの蓄積があるのだろう。記録に残らないからこそ口碑の時代は、伝え手（主体）である＜供与者＞が大切であると言えるだろう。

（2）わらべうた集成

　わらべうた集成には実に多くの努力が払われてきた。私も本書を著すにあたって、わが国のわらべうた集成が、世界で類がない程多いのに驚かされた。しかし、日本のわらべうた集成の多さと今日のわらべうた＜供与＞の接点が見えにくい。果たしてわらべうたを滅び行くものとして、集成は過去のものとしておいて良いのだろうかと考えさせられた。子どもはいつの時代も今を生きていて、わらべうたも子どもが捨て去った文化ではないことを歴史から読み取ることが出来る。集成されているわらべうたから選択して子どもに返すことも、一つの子どもの文化環境であろう。いつの時代の子どもにも、成長にとって必要なものは、変わらないと思う。

（3）教育でのわらべうた

　学校教育においては、1958(昭和33)年の学習指導要領から、共通教材が出来た。これまでの共通教材に取り上げられたわらべうたはわずかであったが、近年、伝統文化を取り入れ、わらべうたを扱う指導がなされるようになってきた。教科書によって日本のわらべうたが、どの位浸透しているかは、今日の＜供与者＞の記憶によって証明されるであろう。教育という現場で「大人が子どもに与える文化」によって、「子ども自身の文化」が画一化されていくことには気をつけたい。

　幼児教育では、コダーイ芸術教育研究所がコダーイ・システムを取り入れてわらべうたを普及させてきた。(第3章の今日的状況を参照)

（4）子どもが取り込んだうた、遊び

　子どもたちは、大人と共有する文化の中から子どもの遊びに取り込んで、自らわらべうたを＜供与＞してきた。これは、「子ども自身の文化」に必要なものが、子どもの育つ環境にあったためであろう。室町時代から江戸時代にかけて、文字絵、絵描き遊び、拳遊びなど、主に大人がたのしんでいた。子どもの育つ環境が、いかに子どもたちに大きな影響を与えているかを示している。

（5）子どもが切り捨ててきたうた、伝承してきたうた

　明治期より大人が学校教育の中で＜供与＞した唱歌には、子どもが歌わなくなった教訓的な歌と、それとは反対に遊びに継承されているものとがある。今日も手合わせに歌われている「アルプス一万尺」などは、わらべうたの要素が垣間見られる。長い年月、子どもたちの間で継承されてきた。また、子どもたちが盛んに遊んだ縄とびも、授業の中で伝えられたが、さらに子どもたちによってうたや遊びが創られた。

（6）大人がわらべうたに関わってきた例

　近世以前より、大人によるわらべうた＜供与＞や歳事の継承、子守唄等は今日の＜供与＞方法に示唆を与えている。例えば、
・旅芸人、クスリ売り、瞽女、良寛等の僧侶―遊びを子どもに伝承し、共有した
・僧侶―地蔵信仰、仏教的な教え
・家族や地域の人々―年中行事や村の文化行事等を伝えた。

　子どもたちが子どもの世界を創造することの出来る環境だったので、子ども自身の文化を継承することができた。さらに付け加えるとすれば、
・大人自身の唄や芸能が暮らしに根付いていて、子どもも共有することができた。
・子守の方法には、あやしや遊ばせるための唄や唱えことば等が習慣化され、伝承されていた

といえよう。

　わらべうたの歴史を辿ると、大人がわらべうた＜供与＞に関わっている例を多く見出すことが出来た。そして、子どもの文化としてのわらべうたは、「大人が子どものために与える文化」、「子ども自身が創る文化」に二分できない、両方に跨っている文化もあることが実証出来たと思う。それは「子ども自身が創る文化」に近い場合もあるし、遠い場合もある。第1章では、「子どもと大人が共有している文化」と表現したが、歴史を辿ってみて、「子どもを取り巻く文化環境」というのにふさわしい＜供与＞を見ることが出来た。

第3章

わらべうた＜供与＞の今日的状況

　今日では、特に子育て支援の取り組みや音楽教育の一環として、また地方行政機関（図書館、児童館、保健所、公民館等）、民間団体において、実に多方面でわらべうた＜供与＞がなされるようになってきた。また、これにテレビ放映、DVD等の映像による間接的な＜供与＞も加えられる。

　わらべうたに関する情報は多くなっている[注1]。この章では、ニュースや私の行ったアンケート、面接調査からみえるものをとおして、わらべうた＜供与＞の今日的状況に視点を向け、今後の＜供与＞のあり方について考えてみたいと思う。

1 ニュースからみる今日のわらべうた＜供与＞

　近年、わたべうたはマスメディアで取り上げられることが多くなった。ここで取り上げる新聞紙上にみるわらべうたも、今日的状況を垣間みせてくれる。そもそも、わらべうたは日常のありふれた子どもの生活の一部分であって、特別なニュースになるものではなかった。それが次のようにニュースとして扱われていることは、今日的な特徴の一つであろう。ここでは、朝日新聞のわらべうたに関する記事、1990年からの13年間と、その後（2004～2009年2月）を検索し、考察した。

　わらべうたに関する記事の内容により種別すると(1990～2002年)、次のような件数順となっている。(注2)（詳細は、次頁の追録1「ニュースからの分析」を参照。ここでは概略のみ）

1）本やCDによりわらべうたを後世に残し、伝えようとする動き
2）文化保存・伝承を目的に自治体が取り組む動き
3）育児のためのわらべうた
4）子どもとお年寄りの交流・継承
5）音楽活動や教育の場で
6）その他

　まず一番目にとまるのは、わらべうたの本やCDによって後世に伝えようとしていることである。これは滅びの文化への対応であり、口承文芸であったわらべうたの一つの新たな伝承の姿でもある。実際、大人向けの本も子どもの絵本も発行部数は、急増している。

　次に最近、注目されているのは、わらべうたが今日の人間関係（親子、お年寄り、子どもの繋がり）に有益であるとして、教育関係、行政、地域の活動で推し進められていることだろう。これも、子どもから子どもへと＜供与＞されてきたわらべうたとは異なるもので、大人による文化形成の姿だろう。そして、大人の目を通して、わらべうたが取り上げられて、日本の伝統音楽の見直しもなされている。

　このように脚光を浴びているわらべうたへの視点は、子ども自身の文化には程遠い。すでに大人の文化、または大人と子どもの共有文化になっているのではないかと思われる。取り上げた記事のうち、子ども自身の文化に対する視点は、皆無と言ってよい。ただし、1994年6月、「日本子ども社会学会」が発足し、子ども自身が創造し、伝承してきたあそびの文化をキーワードにしているのは、注目に価する。

（注1）　朝日新聞で検索してみると、わらべうたに関する報道は、次の通りである。2000～2003年（4年間）で466件。2004～2007年11月9日現在まで（3年10ヶ月）で352件。

（注2）　この記事の分析は朝日新聞データーベースから検索した記事を分析したものである。放送大学卒業レポート「わらべうたにみる子ども文化の背景」（落合）による。

第3章　わらべうた＜供与＞の今日的状況

　では、その後の変化がみられるであろうか？

　最近(2004〜2009)のニュースから、件数の多い順に種別すると、
1) わらべうたということばの表記が多くなった—俳句、歌壇を初めとする投書の作品等
2) わらべうたの解説—歌詞の由来など
3) わらべうたのCD発売やコンサートのおしらせ
4) わらべうたを介した活動—親子のわらべうたなど
5) 今日のわらべうたと称するもの
　この数年の記事[注3]をみると、わらべうたということばの表記が広い領域で使われてきたように思われる。歌壇での例を挙げておこう。

　　わが母のうたいたまいし　わらべうた　わが子なければ　わがためにうたう
　　　　　　　　　　　　　　　　　　　　　　　　　　　　　　　　（2008・1・14）

　また、わらべうたの歌詞の歴史的背景、由来など（読者の質問で、とおりゃんせの由来、わるくちうたの由来など）が掲載されている。前記の自治体の取り組みに加え、NPO、個人的な主催によるわらべうた＜供与＞の記事も増えている。わらべうたへの関心がより一層広がったことを表わしている。
　また、新聞にみるものばかりでなく、インターネット上でも、わらべうた＜供与＞の情報は増え続けている。[注4]

　　　・・・・・・追録１—ニュースからの分析（詳細）・・・・・・
（わらべうたの記事（1990〜2002年）の内容は、次のとおりである。冒頭の数字は、記事が掲載された年／月を示す。）

(1) 本やCDによりわらべうたを後世に残そうとする動き
（お年寄りや研究者・詩人らが、本を自費出版したり、CDやビデオテープを作成している。）
1990・4　各府県毎にわらべうたが採集、採譜され『日本わらべうた全集』として発行されているが、『栃木のわらべ歌』も完成した。
1994・3　詩人が「あやし唄」398編を集め本にし、「あなたも赤ちゃんをあやしながら、口ずさんでみませんか」と呼びかけている。
1998・3　真室川町職員が「安楽城のわらべうた」を絵本とCDにまとめ千冊を自費出版して小

(注3) 朝日新聞掲載(2004〜2009年2月まで)の29の記事を分析した。
(注4) インターネット上では、2009年6月1日現在では、「わらべうた」で検索すると、googleでは、218000件、Yahooでは、1220000件。

学校や希望者にプレゼントした。口承文芸の継承に役立ちたいという。
1998・4 『あまくさむかしの遊びとわらべうた』を発行し、「子どもの遊びとわらべうたは立派な地方文化。子どもばかりでなく多くの人に親しんでほしい」と話している。
1998・11 1976年に奈良市と川上村の小学生から収録したわらべうたのLPレコード（87曲）を「音声館」でCDに復刻し普及に取り組んでいる。
1999・11 名古屋の音楽家は、庶民が歌い継いできたわらべうたこそ、音楽の原点であることを知り、母親（92歳）が子どもの頃に歌ったわらべうたを採譜し出版した。今、採集しなければ永遠に消え去ってしまうと言い、後世へ伝承しようとしている。
2000・7 群馬の酒井さん、50年に渡って県内各地のわらべうたを集め、解説をつけて楽譜におこし『群馬の伝承・わらべうた』を発行。現在、手元には、約3000人の歌を録音した600本近いテープが残っている。未来に残していく使命を果たしたい。
2001・1 「わらべうたを通じて堀川周辺の文化を語り継ぎたい」と名古屋の沢井さんは、かつて歌った「堀川端わらべうた」を冊子にして発行し、文化を残す活動をしている。
2002・1 宇治市内の女性4人が4年の歳月をかけて、消えつつあるわらべうたを後世に伝えようと『宇治のわらべ歌』を発行した。
2002・3 盛岡の「盛岡弁に親しむ会」は、会員（(70代中心)から募ったわらべうた200曲のうち80曲をビデオに収録。「子どもやお母さんに聞いてほしい」と絵本とともに完成させる。
2002・9 パソコンを通じた高齢者の交流団体「コンピューターおばあちゃんの会」が歌声の出るホームページ「昔々のわらべ唄出会いの旅」を制作し10月に開設する。日本地図をクリックすると、各地の「わらべうた」が呼び出せる。「孫やそれに続く世代に聴いて欲しい」と言う。

(2) 文化保存・伝承を目的に自治体が取り組む動き
（町おこしや行政が主催する催しの中でわらべうたが見直されている。保存や伝承に行政が関っている。）

1994・10 奈良市は、わらべうたなど郷土芸能を保存し再発信する拠点に、「音声館」を完成させた。大和のわらべうたを学ぶ「ならまちわらべうた教室」などの講座企画をしている。
1995・5 鳥取「わらべ館」のオープン準備。童謡やわらべうたを通じて大人に「心のふるさと」を思い出してもらい、感性豊かな子どもを育てることを目的とした施設である。
2000・2 徳島の板野町で童謡わらべ歌まつり。地元の「童謡とわらべ歌館」と阿波文化サロンが主催する。
2000・7 奈良市「音声館」の「わらべうた探検隊」（夏休み中の小学生参加）伝統などを学び地域とも交流している。
2000・10 奈良町でわらべうたを世界に発信し、町を活性化しようと「ならまちわらべうたフェスタ」を16カ所の会場で開いた。
2001・6 奈良県内に伝わるわらべうたを題材にした切り絵の絵はがき「大和のまつりとわらべうた」を県内の郵便局で発売した。
2002・2 徳島県板野町で「わらべうた祭り」が開かれた。子どもたちに童謡やわらべうたのすば

らしさを伝えていこうと、板野町犬伏の町文化の館で開かれ20団体250人がうたや演奏、踊りを披露した。

(3) 育児のためのわらべうた
（親と子のふれあいや子育てにわらべうたが取り上げられている）

1992・1　草加市の集会所では、わらべうたによる「親子のふれあい講習会」が開かれている。子育て真っ最中の新米ママさんたちに教えているのは、松戸市の藤田さん。ほかの保育のグループにも好評だ。

1995・12　「胎教　幼児期に語り聞かせを」と採集家の佐々木さんがわらべうたを取り上げている。

1999・7　親子であそぼうと「こどものくに」の欄でわらべうたを特集した。千葉県浦安市立図書館の伊藤さんが保育園で子どもにしているわらべうたやわらべうたの本も紹介している。

1999・9　親子や家族のスキンシップを深めては？と「あそぼ　わらべうた」という催しが広島市中央図書館で、開かれた。親子連れを中心に1歳児〜80代まで90人が参加した。わらべうた研究家槇林さんが実演指導した。

1999・9　「子どもと親の健康教室」和歌山市の日赤が主催。「幼い子の心に伝えることばと遊び」をテーマにしたもの。その中でわらべうた研究家の露木さんは「おかあさんてあったかい」と題してわらべうたについて話す。

2000・10　高知市は「親子でわらべうた」の研修会をした。元幼稚園教諭の森島さんがわらべうたをうたいながら人形やハンカチを使ってあそぶ方法を紹介し「親は子どもたちにわらべうたを伝えてほしい」と話した。

2002・7　「松林に響くわらべうた」。つくば市の松代公園に週一度「おちゃのこするものよっといで！」という掛け声で「遊べ！おちゃのこ隊」が母子一緒に集う。失われた時間と空間と仲間を少しでも子どもたちにと願って、母親同士も楽しんでいる。

(4) 子どもとお年寄りの交流・継承
（わらべうたが、子どもとお年寄りの交わりを深めつつ、お年寄りの子どもの頃の文化を次の世代に手渡している）

1996・6　奈良市「音声館」に集う子どもたちが創作わらべうたを披露し、お年寄りらとゴム跳びや鬼ごっこなどで遊んだ後、「ならまちのおじぞうさん」を歌った。

2001・1　「わらべうたの響く学校」。十津川村に伝わる「子もり歌」を村立上野地小学校の全児童20人がうたっている。地域に眠るわらべうたを掘り起こし、地域のお年寄りからの指導で歌い、遊び継ぐ作業が、もう20年続いている。後輩に脈々と受け継がれ、お手玉やまりつきうたを教えてきた西村さん（69）は「昔、歌った歌を、子どもが受け継いでくれるのが嬉しくてたまらない。」と言う。

2001・10　地域に伝わる民話、わらべうたを30年余り、子どもたちに伝えている大館市赤館町の河田さん（70）に「博報賞」。教員在職のころからたくましく生きる力、思いやり、働く大切さなどを内に秘めた民話、わらべうた、伝承遊びを子らに伝えようと活動している。

(5) 音楽活動や教育の場で

（わらべうたが舞台で見せるためになされたり、編曲されコーラスで歌われたり、コンクールの場で広がったりしている。教育の場での見直しや本来と違った楽しまれ方もみられる。）

1996・5　横浜に住む仲吉さん（75）は、故郷沖縄わらべうたの公演を100回開いた。難聴のハンディがあるが、「わらべうたの体験は私の原点であり、わらべうたがあふれる街は平和な街。歌い継ぐことが平和につながると思う」と言っている。

1999・3　わらべうたの世界を見直すイベント「音楽のきずな─わらべうたは生きている」が明治神宮参集殿で開かれる。日本文化芸術財団主催。子どもによるわらべうたあそびの実演やコンサートを通じ、現代っ子の心に、わらべうたが受け継がれていくのが狙い。

1999・5　「世代を越えて響く旋律を探る　心に残る子どもの歌を」の記事に「刺激的リズム受ける現代、伝統的メロディ見直しも」とある。子どもの合唱曲を多く手がける作曲家、松下さんは、ある日、保育園で習った「花いちもんめ」を聴いて愕然とした。古来のわらべうたの旋律ではなくて、ハ長調の別のメロディーに乱暴に「編曲」されていたのだ。「子どもにウケる曲を追うばかりでなく、伝統的なわらべうたや童謡の旋律に表れた日本人独特の感性を、受け継いでいくという発想も大切なのではないか」と松下さんは主張している。

1999・9　「わらべうた、じわり復活」古くから子どもたちの間でうたい継がれてきたわらべうた。明治以降、西洋音楽に押しやられて影が薄くなっていったこの伝承音楽を見直し、教育現場に取り入れる動きがゆっくりと浸透している。子どもたちの音や言葉に対する感覚をはぐくみ、情操を豊かにする効果があると専門家は指摘する。子どもたちの心の荒廃が心配されている時代にあって、わらべうたに期待をかける人々は少なくない。千葉県松戸市の常磐平幼児教室は20年前からわらべうたを幼児教育の中心に据えている。

1999・12　邦楽教育をする関係者を対象に、音楽会「創造する伝統─音楽のきずな─日本のしらべ」が開催された。国立歴史民俗博物館の小島美子教授は「五線譜を用いない邦楽がどんどん廃れてきたが、これを取り戻すには、伝承童謡であるわらべうたを導入するのがいいと思う。わらべうたや民謡には邦楽の精神ともいうべき口承伝承の形が残っている。」という。

2000・7　奈良市「音声館」を拠点にわらべうたの発掘、普及活動をしている「まつぼっくりならまち少年少女合唱団」が、アメリカで開かれる国際的なイベント「アーカディー音楽祭」に出演のほか、ニューヨーク国連本部でのコンサートも予定している。小2～高3まで49人。「はないちもんめ」や「大波小波」などのわらべうたも歌う。

2000・8　和歌山児童合唱団はオーストリア・リンツ市で開かれた「第1回合唱オリンピック2000」で「民族音楽アカペラ」部門で金メダルを獲得した。世界の60カ国350団体が参加した中で、当合唱団は、中1～大学生までの80人が出場し、和歌山のわらべうた「ねんね根来の」「紀州の殿さん」などを浴衣姿で歌った。代表の岩崎さんは「旋律のやわらかさ、わらべうたの東洋的メロディを表現できた点が高く評価されたのではないか」と話している。

2000・12　川崎市で親子連れ、障害者も出入り自由な堅苦しくない演奏会が開かれた。前半

は、ゼロ歳からの親子を対象に、麻生区の私設「ゆりがおか児童図書館」でわらべうたを指導する奥本さんのうたで開幕した。

2001・3 　中津川市の私立「杉の子幼稚園」でコダーイ芸術教育研究所の創設者、羽仁協子さんを招きわらべうた教育の研修会を開催した。羽仁さんは30年前に中津川に指導に来たことが根づいていて嬉しいと話している。

2001・4 　2000年度の「小泉文夫音楽賞」が、作曲家としては初めてという間宮芳男さんに贈られた。民族音楽研究を創作の原点とし、作品に日本各地の民謡やわらべうたの旋律を採り入れるスタイルを50年貫いてきた。「民衆から自然発生したメロディを聴くたびに、どんな大作曲家にも書けないなと思ってしまう」と述べている。

2001・9 　小樽の「絵本・児童文学研究センター」では、「児童文化の中の声と語り—童謡とわらべうた—」をテーマとする文化セミナーを開催した。

2002・2 　「第17回童謡とわらべうた祭り」で、20団体250人が歌や演奏、踊りを披露した。

(6) その他

　児童の創作詩を「わらべうた」と表示したり、「現代のわらべうた」と称して、作詞作曲の歌が紹介されている記事も見られた。

1998・11 　静岡「園長先生は作曲家、現代のわらべうたを創作」。

2000・1 　茨城「わらべうた・あそびランド」は10周年を迎えた。口頭詩づくりや自然の中で親子があそぶ活動を続けている。

2 子ども自身によるわらべうた＜供与＞
—調査からの視点—

　ニュースからの視点では見えてこない、子ども自身の状況はどうであろうか？協力者を得て試みた次のような調査では、＜供与者＞が大人である場合と違って、まるでコンクリートの隙間から芽を出している草のように、子どもたちが自分のおかれている環境に添ったわらべうた＜供与＞を行っている様子を垣間見ることが出来る。しかし、大人からは見えにくく、40数年前の子どもたち（小泉、芸大による1961～1962（昭和36）年調査）の時の遊び方とは大分違っていて、ひそやかなわらべうた＜供与＞である。

　その他、『わらべうた・遊びの魅力』（岩井2008:189～201）には、「現代の子どものわらべうた」に関する調査[注1]がみられるが、私の行った調査と共通した特徴をみることができる。

(注1) 　岩井による調査では、「壱岐の子どものわらべうた」・「那覇市のわらべうた」・「大阪、東京、埼玉のわらべうた」が掲載されている。

<調査へのまなざし>
　実態調査(内容・方法は94頁の追録2を参照)を始める時、協力調査員たちは、「子どもたちは、もうわらべうたを口にして遊ぶこともなくなったから採集は無理でしょう」と言っていた。しかし、予想以上に後記のようなわらべうたが採集された。ことばと遊び方のみで、採譜は出来なかった上に、短期間であるため、現状というには未熟な面もあるが、予想に反していたことは事実である。協力調査員の採集の内容には、いくつかのパターンが見られた。まず、子どもとの間に信頼関係がある人や子どもにより近づいて調査を試みた人からの報告は、採集数が多かった。表面的に見た場合だけでは、採集の数も内容も限られていた。
　例えば、U小学校の保健室教諭福島さんは、初めは、あまり見たことがないと述べていたが、子どもたちから教えてもらうことにより、実際、子どもたちが手遊びやうたをいきいき楽しんでいることに驚き、録音テープやビデオテープに26の遊びを記録した。そして「でんでらりゅうば」というわらべうたを誉めると、その日のうちにクラス中に広まって遊んでいたという。
　北陸(能登)で子ども文庫を開いて子どもに絵本や語りを伝えている細川さんも、「わらべうたで遊ぶ子どもの姿は見られないので、大人がわらべうたを手渡している」と述べられたが、児童館の学童保育室で「子どもたちから教えられ、意外さに驚いた」と言う。
　私が小学2年の敦くんのお母さんに「お子さんは、わらべうたで遊びますか?」と聞くと、お母さんは「まったく、ありません」と答えた。しかし、敦くんとじゃんけんをするとグー・チョキ・パー遊びを教えてくれて、この遊びが強い友達のことを話してくれたのである。

<わらべうたのイメージ>
　まず、この調査によって見えてきたことは、わらべうたの定義が多様化していることである。大人(調査員)や子どものイメージがまちまちであった。そこで10人の協力調査員が集い、わらべうたのイメージを挙げてみた。

　「ことば・声・子ども・リズム・メロディ・数・年齢不詳・遊び・笑い・シンプル・手足(体)・生活・ぬくもり・季節・ふれあい・どうぶつ・たべもののようなもの・伝承・繰返し・ふるさと・思い出・しゃぼんだまのようなもの・習慣」

　以上を挙げた人は20代〜60代までいたが、それぞれ巾広いイメージを持っていることが示された。
　さて、子どもたちはどうであろうか?　調査によると、実際、遊んでいる「あそびうた」(中には無言の遊びもある)であって、子どもたち自身が伝承(口承)してきたものと、テレビで観てするようになったものや、大人から伝えられたものとの区別がつかないようである。採集

されたわらべうた(95～101頁の追録2)を考察すると次のような特徴がみられる。

＜わらべうたの特徴＞

(1) 室内のことば遊び

　わらべうたは滅びてしまった、と言われる程、子どもの遊ぶ姿が見られないし、空間（場所・時間）の少なくなった環境であるが、子ども自身の遊びの習性が消えてしまったわけではないだろう。わずかな時間でも室内で遊べる「からだあそび」や「じゃんけん　グー・チョキ・パーあそび」は数多く採集された。また、替えうたやかぞえうたなどの「となえうた」も予想以上にうたわれていた。一方、やはり戸外での遊びは少ない。

(2) 再創造されている

　テレビの影響を受けた遊びや唱えことばも見られたが、まったくそのとおりではなく、子どもたちの創造性がみられる。「あんたがたどこさ」が多かったのは、テレビでやっていたと言う報告があったが、遊び方は手合わせや体あそび（「さ」の所で前に飛ぶのや左右前後にしるしをつけてそこへ飛ぶ）に工夫が生まれていた。「あんたがたどこさ」が「わらべうた」であるということすら知らないで遊んでいる子どももいる。自分たちが共鳴できれば、それを伝播し、創造していく子どもの特性がみられた。

(3) 多様化された遊び方

　一つのわらべうたでジャンケン遊びやお手合わせをするなど、多種多様な遊び方をしている。二つのうたを結合させて一つの遊びにしている例も見られる。

　これまでにあまり見られないような所作が加わってきた。例えばブルドックジャンケンのように勝った人は、相手のほっぺをつかみ、両方つかんだら上下左右に揺する。また、雑きん絞りと言う罰は手をねじる。相手の指にさわって数を増やし、無言の指遊びをするなど。

(4) 国際化

　異文化との接触とも言える遊びやことばも見られる。これまでジャンケンで勝つとバンザイ、負けると頭を下げるやり方が習慣になっているが、負けたら手を合わせて祈るやり方が見られた。なぜなのか調べてみたところ、それは、フィリピンの習慣で、クラスにフィリピンの子どもがいて広がったのだという。また、お手合わせに「かもんかもん」と言いながら呼ぶしぐさがある。ジャンケンのだせだせ遊びも1・2・3が、ワン・ツー・スリーといわれていて、英語も自然に組み込まれている。

＜小泉分類法（昭和36年）との対比＞

　小泉による東京芸大共同研究から48年の歳月がたった現在（2009年）、私がわずかに試みた調査と比較するのはとうてい無理であるが、おおまかな傾向の対比は可能であろう。

　小泉の調査対象が東京都内の小学校であったためか、親の世代が各地の出身者であり、転居する場合が多いなどの理由により、ひとつのわらべうたにもアクセントやことばに微妙な違いがある。それは今も同じ傾向である。時代を映していることばも、年代の違いをみせている。以前はロケットが出てきた。今回はマクドナルドなどがみられる。

　48年の年月に、子どもが遊ぶ空間も自然環境も激変した。高度成長期を経て、家庭環境も変わった。物は豊かになったが、時間的なゆとり、精神的なゆとりも減少した。しかし、わらべうたで遊ぶ子どもに接すると、子どもたちが求めているものに普遍性を感じる。

　・・・・・追録2　子ども自身のわらべうた＜供与＞の調査・・・・・

　今、子どもたちは、わらべうたで遊んでいるのか？特に子ども自身のわらべうた＜供与＞がどうであるか、知りたいと願って、30人に調査を協力してもらった。

(1) 調査目的

　わらべうたは消えてしまったのか？ことばを中心にした広義な遊びの実態を調査する。特に現在、子どもたち自身で伝え合っている遊びうたを採集する。

(2) 調査方法

① 　私が周囲の子どもから見聞きした。
② 　私の知人で子どもたちに接する機会の多い主婦、教師、幼児教育関係者等30人に調査用紙を配布して採集してもらった。
※ 　第1回の調査は、2002年7・8月、第2回の調査は、2002年9月。両方とも、遊びの方法と遊びうたのことば・対象の子どもの年齢・地域・場所を記録した。なお、調査上での状況、子どもの様子等を各調査者から私が聞き取りした。

(3) 採集されたわらべうた（広義なあそびうたを含む）

　ここでは第1章(本書21頁、表2)の小泉文夫「あそび方による分類」を用いる。
　採集の結果は次のとおりである。

＜採集されたあそびの種類＞

　0　となえうた、1　絵かきうた、5　なわとび、6　ジャンケン・グーチョキパーあそび、7

お手あわせ、8 からだあそび、9 鬼あそびの部類である。
　記録されなかったのは、2 おはじき・石けり、3 おてだま、4 まりつき、であるがが、まったくあそばれない訳ではなく、季節により見られると調査協力者から報告されている。

＜採集したわらべうた一覧＞
　採集したわらべうたは、以下のとおりである。分類方法は、前記、小泉の分類を使っている。（地域名は調査時点での表示。その後、浦和市はさいたま市となった。）

＜0 となえうた＞
00　数をかぞえるうた
　「いっちゃんちの　にいちゃんが　さんちゃんちで　しっこして　ごめんもいわずに　ろくでなし　しちめんちょうに　はたかれて　くやしくなって　とぼけてる」
　　　　　　　　　　　　　　　　　　　　　　　　　　　　　　—川口市幼稚園児

　「1・2　の　さんまの　しっぽ　ごりらの　ろっこつ　なっぱ　はっぱ　くさった　とうふ」　　　　　　　　　　　　　　　　　　　　—石川県河北郡小1〜2年

　「数を数えるあそび」（親を決める）親がだしたものの数「自動車1台」を交互にものを替えてひとつずつ増やしていく「本2冊」—（親）「電柱3本」（言えなくなったら負け）
　　　　　　　　　　　　　　　　　　　　　　　　　　　　　　　—越谷市小4

02　となえうた（約束・ものえらびをふくむ）
　「どちらにしようかな　神様のいうとおり　てっぽう　うって　バンバンバン　もひとつ　おまけに　バンバンバン」　　　　　　　—川口市4歳と7歳

　「どれにしようかな　てんの神さまのいうとおり　まだ　わかりません　もう　わかりました　なのなのな」　　　　　　　　　　　　　　　　　—戸田市幼児

　「どれにしようかな　神さまのいうとおり　アベベノベ　カキノタネ」
　　　　　　　　　　　　　　　　　　　　　　　　　　　—戸田市幼児〜小学生

　「○○○するひと　この指とまれ　早くしないと　電気のたまが　きれる　まだまだ　きれない　まだ　きれない　ろうそく1本　きれた」　　　　—川口市・4歳

　「ゆびきり　げんまん　うそついたら　はりせんぼんのます　ゆびきった」
　　　　　　　　　　　　　　　　　　　　　　　　　　　　—川口市・4歳と小2

「だるまさんが ころんだ」

―戸田市幼稚園児

07　替えうた

トマトのうた―「ちょうちょ ちょうちょ なのはに とまれ」のメロディで―「トマト トマト トマト トマト...」と繰返し歌う。　　　　　―越谷市小4

「アルプスいちまんじゃく」のメロディで ―「いなかのじっちゃん ばっちゃん いもくって へーして ぱんつがやぶれて しんじゃた ヘイ ラーラララ ラララ ラー ララ ララ....」　　　　　―川口市小5

「アルプスいちまんじゃく」のメロディで―「お花ばたけでひるねをすると ちょちょが ひらひら とんでくる ランララ ランランランラン ランララ ランランランラン ランララ ランランランラン ランララ ランラン おばけやしきで ひるねをすると おばけが もどってきて コンニチワ ランララ‥‥」

―戸田市小5

「はとぽっぽ」のメロディを―全曲　ぱ・ぴ・ぷ・ぺ・ぽ　でうたう。　　―戸田市小3～5

＜1絵かきうた＞

「まめちゃんが おふろに入って11時
あっというまに ガイコツだ」　　　　　―川口市小4～6年

「てっちゃんが はちみつのんでしかられて
へいきでへいきで のんきでのんきで
しけんべんきょう0点で
くの字もかけない おじょうさん」　　　　　―川口市小4～6年

「まるかいてチョン まるかいてチョン
おだんご一つぶできました まるいえんが できました
もっと大きい丸ができました へんな ぼうが できました
へんなくびが できました 6をふたつ かきました
かみのけ2本でてきたよ 大きいおだんご 2つぶだ
ちょこんと丸ができました ぼうかいて
もっとちいちゃい丸がでて かみの毛 6本でてきたよ
おつきさまが みえてきた よーくみたら ドラエもん」
　　　　　―石川県高松町小1～2年

第3章　わらべうた＜供与＞の今日的状況

＜5 なわとび・ゴムなわ＞
　「おおなみ　こなみ　ぐるっとまわって　ねこのめ」　　　　　　　―戸田市幼稚園児

　「くまさん　くまさん　まわれみぎ　くまさん　くまさん　両手をついて　くまさんくまさん
　　片足あげて　くまさん　くまさん　さようなら」　　　　　　　　―戸田市幼稚園児

　「ゆうびんやさんの　おとしもの　ひろって　あげましょ　1まい2まい3まい4まい
　　5まい6まい7まい8まい9まい10まい　ありがとう」　　　　　―戸田市幼稚園児

＜6 じゃんけん　グー・チョキ・パーあそび＞
60　基本的じゃんけん
　「センソー　ぐんかんぐんかん　ハワイ　ハワイ　ハワイ　チョーセン」
　　　　　　　　　　　　　　　　　　　　　　　　　　　　　　　―越谷市小4年

　「じゃんけんぽいぽい　どっちだすの　こっちだすの」
　　　　　　　　　　　　　　　　　　　　　　　　　―川口市4歳と小2・深谷市小3

　「さいしょは　グリ　グリ　おちゃらか　ホイ」　　　　　　　　　―深谷市小3

　「ヨウス　ペパペパペパ　1（ワン）2（ツー）3（スリー）　123　123
　　　　　　　　　　　　　　　　　　　　　　　　　　　　　　　―浦和市小学校内

　「じゃんけん　ぽいぽい　どっち　ひくの　こっちひくの」　　　　―浦和市小学校内

　「じゃんけん　ぽいぽい　どっちかえて　こっちかえて」　　　　　―浦和市小学校内

　「じゃんけん　じゃがいも　さつまいも（じゃんけん）　あいこでアメリカ　ヨーロッパ　パ
　　パ　パリのパンやさん」　　　　　　　　　　　　　　　　　　　―戸田市幼児

62　条件付きじゃんけん
　「さんま！」（まのところで、じゃんけんをする。3回勝負）　　　　―川口市・小2・4

　「ごーま！」（5回勝負の時に）　　　　　　　　　　　　　　　　―川口市小2・4

　「さいしょはグー　またまたグー　いかりや長介　あたまはパー　せいぎは勝つ　ジャン
　　ケン　ポン」　　　　　　　　　　　　　　　　　　　　　　　　―戸田市6歳

「ブルドック」(ジャンケンで勝った人が、相手のほっぺをつかむ。負けたら離す。両方つかんだ時は、「たてたて　よこよこ　まるかいてチョン」と言う。)　　　―川口市小5

「ブルドック　ブルドック　まけたらいたいよ　ブルドック　じゃんけん　ぽい」(上記と同様にほっぺをつかむ)　　　―戸田市小1・戸田市幼稚園児

「すうじ」(勝った人が123という。次の勝ちが456と言い、数を増やしていく。あいこになったらその時でている数だけ手をぶつ)　　　―川口市小2～5

64　ジェスチャーつきじゃんけん
「せっせっせのよいよいよい　おてらのおしょうさんが　かぼちゃのたねをまきました　めがでてふくらんで　花がさいて　かれちゃって　忍法つかって　空とんで　トウキョウタワーにぶつかって　ぐるりとまわって　ジャンケンポン」(動作をつけて)
　　　―川口市小1・戸田市小5

「(上記と同じで後ろだけ違う)―さいころ　まわして、ジャンケンポン」
　　　―戸田市5歳・戸田市幼稚園内

「おばあさん　おにぎりちょうだい　紙につつんで　おにぎりちょうだい　ジャンケンポイ」
　　　―川口市小3

「みーる　みーる　みるまで　ポン　ポン　ポン」(かいぐりをして、ポンでグー・次のグーでチョキ・最後のグーでジャンケンをする。)　　　―川口市小6

「げんこつやまの　たぬきさん　おっぱいのんで　ねんねして　だっこして　おんぶして　またあした」(じゃんけん)　　　―戸田市

グー・チョキ・パーあそび
65
「グー・チョキ・パーで　グー・チョキ・パーで　なにつくろ　なにつくろ　右手は　グーで　左手は　チョキで　かたつむり　かたつむり(繰返して、グー・チョキ・パーをつかっていろいろなものをつくる)　　　―浦和市小学校内

66　出せ出せあそび
「カレーライス」(まずジャンケンをする。グーが勝つと)「グーからパーから」(声を出しながら、手も同時に))「グーからチョキから」(そして勝ったほうのチョキからで続ける。同じになってあいこの時、水!と早く言った方が勝ち、勝ちの人が始めて続ける)
　　　―川口市小1～5

第3章　わらべうた＜供与＞の今日的状況

「だせ　だせ（グー）だせ（負けたらたたかれる）（チョキ）だせ」（左手はつないでおく）
　　　　　　　　　　　　　　　　　　　　　　　　　　　　　―戸田市小4～6

「さいしょは　グー　ジャンケン　ポン（勝った方がだしたもので始める）　グーならグリングリン（ジャンケンの勝ったほうから）　チョキならチョリンチョリン（ジャンケン）　パーなら　パリンパリン」　　　　　　　　　　　　　　　　　　―戸田市4歳～小4・6

「グリン　グリン　パリン　チョリン　チョリン　パリン」（同じものを出したら、負け）
　　　　　　　　　　　　　　　　　　　　　　　　　　　　　―戸田市幼児

「よーす　ぺぱぺぱぺぱ　1（ワン）　2（ツー）　3（スリー）　1　2　3　1　2　3」
　　　　　　　　　　　　　　　　　　　　　　　　　　　　―浦和市小学校内

67　グー・チョキ・パーごっこ
　「グリンピース」（ジャンケンをし、グーで勝った時はグリンではじまる）「グリングリン　パリン」（パリンのところがジャンケン。もしパーが勝ったらパリンから始める）「パリンパリン　チョリン」（あいこになったら、「どん」と先に言ったほうが勝ち）（グリンが、グー。パリンが、パー。チョリンが、チョキ。）
　　　　　　　　　　―川口市小2・石川県高松町小1～2・戸田市小2～4・6

　「マクドナルド」（ジャンケンをし、勝った人の言葉で続ける。グーはハンバーガー。チョキはポテト。パーはシェイク。あいこのときは「ハンバーガー」と先に言った方が勝ち）
　　　　　　　　　　　　　　　　　　　　　　　　　　　　　―川口市小2～4

＜7お手あわせ＞
70　純粋なお手あわせ
　「アルプスいちまんじゃく　こやりのうえで　アルペンおどりを　さあおどりましょ　ララララララ　ラララ　ラララ　ラララ　ラララ　ラララ　ララララ　ラン」
　　　　　　　　　　　　　　　　　　　　　　　―戸田市小4・浦和市小学校内

　「あんたがた　どこさ　ひごさ　ひごどこさ　くまもとさ　くまもとどこさ　せんばさ　せんばやまには　たぬきがおってさ　それをりょうしが　てっぽで　うってさ　にてさ　やいてさ　くってさ　それを　このはで　ちょっとかぶせ」　　　―戸田市小4

73　じゃんけんあそびと結合したもの
　「せっせっせのよいよいよい　おちゃらか　おちゃらか　おちゃらかホイ　おちゃらか（勝ったよ・まけたよ）（同時で）おちゃらかホイ（ホイでジャンケンし、勝ちがバンザイ・負けがおじぎ・同時は腰に両手をやる）
　　　　　　―川口市4・5歳　石川県高松町小1～2　戸田市小4～6。浦和市小学校内

99

「せっせっせのみそラーメン　もやしに　しいたけ　にんじん　ゆでたまご　ハア　あじ
のもと　ハア　よいのよい（ジャンケンする）　おはしをパチン　こしょうをパッパ　さま
してフーフー　いただきまーす　こちょこちょこちょ（勝った人は、負けた人の手をとって、
おはしをパチンとする。こしょうやフーフーは真似し、両手を合わせていただきます！をして
勝った人がこちょこちょとする）

　　　　　　　　　　　　　　　　　　　　　　　　　　　　　　　—石川県高松町小1～2

「せっせっせのみそラーメン　ごぼうに　しいたけ　にんじん　あじのもと　ゆでたま
ご　よいのよい　だいこんきって　肉きって　なめんじゃねぇよ」

　　　　　　　　　　　　　　　　　　　　　　　　　　　　　　　—戸田市幼稚園内

「せっせっせのもんちっち（右手と相手の右手をつけ、左手と左手をつけ、上下の手合
わせを4回で）あのこ　のこのこ　かわいくないね　てるてるぼうずの　もんちっちもん
　かもん（来いというしぐさ）　アッ　もんちっち（じゃんけん）　（勝った人）あんた
ちょっと　バカね　（負けた人）あんたよりましよ（おでこをつつきながらビーム　フラッシ
ュ　（勝った人）ほーら　みなさい　（負けた人）ごめんなさい」

　　　　　　　　　　　　　　　　　　　　　　　　　　　　　　　—石川県高松町小1～2

「せっせっせのもんちっち　あのこ　のこのこ　かわいくないね　にっぽんいちの　もん
　　ちっち　あもん　あもん　あもんちっち　あんたばかね　あんたよりましよ（じゃんけ
ん）」

　　　　　　　　　　　　　　　　　　　　　　　　　　　　　　　—戸田市幼稚園内

74　ジェスチャーあそびと結合したもの
　　「アルプスいちまんじゃく」　　　　　　　　　　　　　　　—川口市小1～6女子

　　「みかんの花が咲いている」　　　　　　　　　　　　　　　—川口市小4～6

　　「夏も近づく　八十八夜」　　　　　　　　　　　　　　　　—川口市小4～6

＜8　からだあそび＞

80　指・手あそび
　　「みみずのたいそう　1　2　1　2　1234」（両手の人差し指をまず左右に、12で上
　　下に動かす）　　　　　　　　　　　　　　　　　　　　　—越谷市小4

　　「みみずのたいそう1234　1234　1234」（指の左右・上下の交互の組み合わせも入
　　る）　　　　　　　　　　　　　　　　　　　　　　　　　—浦和市小学校内

「1（いち）2（に）の3（さん）　4（し）の2（に）の5（ご）　3　1　4の2の4の2の5（親指が1）
　　　　　　　　　　　　　　　　　　　　　　　　　　　　　　　　―浦和市小学校内

「かえるが　かえる　親子で　かえる」（二通りのたくみな指の形）　　―浦和市小5

「無言の指あそび」（両者の指を1本ずつだし、相手の指にさわる。触られた人は2本の指を出し、相手にさわる。触られ数をプラスして指を出し、5本を越えたら越えた数だけ出し、5本ぴったりの時は負け）　　　　　　　　　　　　　　　―川口市小1〜4

「ちっちのち」（グループで、この言葉にあわせ、親指を出した数を言い当てる）
　　　　　　　　　　　　　　　　　　　　　　　　　　　　　　　　―川口市小1〜3

「いっせーの○○」（二人で向き合い、ぐーの形で両手を出しておき、いっせーのと言ったら出したい数の指を立てる。相手が同時に言った数と、合計してあっていたら手をひっこめ、合わなかったら言う番が変わる。先に両手を引っ込めたほうが勝ち）
　　　　　　　　　　　　　　　　　　　　　　　　　　　　　　　　―川口市小6

「でんでらりゅうば　でてくる　ばってん　でんでられんけん　でてこんけん　こんこられんけん　こられられんけん　こーん　こーん」（片方の手の親指で残りの4本の指を1つおきにさわっていく）　　　　　　　　　　　　　　　　　　　―浦和市小5

81　顔あそび

「あっちむいてホイ」（相手が手で指した方と反対を向く）
　　　　　　　　　　　　　　　　　　　　　　　　　　―川口市小1〜3・浦和市小学校内

「しっぺ　でこぴん　ババチョップ　ぞうきんしぼり　ぜーんぶ」（あっちむいてホイと同じやりかたでこの言葉をいい、出来なかった時は、その言葉の通りの罰をする。ぞうきんしぼりは、うでをひねり、ぜんぶは両方）　　　　　　　　　　　　―川口市小2・4

「あーがりめ　さーがりめ」　　　　　　　　　　　　　　　　　　　―戸田市1歳

「あたまに　ぼうし　めに　めがね　おはなは　チーンで　おくちは　シー」
　　　　　　　　　　　　　　　　　　　　　　　　　　　　　　　　―戸田市2歳

「たまごわり」（たまごわりと言って、相手の頭の上で卵をコンとわるしぐさをして、頭から卵がながれるようにする。）　　　　　　　　　　　　　　　　　―浦和市小5

「うめぼし」（手をグーにして、両目の横にあてる。）　　　　　　　―浦和市小学校

「あがりめ　さがりめ　ぐるりとまわして　ねこのめ」
　　　　　　　　　　　　　　　　　　　　　　　　—浦和市小学校内

82　手と腕あそび
「トントントントン　あんぱんまん　トントントントン　カレーパンまん　トントントントン　しょくぱんまん　トントントントン　手は上に　バタバタバタバタ　バタコさん」
　　　　　　　　　　　　　　　　　　　　　　　　—川口市小3

「とんとんとんとん　ひげじいさん　とんとんとんとん　こぶじいさん　とんとんとんとん　てんぐさん　とんとんとんとん　めがねさん　きらきらきらきら　ては　おひざ
　　　　　　　　　　　　　　　　　　　　　　　　—浦和市小学校内

「ちゃちゃつぼ　ちゃつぼ　ちゃつぼにゃ　ふたがない　そこをとって　ふたにしろ」
　　　　　　　　　　　　　　　　　　　　　　　　—川口市小4〜6

「うさぎのもちつき　ぺったんこ　ぺったんこ　ぺったん　ぺったん　ぺったんこ　こねて　こねて　こねて　ぽーん　ぽーん　ぽんぽん　ぽん　ぽん　ぽん　ぽん　ぽん　ぽんぽん　ぽん」
　　　　　　　　　　　　　　　　　　　　　　　　—浦和市小4〜6

「ぞうきんとふじさん」（ぞうきんで　腕をしぼり、ふじさんでつねる。罰ゲーム）
　　　　　　　　　　　　　　　　　　　　　　　　—浦和市小学校内

「目をつむって　とんとんとん」（相手が目をつむり、腕をだす。その腕の手の方から計るようにさわっていき、ひじの関節にきたと思ったらヤメ！という。たいてい当たらない。）
　　　　　　　　　　　　　　　　　　　　　　　　—浦和市小5

83　足・からだあそび
「あんたがたどこさ　ひごさ　ひごどこさ　くまもとさ　くまもとどこさ　せんばさ　せんばやまにはたぬきがおってさ　それをりょうしが　てっぽうでうってさ　それをこのはで　ちょっとかぶせ」（前後左右にとんであそぶ）
　　　　　　　　　　　　　　　　　　　　　　　　—川口市幼児・浦和市小学校内

「だるまさんが　ダンスした　だるまさんが　ごはんたべた」（鬼がいったとおりの動作をする）
　　　　　　　　　　　　　　　　　　　　　　　　—戸田市小6

84　手あそびに他の要素が結合したもの
「げんこつやまの　たぬきさん　おっぱいのんで　ねんねして　だっこして　おんぶして　またあした」
　　　　　　　　　　　　　　　　　　　　　　　　—戸田市幼児

「デコポン」(デコポンの1または3など、親が言ったかずを指で出す。親は相手の指の数が合っていたら手を引っ込める。両者早く引っ込めたほうが勝ち)　　―越谷市小4

「おにきめ　おにきめ　おにじゃないよ」(グループの全員が片方のくつを出して、だれかが指で挿しながら歌って鬼を決める)　　　　　　　　　　　―川口市4歳～小2

「おせんべ　やけたかな」(グループの全員が両手を前にだし、親がこの言葉をいいながら、手に触れ、おしまいの人は手を引っ込める。または一度目は手を裏返し、二度目に触られた時引っ込める。なくなるまで続ける)
　　　　　　　　　　　―川口市4歳～小2・4・6　浦和市小学校内

「ずいずいずっころばし　ごまみそずい　ちゃつぼに　おわれて　どっぴんしゃん　ぬけたら　どんどんこしょ　たわらの　ねずみが　こめくって　ちゅう　ちゅう　ちゅう　ちゅう　おっとさんが　よんでも　おっかさんが　よんでも　いきっこ　なーしよ　いどの　まわりで　おちゃわん　かいたの　だあれ」　　　　　　―浦和市小学校内

＜鬼あそび＞

90　追いかけ鬼

「だるまさんが　ころんだ」(鬼とタッチしたら、鬼は2(に)4(し)6(ろ)8(や)10(とう)と言ってから、みんなをおいかけてつかまえる)　　　　　　　　　―川口市小6

95　子もらいあそび

「ことしのぼたんは　よいぼたん　おみみに　からげて　スッポンポン　もひとつからげて　スッポンポン　となりのおばさん　ちょっと　きておくれ　鬼がこわくて　いけれない　ふとんかぶって　ちょっと　きておくれ　それでも　こわくて　いけれない　おなべかぶって　ちょっときておくれ　それでもこわくて　いけれない　あのこがほしい　あのこじゃわからん　このこがほしい　ジャンケン　ポン」
　　　　　　　　　　　　　　　　　　　　　　　　　　―戸田市小3～5

「(勝ち組から)勝ってうれしい　花いちもんめ　負けてくやしい　花いちもんめ(後は上記とおなじで)そうだんしよう　そうしよう　○○ちゃんがほしい　○○ちゃんがほしい　ジャンケン　ポン」　　　　　　　　　　　　　　　　　―戸田市幼稚園内

3 子どもの文化環境にみるわらべうた＜供与＞

　ここでは、今日の子どもの文化環境の中から、家庭、学校、地域社会等の例を取り挙げ、私の狭い視点ではあるが、わらべうた＜供与＞の一端を見直してみたいと思う。その中で課題になることは何かを考えてみよう。

家庭

　今日、家庭でのわらべうた＜供与＞は、かつて自然になされていた頃と違い、継承が途絶えてしまったと思われる例に接することが多くなった。

　Hさんが、「家で♪ねんねんころりよ　おころりよ　ぼうやはよいこだ　ねんねしな　と歌ったら、2歳の子どもが、もっとうたって!とせがみました。いつも外国の♪ねむれねむれ母の胸に　を歌っている時と子どもの反応は全く違いました。でも、この日本の子守唄は、ここまでしか歌えません。母（おばあちゃん）に聞いてもわからないのです」と話されたが、このような例は多くの家庭でみられるようになった。「教えてもらうにはどこへ行ったよいのでしょう」「育児雑誌にわらべうたが載っているのですが、いざ子どもにやってあげようとしてもやり方がわからない」「♪ちょちちょちあわわ　を今日初めて見ました」等と話すお母さんに出会っている[注1]。

　しかし、わらべうた＜供与＞の講座に積極的に参加している方々は、大方、何かしら子どもの頃わらべうたに接している[注2]。

　家庭では一般的に、わらべうた＜供与＞は、どのように成されているのだろうか?大人が直接個人的に学んでくるか、または、本、CD、テレビ、DVD等のメディアからの間接的＜供与＞が挙げられるであろう。つまり、＜大人→大人＞、＜大人→子ども＞という＜供与＞が見られる。また、子どもが覚えてきたわらべうたが、きょうだいに伝わり家庭の中で歌われている場合もある[注3]。つまり、＜子ども→子ども＞、＜子ども→大人＞という＜供与＞も見られる。こうして子ども時代のわらべうた経験の薄い、あるいは全くない大人と子どもが、わらべうたを共有している姿がみられる。

(注1)　子育て支援会場での参加者の発言（2007・11・7）
(注2)　最近の調査（戸田市立図書館「親子でたのしむ絵本とわらべうた」講座2007年10月）では、子どもの頃わらべうたで遊んだ経験があるかに対して14人中13人は「ある」と答えている。他の調査も同様である。本章4の「わらべうた＜供与＞に関わる人々の意識」を参照。
(注3)　「親子でたのしむ絵本とわらべうた」のアンケートに多く記載されている。

保育・幼児教育・学校教育の現場

ここでは、前章の6「戦後から今日まで」と大分重なることをおことわりしておきたい。

(1) 保育、幼児教育の現場

コダーイ芸術教育研究所が、わらべうたを選択（再集成）して本[注1]にして、幼児の発達に即した課業（年間を通したわらべうた月例案）を実施したことは、数は定かでないが、今日の保育現場に引き継がれている。しかし、わらべうたの広がりと共に活用の仕方には、さまざまな方法が執られるようになってきた[注2]。保育、幼児教育の現場では、＜大人→子ども＞の＜供与＞方法が、子ども自身の遊びの広がりの中で、＜子ども→子ども＞への＜供与＞にも繋がっている場面がみられようになった。また保育者が、研修等をとおしてわらべうた＜享受者＞になっている機会が多くなった。また、近年、わらべうたが、大人（保育者や母親）の子育ての悩みに応え、解決するためのヒントになっている例もみられる[注3]。

(2) 学校教育の現場

わらべうたは、小学校音楽教育に取り入れられ、今日も共通教材に入っている。指導要領では「歌唱教材については、共通教材のほか、長い間親しまれてきた唱歌、それぞれの地方に伝承されているわらべうたや民謡など日本のうたを取り上げること」（文部省『小学校学習指導要領解説』音楽篇1996）とされた[注4]。そのため各社の教科書では、わらべうたの掲載の仕方や数はまちまちであるが、低学年の教材にわらべうたを多く扱うところも出てきた。東京書籍『新編　新しい音楽3』(2005)の教科書では、わらべうたマップを掲載し、「自分たちのすんでいる地いきにどんな歌があるかしらべてみましょう」とわらべうたへの興味を広げている[注5]。歌唱教材ばかりでなく遊び方を中心とした＜供与＞としての「うたいながらたのしくあそぼう」（東京書籍『新しい音楽2』2005）も見られる。その他、わらべうたを教材として活用し、日本の伝統音楽の理解や音楽の創造（節をつくろう、リズムをつくろう）というアプローチもみられる。

その他、絵本やおはなしを子どもに届けるボランティア[注1]によってわらべうた＜供与＞が

(注1)　コダーイ芸術教育研究所『わらべうたであそぼう』明治図書（1970／1985）
(注2)　前記第2章6「幼児教育とわらべうた」参照
(注3)　『げんき』（エイデル研究所）現在（2007）連載中「お悩みケーススタディ"わらべうた"で解決」（きらきら幼稚園　黒田晴子著）のようにわらべうたを活用して子育て問題を改善、解決している。
(注4)　小学校学習指導要領が平成10年に一部改正を行った折、わらべうたも共通教材の他に加えられた。
(注5)　北から南までのわらべうたが掲載され、♪赤い山青い山　♪きよみずのかんのんさま　♪らかんさん　♪雪やこんこん　♪天まの市は　♪からすかねもんかんざぶろう　♪ずくぼんじょ　ほかに、♪今年のぼたん　♪はないちもんめ　♪たけのこいっぽん　♪おてらのおしょうさんが　♪とおりゃんせ、他10曲も載っている。

なされているケースもみられる。おはなし、読み聞かせの間にわらべうたが歌われたり遊ばれたりしている。学校内での＜子ども→子ども＞のわらべうた＜供与＞は、集団で遊ぶものはあまり見られないが、手遊びのような短い時間の中で遊べるわらべうたは途絶えることなく子どもから子どもに＜供与＞されている。これは教師や親が知らない場合が多い(本章2参照)。

地域社会・公共施設(図書館)

　地域の行事や公共あるいは私設の施設[注2]、絵本専門店や民間団体等[注3]等では、教育機関や家庭における＜供与＞とまた違ったわらべうたとの出会いを提供している。お年寄りからの伝承や異年齢の子ども同士の触れ合いによる遊びは、今日こうした限られた空間において設定され、なされていると言って良いだろう。公園で自由に歌って遊ぶ子どもを見かけることはごくわずかである。

　私も時折、子どもたちと一緒に山登りや行事で森や野原に出掛けた折、小学生の子どもたちとわらべうたで遊ぶ[注4]が、大人から子どもへの＜供与＞であっても、いつの間にかわらべうたを共有していて、子どもたちが中心になって遊んでいることが多い。これまでの体験では、幼い頃、わらべうたに触れたことのある子どもは、夢中になって遊ぶが、経験のない子どもの中には、わらべうたに参加できない子どもが見られるようになった。

　ここで、今日、特にわらべうた＜供与＞の場として重要な役割を担っている図書館について見ておきたい。公共図書館でわらべうたが取り入れられるようになったのは、図書館の児童サービス部門に「おはなしの時間」が設けられているからであろう。図書館利用者に乳幼児連れのお母さん方が多くなったため、新たに「乳幼児向けおはなし会」を設けるようになってきたことが、大きな要因である。東京都を例にしてみると図書館の8～9割が、「乳幼児向けおはなし会」を実施している[注1]。私の地域(川口市)では6館すべてでわら

(注1)　「子どもの読書活動の推進に関する法律」平成13年12月12日法律第154号によって学校での読み聞かせのボランティア活動は、急に盛んになった。基本理念に「子どもの(おおむね18歳以下の者をいう。)の読書活動は、子どもが、言葉を学び、感性を磨き、表現力を高め、創造力を豊かなものにし人生をより深く生きる力を身に付けていく上で欠くことのできないものであることにかんがみ、すべての子どもがあらゆる機会とあらゆる場所において自主的に読書活動を行うことができるよう、積極的にそのための環境整備が推進されなければならない」とある。
(注2)　例　真室川伝承館、遠野伝承館、わらべ館他
(注3)　「本の家」(高崎市)・「りとる」(三鷹市)・「絵本の店・星の子」(東京都大田区)他書店、「わらべうた保育研究会」(「ときわ平幼児教室」「まめっちょ」)(千葉県)・NPO法人「日本わらべうた協会」(厚木市)・「全国わらべうたの会」(三鷹市)他、また「とんとんやかた」(つくば市)のように多くの音楽教室等。
(注4)　♪すずめすずめほしいや　♪うめとさくら　♪どんどんばし　などのわらべうた。

第3章　わらべうた＜供与＞の今日的状況

べうたを取り入れた「おはなし会」が行われている。

　その方法については、各所の図書館で模索の状態にあると言えるだろう。おおまかには、「わらべうたをたのしむ会」を実施している(注2)。「わらべうた講座」として、親子対象やボランティア、職員研修のためにしている。また上記のように日常の「おはなし会」で絵本やおはなしと組み合わせている、等がみられる。

　なぜ図書館でわらべうたを＜供与＞するのか。千葉県図書館職員研修の講座では次のように話し合われている。

(1) 人との関わり—信頼関係を築く。親子のコミュニケーション援助。
(2) 言葉の獲得—肉声による言葉獲得の基本。身近な人の声が子どもに届くことで安心して言葉を獲得していく。
(3) 図書館の利用に結びつく—わらべうたをたのしんで、おはなし会に参加できるようになる。図書館利用の入り口。絵本やお話との接着剤のような役目を果たす。ブックスタートから、図書館の「おはなし会」につながる。
(4) 本やお話との関連—子どもの本やお話を楽しむ原動力になる。わらべうたは子どもが初めて出会う文学。母国語を聞くことによって、絵本やお話の世界にスムーズに入れる。
(5) わらべうた伝承の場—異年齢の子ども同士で遊びを伝える場。核家族化により親族からのわらべうた＜供与＞が少ないので、地域の環境でわらべうたを次世代に伝承する場。

　このように、資料を提供し生涯学習の一助を担う図書館では、ことばが原点にあり図書館利用の入り口になることが挙げられている(注3)が、これからさらに各図書館で確認し協議し合っていく必要があるだろう。

（注1）　図書館に明確な児童サービスの重要性をかかげた東京都（『図書館政策の課題と政策』1970）は、地方公共団体の図書館政策では突出していた。図書館設置状況も都下（市区町村）100％であるこの東京都の例を見てみよう。都立図書館が把握している（2006年3月調べ）の乳幼児サービス実施状況は自治体40の内33である（未公表の内部資料による）。乳幼児おはなし会の内容は、絵本の読み聞かせに次いで、手遊び、わらべうたである。担当者の感想では、参加者が多くなり回数を増やす必要がある。参加者に喜ばれている理由として、手遊びやわらべうたで親子のふれあいを楽しんでもらえる、わらべうたはとても喜ばれる、等が見られる。また都立図書館では2003年より各区市町村の図書館担当者の研修にわらべうたを取り入れている。都立多摩図書館では『「乳幼児向けおはなし会」実施の手引き』(2007年12月)を作成して都下の図書館に配布した。
（注2）　例—東京子ども図書館では、わらべうたの時間を設けて、対象別に行っている。『子どもの図書館』111号参照
（注3）　千葉県の図書館職員研修会で話し合った。記録は「児童奉仕研修会だより」第81号・92号に掲載されている。

マスメディア・他

　第2章と重なる箇所がある事をおことわりしておきたい。

　テレビでは、幼児番組「にほんごであそぼ」（NHK教育テレビ、2009年現在放映中）の中でわらべうたが提供されている。DVDにもなっている。観てたのしむことからどう進展するであろうか。「そのわらべうたをテレビでみて知っている」という子どもたちの感想をよく耳にする。
　わらべうたの絵本や＜供与＞のための本は、非常に数多く出版されるようになった（第2章6を参照）。今後マスメディアが果たす間接的＜供与＞の役割を慎重に見守っていく必要があるだろう。
　また、テープ、CDによる耳で聞いてわらべうたを知ることに加えて、DVDが出回るようになった。＜供与者＞の表情や様子が視覚を通してよりわかりやすくなっている。その中で『0・1・2歳のふれあいうたあそびうた』はどのような過程で作られたのであろうか？制作の動機は、今日の社会現象に対処している（下記「DVDによる＜供与＞」を参照）。また、作成方法や理念に対し、DVDを利用することでどのような反応や変化が見られたであろうか？[注1]

DVDによる＜供与＞「映像で見る0・1・2歳のふれあいうたあそびうた」が誕生するまで
（制作に関わった出版社に伺い、責任者の新開氏に次のような文を提供していただいた。2007年12月）

新開英二

　30数年前から法律・制度論の『季刊教育法』をはじめとする教育関係の営業に携わってきたが、70年代から日本社会がおかしくなってきている、との印象を持ち始めた。
　事実、1973（昭和48）年は第一次オイルショック、子捨て子殺し（コインロッカー）が相次ぎました。翌74年にはテレビゲーム登場、校内暴力、登校拒否急増。79年は第二次オイルショック、共通一次試験実施。80年「神奈川金属バット両親殺害事件」、警視庁が校内暴力前年比41%増と、厚生省がベビーホテル実態調査をすると発表。83年はファミコン登場、13期中教審が幼児教育、親の養育態度がおかしくなったと報告。84年には臨教審設置。85年は「芦屋市幼児誘拐事件」、「スーパーマリオブラザーズ」発売。86（昭和61）年に「中野富士見中鹿川君いじめ自殺（葬式ごっこ）」。

（注1）　「見た人たちの反応」（2008年、製作者　長谷）。本章4の「個人の面接調査から」の長谷の項を参照されたい。
　　・ある若い親にとっては、見たことのない世界であった
　　・ある母の反応→「この子を生む前に見たかった」
　　・小児科医の反応→「待合室で見せたい」
　　・保育者の反応→「保育していてよかった」

第3章　わらべうた＜供与＞の今日的状況

日本経済がバブルに突入した87年に『げ・ん・き』を創刊しました。

創刊号の故・遠藤豊吉先生の文章には、

① 生活の幅がとても小さく狭くなり、ぽつんと一人遊びをして過ごす子が多くなった。
② 喜怒哀楽を子どもらしくあざやかにあらわす子がたいへん減ってきている。
③ この年齢ならばこの程度のことができて当たり前という、生活の基本的な技術が崩れてきている。
④ 目がイキイキと輝かず、何をやってもすぐに「疲れた」「ぼく、もうダメ」と言う子が多くなった。
⑤ 絶えず失敗を気にして、大きな行動ができない子が目立つようになった。
⑥ 食生活に活気が見られない子が増えてきている。

と、今でも通用することが書かれている。

89（平成元）年には、宮崎勤逮捕、女子高生コンクリート詰め殺人事件。翌90年には神戸校門圧死事件、『いま赤ちゃんが危ない―サイレント・ベビーからの警告』が発売された。

そして、91年には、『大阪レポート』が発表された。著者・原田正文は、子育ての結果は思春期にあらわれるという視点からみると、現代日本の子育ての問題点は、「親が子どもの成長の自然なみちすじを知らない。特に子どもの心の発達のみちすじを知らない」と言っている。また、氏が昨年発表した『兵庫レポート』でも、この点について何ら改善はされてない、と言っている。

幼児教育現場をのぞいてみると、子ども観・発達観の問題が大きいが、それよりも何よりも口承文芸が途切れたが故に子どもとの関わり方を知らない世代が急増している。また、関わり方を知らないが故にゆがんだ発達観や子ども観のもとで子育てをしているように感じる。そういう子育てを小生は"作られる障害"と呼んでいるが、子育てを通して"育て直し"をしなければならない子どもたちを作っているということである。

とりわけ、目と目が合わない子ども、触られることを極端に嫌がる子ども、多動、言葉の遅れ、等々は、乳児期の子育てを通して作られているように感じる。赤ん坊時代の1対1の丁寧な関係を保障しなければますます気になる子を作っていくことになるのではないだろうか。

そうならないために、大人自身に子どもとの関わり方を身につけていただくため、乳幼児期には乳幼児期にふさわしい生活を子どもに保障していくためにこのDVDを作ったのである。

4 わらべうた＜供与＞に関わる人びとの意識

＜供与者＞のわらべうた観

　わらべうた＜供与＞に関わる人々は、どのようなわらべうた観を持っているだろうか？2003年から2006年にかけて、東京都区内、千葉市、草加市等の私が関わったわらべうた講座受講生（20代～70代）へのアンケート[注1]によると、「わらべうたとは何か」に対する答えは、個々の経験に基づくさまざまな表現がなされていて、実に多種多様であることがわかった。今日、わらべうたの定義が一般の人々の間で定まっていない現象がみられる。大まかに分析すると次の3つの要素が挙げられる。
1　うたとしてとらえている
2　遊びをともなう
3　伝承のもの
　イメージとしては、「思い出」、「なつかしさ」、「ふるさと」、「親子のふれあい」、「子ども時代」、「心地よさ」等を持ち、わらべうたに好感を持っていることがわかる。
　知っているわらべうたの数には個人差があり、全体的にそれ程多くないが、挙げられたわらべうたの種類は実に多い。しかしながら、どのアンケートでも、上位5～6位までのわらべうたは同じで、順位は次の通りであった。
1）　ずいずいずっころばし
2）　かごめかごめ
3）　あんたがたどこさ
4）　はないちもんめ
5）　とおりゃんせ
6）　ひらいた　ひらいた
　これらは、全国共通の広がりを持ったわらべうたである。アンケート対象の人たちが子どもの頃、遊んだ経験のあるわらべうたであると予想される[注2]。

グループ（講座、研修会）のアンケート調査
　次に、もう少し問題を掘り下げ、三ヵ所［(1)図書館関係、(2)保育士、(3)母親を対象］

（注1）　アンケートの内容は、わらべうたとは・あなたの知っているわらべうた・子どもの頃の地域・＜供与者＞は誰か・年代等
（注2）　地域差のある、調査年も30年程さかのぼった調査と比較しても同じである。1975年～77年愛知学泉大学の大学生対象調査（三河地方のわらべうた1979）による、知っているわらべうたの多い順は、「1あんたがたどこさ、2ずいずいずっころばし、3かごめかごめ、4はないちもんめ」である

で行ったアンケートの分析をしてみよう。
　アンケート[注1]を実施した三ヵ所は、前記のわらべうた観とほぼ同じような結果であった。
(1)「わらべうた連続講座」(東京子ども図書館主催)受講者(20代はいない。30代1人、40〜60代が中心)の場合は、「うた」が主というより、遊びや言葉、歌の総合的捉え方をしている人が多かった。わらべうたに対し、「祖先からの継承」、「コミュニケーション」や「子育て」といったイメージを持っている。また、「なつかしさ」、「ふるさと」、「思い出」、「ぬくもり」に加え、「笑顔」、「なごみ」、「たのしい」など、わらべうたへの好感を表現している。
(2)「青梅市保育連合会研修」受講者の場合は、保育士の仕事として受講している。年代ごとの特徴は
　　20代―「昔のイメージ」
　　30代―「人との繋がり」「人として生きるのに必要」
　　40代―「やさしさ」、「あたたかさがある」
　　50代―「やさしい、おだやか、落ちつく」
であった。
(3)「鳩ヶ谷市親子講座」の受講生(子育て真っ最中の母親の言葉)の場合は、「コミュニケーションの一つの手段」「親子の触れ合い」「子どもと一緒にほっと出来るもの」等、子どもとの関わりで表現している。自身も子どもに戻って心をやわらげ、時代に左右されないものとして捉えている。

　では三ヵ所の調査を個別にみてみよう。

(注1)　アンケートの内容(概要のみ)
　　おおよそ次のようなアンケートを実施した(場所によって多少の違いがある)
　1　わらべうたとは？　あなたのイメージ
　2　子どもの頃のわらべうた
　　＊　わらべうたで遊んだ(歌った)体験がありますか？　　1ある(次にご記入下さい)　2ない
　　＊体験した「わらべうた」(だれとどこで)を書いて下さい
　3　わらべうたを手渡すことについて
　　＊あなたはどこで子どもに伝えて(これからの予定も含む)いますか？(選択)
　　　家庭・地域の公共施設(図書館・児童館等)・子ども文庫・学校・幼稚園や保育園・その他
　　＊あなたが子どもに伝え(または一緒にたのしみ)たい「わらべうた」を書いてください
　4　講座をうけて何か変化がありますか(又は感想)―ご記入ください
　　あなたの年令(　　　才)職業又は所属グループ(　　　　　　　　　　)

(1)「わらべうた連続講座」(財団法人「東京子ども図書館」主催)受講生の場合

アンケート実施は2006年11月～2007年1月

a　講座内容とアンケートの主旨

　東京子ども図書館(注2)では、2002年と2003年に「わらべうた―心地よいことばとの出会い」(子どもの図書館講座全3回)を開いている。当初、同図書館では、次のような案内の言葉を機関誌『こどものとしょかん94号』(2002年7月)に載せている。

　当館では、わらべうたの会をはじめて5年になりました。会を重ねる毎にやわらぐ子どもたちの表情を見て、今の時代こそわらべうたが必要だと実感しました。幼い人たちがことばとのよい出会いをすれば、おはなしや本の世界にもスムーズに入っていけるでしょう。(略)一緒にたのしみながら、わらべうたを覚え、図書館や保育園で役立てていただきたいと思います。

　このように、この講座は、わらべうた＜供与＞のために行われている。これに続く「わらべうた連続講座」(全6回)の受講者が2006年『こどものとしょかん111号』で募集された。この機関誌は、図書館界等で子どもの本に関わる人々に広く読まれている。前講座のあとも「わらべうたの関心はますます広がっているようです」とあり、今日的状況に即し、再び連続講座が開かれた。実施期間は、2006年11月16日から2007年2月15日までの毎週木曜日(講師、森島瑛子氏)(注3)。

　アンケート調査をするために、この講座の受講生を対象にしたのは、「受講生は、個人の希望で主体的に参加している」、「各地から参加していて、子どもに関わる職種の幅が広い」、「＜供与＞の目的が示されている」以上、三つの点からであった。

　今日、わらべうたに関する講習会は、各地で行われていて、その数は把握されていないが、わらべうた＜供与＞の今日的試みのひとつと位置づけられるだろう。

　ここでは、上述の「わらべうた連続講座」が、今日的＜供与＞の把握と今後への関わりを考察するのに適していると判断し、参加者に対して、アンケート調査を行った。

(注2)　「東京子ども図書館は、1950年代から60年代にかけて東京都内4ヵ所ではじめられた家庭文庫が母体になって生れた私立の図書館です。1974年に東京都教育委員会から公益法人の認可を受けました。現在、児童室、文庫のほかに、研究資料室をもち、講習会の開催や出版、人材育成など、子どもの本と図書館の質の向上を願って、さまざまな活動を行っています」(「こどものとしょかん」113号裏表紙)

(注3)　講座は2009年現在も続けられている。

b　アンケート回答者の概要

参加者は、子どもの本に関わる人が中心である。回答者24名は、講座第2回目参加者であり、年令と職種は、以下の通りである。

　年代—30代（1人）　40代（8人）　50代（12人）　60代（3人）

　職種—主婦、ボランティア関係者、その他無記名（15人）　図書館員（3人）　大学講師（1人）　保育士（1人）　ピアノ教師（1人）　日本語教師（1人）文庫主宰（1人）　ヘルパー（1人）

アンケート回答には、各地から集い、わらべうたを子どもに伝えたいという意思を持って参加していることが示されている。子どもの頃のわらべうた体験は、回答者全員が記憶している。特に40代と50代が多いが、40代の場合、子どもの頃10才位までの時代は、1966～1976（昭和41～51）年、50代は、1956～1966（昭和31～41）年、60代は、1946～1956（昭和21～31）年頃の時期に相当する。

c　アンケート分析

① 子どもの頃体験し記憶しているわらべうたと＜供与＞するわらべうたの関係

　ⅰ）子どもの頃体験し記憶しているわらべうた

　　記載されたわらべうたの数は75篇で、上位のわらべうた（次頁の表参照）では、年齢毎の特徴は特に見られない。戦後、長年、全国共通のわらべうたとして、これらが認識されてきたということだろうか。また、歳時のわらべうたは60代のみであった。

　　子どもの頃、体験し記憶しているわらべうたには、伝承されてきたうたや遊びの姿がみられ、小泉文夫による分類（小泉1986）の全分野（0～9）に属している（第1章4を参照）。

　ⅱ）今日、＜供与＞しているわらべうた

　　前述した「子供の頃体験し記憶しているわらべうた」との違いは、小泉文夫による分類でみると、分類8（からだあそび）と7（お手あわせ）に偏っている点である。＜供与＞するわらべうたとして、新たにあげられたわらべうたの数は、63篇であり、子どもの頃体験したわらべうたと共通していたのは、16篇であった。対象の年齢も低年齢の乳幼児やその関係者に向けての＜供与＞が多い。大人になってから覚えたわらべうたを主に＜供与＞しているとみなせる。

これに関連して、子どもの頃のわらべうたと、＜供与＞したいわらべうたを対比させたのが次の回答である（カッコ内は回答者の年齢）

　＊　子どもの頃の体験と＜供与＞のわらべうたは同じものが多い（43・50・60）

　＊　少しだけ同じものがある（2つ以下）（50・50・59）

* 子どもの頃の体験と違うわらべうたを＜供与＞している（30・49・40・40・48・53・53・59・50・60・60）

子どもの頃のわらべうたを伝承したいと回答した人はわずかで、＜供与＞したいわらべうたとの違いが見られる。

表　上位のわらべうた対比

	子どもの頃のわらべうた	人	供与する（している）わらべうた	人
1	あんたがたどこさ	19	なかなかホイ・かれっこやいて・なべなべそこぬけ	5
2	はないちもんめ	16	おちゃをのみに・このこどこのこ・ととけっこう・とうきょうとにほんばし	4
3	かごめかごめ ずいずいずっころばし	13	いっちくたっちく・いちりにりさんり・うまはとしとし・おやゆびねむれ・ここはとうちゃんにんどころ・じーじーばあ	3
4	とおりゃんせ なべなべそこぬけ おしくらまんじゅう	6	いっせん どうかは・おさらにたまご・からすがずのこ・こっちのたんぽ・ここはてっくび・ずくぼんじょ・でんでらりゅうば・にぎりぱっちり・ほほほたるこい・ちょちちょちあわわ	2

　以上の上位対比でも、体験したわらべうたを＜供与＞しているのは「なべなべそこぬけ」のみである。また、＜供与＞するわらべうたの上位は、体験したわらべうたの上位に比べて数が少ないのは、まだ、＜供与＞するわらべうたが個々の好みによることや定着していない状況を示していると考えられる。

② わらべうた＜供与＞の場所とその方法
　どのような場で＜供与＞に関わっているか、または関わろうとしているかで、一番多いのが、公共施設（図書館、児童館、公民館等）で24人中22人。次いで、学校16人、家庭12人、幼稚園、保育園、子ども文庫、子育て支援の場、と続く（回答者は、複数関わっている）。そこでの＜供与＞方法は、「おはなし会の中で」とあり、図書館や学校でのおはなしの会に取り入れている人が一番多い。

(2)「青梅市保育連合会の研修会」（青梅市主催）受講生の場合

研修会及びアンケートの実施は、2007年7月4日

a　研修内容とアンケートの主旨

　近年、保育現場でわらべうたへの関心が広がっているが、青梅市の保育連合会では、これまでわらべうたの全体研修会は行っていない。わずかな保育園で、個別に研修をしているにすぎない。

　この研修では、特に乳幼児に対するわらべうた＜供与＞を取り上げていて、特に20代の保育士を受講させている。青梅市立保育園全園から受講しているので、前述の東京子ども図書館の回答者との相違があると考えて、ここに取り上げた。職種は保育士のみであり、個々には、自分の意思には関わりなく業務としてのわらべうた＜供与＞研修への参加である。講師は筆者。アンケート調査の内容は、特に、子どもの頃のわらべうた体験、職場で取り入れているわらべうたとそのイメージを中心にして年代ごとの違いを調べた。

b　アンケート分析

① 　子どもの頃体験し記憶しているわらべうたの年代的特徴

　各園から1～2人の受講で55人参加。アンケート調査には55人が応じている。

　20代（30人）、30代（14人）、40代（6人）、50代（5人）で20代が全体の半分以上を占めているので、ここでは特に、20代の保育士に注目してみたい。

　子どもの頃のわらべうた体験がない人は、20代が6人。30代で2人、40、50代は全員が体験している。体験のある人の中でも、年代が上の人の方が数多く記憶しているが、今回の他のアンケートに比べて非常に少ない。

　20代の保育士の子ども時代は、1987年から1997年までで、平成時代に入ってからの体験による記憶となっている。

　20代で子どもの頃、わらべうたをうたった体験のある人のうち、覚えているわらべうたの数に非常に大きな差がみられる。数の多い人の中には、コダーイ芸術教育研究所で選んだと思われるわらべうたがみられ、40代以上の方と違ったわらべうたがみられる。しかし、戦前に歌われ遊ばれていたものも含まれている。

表　保育士（青梅市）のわらべうた体験、年代ごとの特徴

	20代(30人)	30代(14人)	40代(6人)	50代(5人)
子どもの頃のわらべうた体験	24人(80%) 創作のうたも記入している	12人(86%)	6人(100%)	5人(100%)
1人が記憶しているわらべうたの数	平均2〜3 しかし、個人差が大きく1人の体験は少ない	平均2〜3	平均5〜6	平均5〜6
わらべうたのイメージ	昔のイメージが強い	人とのつながり	ゆっくりであたたかい	心地よい
記憶しているわらべうた上位3つ	①ずいずいずっころばし ②かごめかごめ ③おせんべやけたかな 本来の遊び方との相違もみられる	①ずいずいずっころばし ②かごめかごめ ③いっぽんばしこちょこちょ	①おせんべやけたかな ②ずいずいずっころばし ③なべなべそこぬけ	①かごめかごめ ②はないちもんめ ③いっぽんばしこちょこちょ

② 保育現場でのわらべうた

　保育現場でわらべうたを取り入れている保育士は35人、いないと答えたのは19人であった。講座受講の後は増えるものと思われる。保育上取り入れている人も、子どもの頃、自身が体験したわらべうたを＜供与＞している人は、ほとんどいない。子どもの頃体験したわらべうたを活用している人は、55人中4人であった。特に以前に研修を受けたことのある遠野のわらべうたやコダーイ芸術教育研究所『わらべうたであそぼう』(1985)に載っているわらべうたで取り組んでいる。

③ その他

　保育現場でわらべうたを取り入れている人の共通のイメージは、次のようなものである。
　・わらべうたは、保育になくてはならないものである。
　・子どもが大好きなうたであり、遊びである。

　特に、遠野のわらべうたを取り入れている保育士は、わらべうたで人を育てることを強調している。

（3）「親子でたのしむわらべうた講座」（鳩ヶ谷市立図書館主催）の場合

アンケート実施は、2007年6月28日

a 講座内容とアンケートの主旨

　乳幼児とその親に対する環境の一つとして、近年、地域社会で子育て支援の集い、講座などさまざまな催しがなされるようになった。前記（1）東京子ども図書館主催の受講生のわらべうた＜供与＞対象も親子が多かった。では、この子育て中の親が今どのようにわらべうたに関わっているのかを鳩ヶ谷市の例でみてみたい。この受講者は、前記（2）保育士の例と違って図書館の講座に自ら申し込んで参加している。3回の講座で、親子が一緒に参加し、対象の子どもは2～3才である。講師は筆者。

b アンケート分析

① わらべうたの体験

　アンケート回答者は、2,3才児の母親11人（15人中）である。20代2人、30代8人、40代1人で、全員、子どもの頃にわらべうたの体験をしている。

　この講座に参加するまでの期間（子どもの誕生から2,3才まで）に、家庭でわらべうた＜供与＞の体験があるか？の質問に対して、1人を除き、10人が「ある」と回答している。しかし、わらべうたと創作童謡の区別がつかず、3人が創作童謡や外国の歌を挙げている。（「ゆりかごのうた」「むすんでひらいて」「きんぎょの昼寝」等）

② 子どもの頃のわらべうた体験と子育て中のわらべうたの関係

表　子どもの頃体験したわらべうたと現在わらべうたを我が子と共有している例

わらべうた	子どもの頃体験した	現在、子どもと共有している
ずいずいずっころばし	8人	6人
あがりめさがりめ	5人	5人
とおりゃんせ	3人	2人（但し唄のみ）
なべなべそこぬけ	3人	1人
おてらのおしょうさんが	2人	2人
ちょちちょちあわわ	2人	5人
だるまさんだるまさん	2人	3人
かごめかごめ	2人	1人（唄のみ）
げんこつやまのたぬきさん	1人	2人

　現在、子どもと歌い遊ぶわらべうたが子どもの頃に体験したもののみだった人は5人で、大人になって覚えたわらべうたと自分の体験をあわせて、子どもとわらべうたを共有してい

る人は4人であった。大人になって＜供与＞された場所や媒体、つまり覚えたり、習ったりしたところは、保育園、わらべうた講座、月刊誌『こどもちゃれんじ』(ベネッセ)、NHK教育テレビ「にほんごであそぼ」、他の家族から、などである。保育者の例と異なり、子どもの頃の体験を目の前の子どもと歌って遊んでいる状況が伺える。

③　講座に参加して
　この講座参加者の中の2人は、2～3年の間に同じ親子講座に参加していた。その2人は、子どもと共有しているわらべうたが、講座のなかで実践されたものと同じである。いかに講座や講習会等でのわらべうた＜供与＞が、子どもへのわらべうた＜供与＞に繋がり、影響が大きいかを物語っている。
　今回の講座に親子で参加して、親は「子どもとの触れ合うことの大事さを実感し、ちょっとした合間に遊び、うたうようになった」、また子どもは「自分からよく歌うようになった。気持ちの表現ができるようになった。布一枚でもわらべうたで遊ぶようになった」等、わらべうたの良さがアンケートに記された。物にあふれる暮らしの中でシンプルなわらべうたが充分見直されたといえる。

個人の面接調査

　グループからのアンケートでは知ることの出来ない内容を、個人面接において調査[注1]した。ここに、各人のわらべうた＜供与＞の内容、方法、体験等を紹介し、今後のわらべうた＜供与＞への示唆や可能性をさぐりたい。
　下記の通り、各分野から5人の方に調査にお応えいただいた。(以下敬称略)。
①　子どもへの＜供与者＞：(児童図書館所属) 奥本恵美子
②　子どもと大人への＜供与者＞：(子ども文庫主宰) 細川律子

(注1)　2007年面接調査内容―おおよそ次のような内容で伺った
　　1　ご自身の子どもの頃の体験―わらべうたの体験(ある　ない)
　　　　ある方は子どもの頃の「わらべうた」はだれとどこで、その他の子どもの頃の遊び
　　2　わらべうたを子どもに手渡すようになった動機・年数
　　　　特にわらべうたを子どもに伝えるようになった動機を具体的に。
　　　　なぜ、わらべうたに関わるか？
　　3　どのような方法で＜供与＞しているか？
　　　　これまでの経験・内容。今後の予定・方針・計画など
　　4　他の人(団体・グループ又は書籍等)のわらべうた＜供与＞に対する意見
　　5　わらべうたとは―わらべうたの内容(定義)・イメージ等
　　6　とくに子どもに伝えたいわらべうたは？―内容・種類など。わらべうたをあげてもらう。
　　7　年齢・出身地・職業

③　出版による＜供与者＞：（子どもの本編集者）荒木田隆子
④　映像による＜供与者＞：（保育雑誌編集者）長谷吉洋
⑤　資料集成やわらべうた編纂による＜供与者＞：（研究者）尾原昭夫

表　面接者一覧

	（立場）供与方法（媒体）	自身の体験／供与の対象	元になっているわらべうた／供与の方法	今後の課題
①奥本60代	（児童図書館所属）図書館、特別支援学級、保育園の子ども	子ども時代少し／乳幼児とその親、特別支援学級の小学生	地方で収集したもの、コダーイ芸術教育研究所選定のもの／プログラムを立て、肉声で	人々がわらべうたのもつ力を評価
②細川60代	（子ども文庫主宰）生涯教育、子育て支援、大人と子ども	家庭、学校、地域で／乳幼児から小学生、＜供与＞に関わる人への支援	母親からの継承（東北）、コダーイ芸術教育研究所選定のもの／おはなし会や講座で、肉声による	＜供与＞する人の問題、わらべうたの環境作り
③荒木田60代	（子どもの本編集者）わらべうたの本を子どもと大人に	家庭、地域で／子どもから大人全般不特定多数	音楽教室Kさんの継承、主にコダーイ芸術教育研究所選定のもの／本（CD楽譜付き）	わらべうたの復活
④長谷30代	（保育雑誌編集者）DVD制作	体験の記憶なし／わらべうた＜供与＞に関わる大人不特定多数	保育士実践のもの、主にコダーイ芸術教育研究所選定のもの／本（楽譜付き）と映像	出会いのない人（子どもに関わる親、保育士、図書館員、病院他）への＜供与＞
⑤尾原70代	（研究者）わらべうた採集わらべうたの本出版	子ども時代少し、教育現場で／わらべうたに関わる大人と子ども	自身の採集と過去の収集によるもの／主としてわらべうた集成の編さん	集成されたわらべうたを＜供与者＞に繋げる

それぞれの取り組み（以下、敬称略）

―――――奥本恵美子（2007年5月18日面談）―――――

　私設「ゆりがおか児童図書館」所属・元ピアノ教室主宰。「ゆりがおか児童図書館」で、20年程「わらべうたであそぼう」を担当している。その他、近隣の公立小学校1年生や特別支援学級・保育園・老人施設等でわらべうた＜供与＞をしている。

＜Q.なぜ、どのようにわらべうたを＜供与＞するようになりましたか？＞
A.自分がわらべうたと出会ったのは、音楽教育のソルフェージュの導入として、いわば教材としてのわらべうたでした。しかし、わらべうたを教材として使っているハンガリーやフラン

スと、日本との間には大きな差があることに気づきました。日本では、わらべうたの不幸な歴史があると思うのです。明治維新の文明開化によって西洋音楽に追いつけと邦楽は隅に追いやられ…それでも細々と残っていましたが、第二次世界大戦の敗戦によってほぼ壊滅状態に至り…日々の暮らしに根付いていません。まずは、日常で歌って遊ぶことが先決と思い、ピアノの指導をやめ、遊ぶほうに力を注ぎました。また、特別支援学級にもわらべうたを取り入れて、わらべうた＜供与＞の方法にも工夫を重ねています。

　私は、音大のピアノ科を卒業しました。学生時代は、ただただピアノを弾くだけでした。音大を卒業してもピアニストになる人は一握りの人だけです。たいてい教師になって、主に幼児を対象に町の音楽教室で教えるのですが、私もそうでした。大学で幼児教育を学んでいない私は、「さあ、そこで何をしよう」と思い悩んでいた時、わらべうたで音楽教育しているO先生に出会いました。O先生は、コダーイ芸術教育研究所所属で、町田合唱団を持ち、わらべうたの指導もしていた方です。私は娘二人を連れてO先生の教室に通いました。また、別に、コダーイシステムの勉強会もしておられましたので参加しました。この他に、桐朋音楽大の青山幼児教育研究所のO教授のわらべうたゼミを受けたり、コダーイ芸術教育研究所の研修などにも通いました。このような出会いがきっかけとなって、わらべうたに関わるようになりました。

　私は、自宅のピアノ教室でわらべうたによる指導をしているうちに、教材としてのわらべうたに納得できなくなりました。たとえば、ハンガリーやフランスの教材にわらべうたが入っていても、実際、家庭でもわらべうたを歌っているわけですが、日本ではそうではありません。

　私は音楽の指導としてのわらべうたでなく、もっと日常で歌って遊ぶことが先決だと思いました。ちょうど、長女と10歳離れた息子が生まれて、ゆりがおか児童図書館に息子と二人で参加したら、「わらべうたであそぼう」をYさんが始めていました。わらべうたは音楽との関係だけでなく、文学（ことば）にも繋がっていて、「ここでは、音楽のドレミは、忘れていいんだ」と私自身の心が解放され、初めてわらべうた遊びを純粋にたのしめるようになりました。

　この後、ピアノ教室をやめて、1987年からゆりがおか児童図書館で「わらべうたであそぼう」をYさんから引き継ぎ担当するようになりました。

＜Q.体験して感じることは？＞
A.わらべうたを手渡すには、現場を踏むことが大切だと思います。子どもの反応があるので、今まで気がつかなかったことに気づかされました。
　特別支援学級の子どもにも繰り返していくうちに、たとえば指を小指から寝せていくことが出来なかった子も出来るようになりました。子どもたちが、たのしみながら習得できるわら

第3章　わらべうた＜供与＞の今日的状況

べうたには、日本の土壌で生まれ長い年月を経て生き残ってきた大きな力があることがわかるのです。

＜Q.わらべうた＜供与＞の展開は？＞
A.特別支援学級における子どもたちへのわらべうたの実践を重ね、「♪どのおせんべがやけたかな」の繰り返しの中ですばらしい変化がみられました。拍運動にあわせて「♪どのおせんべがやけたかな」と指して行き、焼けたおせんべいの次から指していく、このルールが学習出来ると指し役ができます。充分その遊びに慣れてから残り少なくなったおせんべい（4,5枚）の指し役を出来そうな子にしてもらうようにしていきます。これまで大抵、拍感が身についているAくん（小4）にしてもらっていました。ところが先週、Yさん（小4）が自発的に指し役を始めました。まだ充分に拍運動ができず、指し終わった次からスタートして順繰りにしていくことが完全ではなかったのに、次の週、ふたたびしてもらったら、指す指の運びも拍運動のリズミカルな運びであるし、指し終わった次からというのも4回とも間違えずにやりました。そのことをYさんのこれまでの担当の先生に話すと、「今、Yさんは、急に成長していてとても伸びていること」「集中力が出てきたこと」を教えられ、お互いに喜び合いました。

　わらべうたプログラムの内容は、（2007・3・8第33回目、学級生徒　9人（1人欠席）、先生3人が参加）
　　　♪どのおせんべやけたかな→♪コドモネロ→♪おてぶしてぶし→♪ギッチラコ　せんぞうや→♪もどろもどろ→♪なべなべそこぬけ→♪たまりやたまりや→♪イッポンバシ→♪まあるくなれ→♪せっくんぼ→♪さよならあんころもち

＜Q.プログラム作成の留意点は？―対象が、乳幼児とお母さんの場合―＞
A.毎回、記録をつけていて、一年前をチェックして組み立てています。まず、1人ずつ名前を呼んであげることを大切にします。お母さん方は自分の子どもの名前を呼んでもらうと、喜びます。前半に、顔遊び、指遊びをします。船こぎ遊びは（前後運動）は、必ずやります。静から動に変えて、だんだん動きを大きくしていき、こちょこちょ（くすぐり遊び）の後は、お母さんとぎゅっと身体を密着させる遊びを入れて親子の関係を密接にします。動き出したときは自由にするが、バラバラで終わらないように、季節ごとのわらべうたを入れて、みんなと一緒にやります。
　絵本を読んだ後、子守唄を紹介し、布を飛ばすあそびも入れて「♪さよならあんころもち」で終わるという、だいたい以上の型が出来ています。

＜ゆりがおか児童図書館で実践したわらべうたの一例＞
　　♪ユッサ　ユッサ　モンモノキ→♪メンメン　スースー→♪コドモネロ→♪ギッチラコ　せんぞうや　まんぞう→♪チョッチョッ（いないいないばあ）→♪イッポンバシ（こちょこちょ）→♪たけんこがはえた→♪おんまさんのおけいこ→♪ずくぼんじょ→♪ヘビイタ　ガッサガサ→♪ひらいた　ひらいた→絵本『いっしょにあそぼう』→♪ねんねんねやまの　こめやまち→♪たんぽぽ　たんぽぽ　むこうやまへ（布あそび）→♪せっくんぼ→♪さよなら　あんころもち

──────細川律子（2007年3月24日面談）──────

　岩手県一戸町生まれ。小学校教諭を務め、1977年石川県に転居し、自宅で家庭文庫（はまなす文庫）を開き、わらべうた、絵本、昔話や宮沢賢治作品の語りに取り組んでいる。

　子どもの頃、母親にわらべうたを歌ってもらい、また学校でも友だちとたくさんのわらべうた体験をしている。その喜びを今日子どもに直接伝えている。また、伝承の環境作りをしている。＜供与者＞が音楽の面にのみ固執している場面に接し、子どもの世界を忘れないでいることの大切さを指摘している。

＜Q.わらべうた＜供与＞の原点は？＞
A.きっと子どもの頃の体験によるのでしょうねえ。冬には　♪かたゆきかんこ　しみゆきしんこ　と歌っていましたし、冷たくなった手を祖母が暖めてくれるとき、手をとって　♪かれっこやいて　みそっこやいて　しゃぶしゃぶしゃぶ　とうたって、息を「はあ」とかけてくれたのですよ。手にかかったぬくい息が忘れられないです。
　小学生の頃は、お手玉を毎日学校へ持っていきました。♪ひふぅやーまこ　ろくせんじょで　いっちょかした　ひふぅやーまこ　ろくせんじょで　にちょかした　ひふぅやーまこ　ろくせんじょで　さんちょかした　（続　略）‥手に乗せて、友だちと夢中でやりました。落としてしまうとお手玉の貸し借りなどの決まりがありました。
　わらべうたであそぶことの楽しかった経験が、今、子どもたちに伝える喜びに繋がっています。たとえ、子どもの頃やったことのないわらべうたでも子どもの頃の楽しさが湧き上がってきます。

＜Q.わらべうたをどのように＜供与＞しているか？＞
A.子ども文庫をするようになってから、子どもの頃の体験を手渡すようになりました。読み聞かせやおはなしの時、手遊びもして、♪かれっこやいて　をしました。
　社会教育指導員をしている時、家庭教育学級の内容を決めましたが、三つの柱は、絵

本・わらべうた・昔話でした。絵本と昔話の本はたくさんありますし、自分でも把握していましたが、わらべうたについては、確立してなかったので、家庭教育学級での＜供与＞は、わらべうたで活躍している方々に手伝ってもらいました。

　現在、私は、引き続き文庫活動の中で、子育て支援センターで、親子の集まりで、また、保育園のおはなし会で(0歳児から)乳幼児や保育士と一緒にわらべうたをやっています。一緒にたのしめるものを繰り返しやることを大切にしています。対象の子どもを常に意識して「あの子にこのわらべうたはどうかな？この子には？」と迷いながら、積み重ねています。積み重なって＜供与＞が出来るようになっています。また、ひとつのわらべうたを伝える時、その背景がわかっていたり、実感に裏づけされることが、ただ知っていて歌うのと違った伝わり方をすると思うのです。例えば、たんぽぽのわらべうたを歌うときは、子どもの頃タンポポのくきに切り込みを入れて棒に通してくるくるまわした喜びを伝えたいと思います。さらに昔の背景などがわかるといいなと思います。

＜Q.わらべうた＜供与＞の問題点は？＞
A.町内に保育所が6ヵ所あるので、同じプログラムで保育所をまわり、家庭教育学級を3年間続けたことがありました。わらべうたを担当してくださった方のわらべうたの歌い方の美しさに感動しました。と同時に、問題点も生まれてきました。わらべうたは、音楽として大切ですが、音楽的な点にのみ注意が行き過ぎるとわらべうたのよさがわからなくなること。また、一対一の取り組みに重点を置き過ぎると集団で取り組むことが疎かにされることなど。何を基準に＜供与＞するかがわからなくなるという事態もありました。＜供与＞には、わらべうたに対する多様な理解が必要と思われます。

＜Q.わらべうた＜供与＞に取り組んで思うことは？＞
A.子どもたちが顔や体じゅうで喜ぶのが感じられるのが嬉しいです。親子がたのしくやっている様子が嬉しいです。すぐ親子で出来る人と時間が掛かる人がいますが、繰り返しの中で融和していく様子がみられます。

　何を選んで伝えるかには常に迷いがあります。例えば　♪ずくぽんじょずくぽんじょ　は佐賀のわらべうたですが、今は地域性がなくなり全国どこでも歌われるようになりました。地元(石川県)のわらべうたも伝えたいと思いますが、一方、私は岩手県のわらべうたの体験をもっていますので、迷いつつ自分の中にあるものも伝えています。しかし安易に選んで、やってみてよかったかなと考えることもあります。

　何を選ぶかでは、参考とするテキストが大きな役割を果たしています。『わらべうた』(岩波文庫)は、良く見ています。昭和40年代の初めに出された『わらべうたであそぼう』(コダーイ芸術教育研究所)は、多くの方が参考にして影響を受けていると思われます。子ど

もに手渡す時、現在、わかり易く利用しやすいわらべうたが選ばれているからでしょう。ただそれだけに頼ってしまいますと広がりがなくなるのが心配です。全国共通のわらべうたと同時にやはりその地域性にも目をむけたいですね。わらべうたの背後にあること、つまり昔の人はどうだったのか、民俗学的な面は？なども知りたいと思っています。子どもたちには、そうしたことも含めてわらべうたを伝えようと思っています。

――――――――荒木田隆子（2007年6月4日面談）――――――――

　出版社勤務、編集者。『にほんのわらべうた』（近藤信子著）編集。出版を通して、今日の問題にも視点を向けてわらべうた＜供与＞に関わっている。本作りには、わらべうたを実際やってみたいと思えるような工夫をした。

＜Q.本の編集内容は？＞
A.『にほんのわらべうた』(近藤2001) 全4冊CD付き118曲入り、福音館書店刊
　1　「うめとさくら」歌とあそびかた、「わらべうた」とおんがくきょういく（座談会）
　2　「すずめすずめ」歌とあそびかた、「わらべうた」のことばをめぐって（座談会）
　3　「おてぶしてぶし」歌とあそびかた、子どもたちは「わらべうた」がすき（座談会）
　　（1～3には、イラスト、写真、項目索引、資料等あり）
　4　「楽譜とCD」1～3の楽譜、五十音索引、「わらべうた」は、たからもの（座談会）
　以上の内容ですが、この本の発行の目的は、「子どもたちにわらべうたを返すことである」（近藤4巻43頁）と言われ、＜供与＞の目的をかざして作られています。座談会では、わらべうたに関する今日的課題も語られていて、「詩としてのわらべうた」、「歌としてのわらべうた」に加え、「遊びとしてのわらべうた」にも力を入れて、600枚にのぼる子どもの写真や遊び方を示す挿絵をつけています。
　『にほんのわらべうた』の編集を手がける際、私は、わらべうたに関する過去の情報、研究について調べました。この本の実践者（近藤信子）のわらべうた＜供与＞は、コダーイ芸術教育研究所で昭和40年前後に羽仁協子さんたちによって選定されているわらべうたが多いので、ルーツを調べました。しかし、同研究所には、その資料が残っていないので、それぞれのわらべうたが、本当に伝承されてきたものなのかどうかを、資料集などをみて確認する作業をしました。

＜Q.本を作りたいと思った動機は？＞
A.わらべうたというと、なぜか昔の農村風景がうかび、藁草履をはいた子どもたちが手をつないで……みたいな、大人の感傷にまみれたような感じで受けとられがちなのですが、今の子どもたちにとってわらべうたとは、いったい何なのだろうか？というところで本を作ってみた

いと思いました。

また、1997年当時、あれこれ取材してみて、子守唄をまったく知らないお母さんたちがいたり、わらべうたを歌いながら鬼ごっこをしたり縄とびをする子どもの声も聞こえてこない状況に接し、わらべうたは、子どもたちの生活から本当に消えてしまったのだろうか？という疑問も要因のひとつです。

つくば市で子どもたちとわらべうたを歌い、遊びながら音楽教育を長年続けている「とんとんやかた」の近藤信子さんを探しあてました。「とんとんやかた」での実践に参加してみて、大人の勝手な感傷もふきとばされました。そこで、これを見れば完全にわらべうたがうたえるようになる超実践的な本をめざして、本作りを始めました。

＜Q.本を編集する過程で苦心したところは？＞
A.著者（近藤信子）の実践しているわらべうたの元の資料に当たるところで、不明なものを捜すのに苦心しました。

例―「いちにのさんものしいたけ　でっこん　ぽっこん　ちゅうちゅう　かまぼこ　デスコンパア」のデスコンパアは、なんなのだろうと思いましたが、調べていくうちに、昭和40年代当時に子どもたちの間ではやった遊びのことばを取り入れたことがわかりました。

だれに挿絵を描いていただくかの選択では、「はなのあなのはなし」や「おへそのひみつ」など、体をテーマにしたたのしい科学絵本を作ってきた柳生弦一郎しかいないと思い、お願いしました。

『にほんのわらべうた』を完成させるまで4年間かけたことになりますが、4年で完成したのも画家（柳生）が積極的に押し進めてくれたからです。2年間、写真を撮り続けましたが、カメラマンは入れず、普段関わっているスタッフがとったので、子どもたちはあまり気にせずにいきいきした姿が撮れました。スタッフの方たちは、大変だっただろうと思います。

＜Q.本の反響とその後の影響、読者の声は？＞
A.2007年現在でもわらべうたの講習をして欲しいという要望の電話が、たびたび編集部にかかってきます。この本が出来たことでわらべうたをやってみたい人、保育に取り入れたい園が急増しました。著者の近藤さんが各地に出かけています。また、最近、以前よりも子どもがわらべうたをうたっている声を聞くことが出来るようになりました。

例えば、「いちわのからすがカァーカ」のわらべうたを最後までうたっていた3歳くらいの男の子にスーパーで会ったり、表を歩いていて「なかなかホイ」を道路などで遊んでいる女の子たちの声が聞こえてきたり、また「おふねはぎっちらこ」で遊んで、ようやく幼いわが子と自然に手がつなげるようになったという若いお母さんの話を聞くと、やっぱり編集者としては、うれしい限りです。最近、わらべうたは、どうやら少ーし息をふきかえしてきたように感じます。

<Q.荒木田さんの子どもの頃の経験は?どんなわらべうたを記憶しているか?>
A.4歳まで三重に住んでいました。伊勢弁で「♪たーかーちゃん（名前）　あそばねかい」と従兄弟に言われると「♪あそばねよ」と言っていました。遊ぼうという返答は記憶にないのです。でも、その後、東京の中央区月島に引っ越してからは、もう毎日わらべうたで遊んでいました。

　終戦数年後のこの頃は、「♪ぐんかんハワイ」と戦争中のころのことばでジャンケンをしていました。また、「♪いちかけ　にかけて　さんかけて　しかけて　ごかけて　はしをかけ　はしのらんかん　手を腰に…」と、西南戦争のころの歌でもジェスチャー付きのジャンケンをしていましたから、子どもは、歴史の事実より一時代遅れて環境を取り込んで歌って遊ぶものなんですね。鬼きめをするときなんかでも、「♪だれにしようかな　かみさまの　いうとおり」のあとに「♪だぞよ」などと言葉を足して悪知恵を働かせていました。こういうふうに遊びのいろいろなところに、わらべうたが生きていたと思います。

──────────長谷吉洋（2007年7月1日面談）──────────
　DVDブック『映像で見る0・1・2歳のふれあいうた　あそびうた』の企画・編集担当・エイデル研究所社員。これまであまりなされてこなかったDVD（映像＋音声）による＜供与＞で、わらべうたに全く触れたことのない人や＜供与＞の方法がわからない人に役立ちたいと考えている。日常のひとこまとしての自然な＜供与＞の姿を記録しようと努力している。

<Q.保育に関する出版活動の内容は?>
A.保育雑誌、園と家庭を結ぶ『げ・ん・き』や数多くの実践書・子育て支援書を企画・編集しています。子どもにとっての最善の利益を求め、0歳から一人ひとりを大切にした発達、生活、遊びを実現できるように、子育て文化の伝承、豊かな子ども文化の創造を願って、様々な出版活動に取り組んでいます。

<Q.担当者として、なぜDVDを作ったのか?>
A.関わりが失われつつある社会だからこそ、わらべうたのある子育てをと願いました。乳児とどう関わればよいのかわからない親がいること、乳児を受け入れる保育園の数は増えているが、その質が追いついていない現実では、貴重な子育て文化であるわらべうたの重要性は以前より確実に増えていると思いました。

　これまでもわらべうたの出版物（文字、楽譜による表現）はありました。しかし、それだけでは広がりの限界があることを感じていました。紙やCDに閉じ込められてしまうのではなく、わらべうた本来の魅力を伝えるために、DVDメディアを使った映像を制作しました。

第3章　わらべうた＜供与＞の今日的状況

＜Q.わらべうたをＤＶＤにしてよかったことは？＞
A.直感的な学び＝見てそのまま実践する、覚えることができること。元々わらべうたの伝承には文字や楽譜はなかったので、「隣のおばあちゃん」の役目としての映像を提供することができたのではと思います。また、わらべうた＜供与者＞の研修の題材として利用してもらえるようになったことです。

＜Q.撮影、編集で留意したことは？＞
A.信頼関係のある大人と子どもの実践（保育現場）映像を年月かけて撮影して、生活の中のわらべうた場面を切り取って編集しました。できるかぎり、「テレビのお姉さん」的なものにならないように、撮影・編集において気をつけました。特に撮影での留意点は、「日常の保育をベースに撮影（大人一人が小型カメラ一台をもって、他の保育者と同じ雰囲気・服装で場に馴染んで）」、「表情、やりとり、あやしなどの前後のふれあいがわかるように」しました。

　編集の際には、一つのうたが0歳からずっとうたえることがわかるようにしました。本来の書籍編集で蓄積したことも加えて、解説書とあわせて映像を見ることで理解が深まるようにしました。

　また、わらべうたという枠をこえて次のような点にも留意しました。「子どもとの関わりそのものを語る映像」、「ふれあいとあそび」、「暖かい雰囲気を感じる、笑顔を感じる」、「子育てのモデルに、関わりのヒントに」、「見ているだけ、うたうだけでやさしくなれる」、「子どもにも、大人にもやさしさを育む」といったことが感じ取れる映像集になるようにしました。

＜Q.ＤＶＤ活用に対する願いは？＞
A.今の乳幼児の、メディア接触量はかなりのものになります。だからこそ、ホンモノの笑顔にふれる機会を増やすことになるようにと願い、この映像商品をつくりました。しかし、一方で、巷にあふれる「テレビ子育て便利グッズ」と同じように、映像を子どもに見せっぱなしにされるのでは、という心配もありました。そのため商品背面に注意書きを添えました。わらべうたは、人と人が楽しむもので、人から人へ伝わるものです。この映像はあくまでもその媒体になるものです。大人が見て学んで子どもにしてあげてほしいですし、子どもが映像を見る時は大人がそばでいっしょに遊んであげてください。

＜Q.反響はどうですか？見た人の反応は？＞
A.子育ての現場に携わる方々に喜ばれました。「これまでわらべうたの書籍や研修で学習してきたが、なかなか覚えられなかった。何度も繰り返し見ることができる映像は便利。その日のテーマにあわせて数多くあるうたから選んで確認ができるので便利」という感想

がありました。また、「バリエーションを理解できる」・「園以外の子育て支援現場で活用できる」・「養成校で教材として使用している」という感想もありました。

若い親たちにとっては、「経験のない見たことのない世界だった」という声もありました。ある母からは、「この子を生む前に見たかった」、小児科医からは「待合室で見せたい」、保育者からは、「保育という仕事に携わったことを誇りに思う」等が寄せられています。

家族みんなで見たという方からは「長女がたくさんの遊びを大人にせがんだ。たっぷりと遊んでもらったあと、となりにいた弟（乳児）に、映像とおなじ触れる遊びをしていた。簡単に遊びが覚えられ、簡単に実践する気持ちになれることに驚いた」という感想がありました。

──────尾原昭夫（2007年7月1日・2009年5月6日面談）──────

わらべうた採集、研究家。主な著書『日本のわらべうた』歳事・季節歌編・室内遊戯歌編・戸外遊戯歌編、『日本のわらべ歌全集』（『東京のわらべ歌』、『近代童謡童遊集』他）『日本の子守唄50曲集』・『日本子守唄選集』上・中・下巻　他。

「わらべうたは、人から人へ口伝えによってうたい継がれるもので、人と人の絆なくしては成り立ちません。つまり人と人の絆を結ぶのもわらべうたです。これらの愛すべき小さいうたの数々が、何らかの形で子どもたちへ受け継がれ、うたい継がれ、次の時代に生きる日本人の感性を育むよすがともなれば」（尾原、2009:1）と、本の著作、編纂によって伝えている。そして、世界に類がないほどの日本のわらべうた集成から、今日的＜供与＞の方法、選択の基準等を考えている。

<Q.わらべうたとは、どのようにお考えですか？>
A.わらべうたや民謡には目的があります。生活に根ざす目的に沿って生まれ伝えられる歌には、たとえば木遣り、もみすりといったおとなの労働の歌、正月などの行事の歌、「さんさい踊り」のような子どもの盆踊りの歌、子守りの歌、遊びの歌などがあります。そういった目的に向かい、創意工夫し、それに共感することで、やがて共有され、地域で伝承されるようになる。それを受けてさらに工夫を加え変転が起こり、新たな独自性が生じ、そこにまた地域性を伴った伝承が生れるというようにして、徐々に広がっていく。このようにして生まれる伝承文化は、当然だれが作ったかわからない、作者不詳の文化となる。誰もが参加して、口コミによって受け継がれ、共に作り上げる地域の生活に根ざした文化です。自然に、属性として即興性、自発性、集団性、共通性、共有性といった性格をもつものとなります。

一方、本来のわらべうたは、その旋律が日本の民謡と共通する、日本音階そのもの（より詳しくはテトラコルド）によっています。日本音階の基本は、遠く2000年以上も前の古代から連綿として続く日本人の音感そのものといってよく、私たちが日頃使っている日本語と同じく、われわれの血や肉と同じともいえるものなのです。でもそれが今日、風前の灯のよ

うに消えかかるという、まさに岐路に立っています。それを救うのはわらべうたであると言っても過言ではありません。

わらべうたには、伝える人と受け継ぐ人がいます。人と人との絆―縦の絆　横の絆―たがいに「ふれあい、みとめあい、つたえあい、たしかめあう」ことによって、共通のアイデンティティーが生まれるのです。おとなに「共に生き、共に働き、共に楽しむ」民謡の世界があったように、子どもたちには「共に遊び、共に楽しみ、共に学ぶ」場となり、支えあい、助けあう共存共栄の共同体的社会の縮図として＜わらべうた＞の世界があるといえるでしょう。それは、現代的視点からいえば、競争の原理にもとづく「敵対的競争の社会」、打ちのめし奪い合う、勝ち組と負け組の格差社会とは、まったくの対極にあるものだといえます。私はその辺に、音楽面にとどまらない、より重要な「子育て」「人育て」の面での重要性がわらべうたにはあるように思えてなりません。

＜Q．わらべうたの採集や編纂の思い出をお聞かせください＞
A．収集は言伝があれば、どんな山奥にでも、どこにでも聞きに行きました。山陰では、出身地の島根県の出雲や隠岐など採集によく歩きました。東北地方でいえば山形県の真室川の奥、旧安楽城村のわらべうたを精力的に集めておられた佐藤陸三さん（郵便局の局長さん）のお宅に泊めてもらって、一晩話を聞かせてもらったこともあります。九州では、ある図書館に寄って、郷土資料を調べている間に盗難に遭い、せっかく採集したテープもビデオカメラもなくなってしまうという、泣くに泣けないとんだハプニングもありました。なぜか、愛用の笛だけは後で見つかって、警察から送り届けてくれたのが、せめてもの慰めとはなりましたが。

『日本のわらべ歌全集』（柳原書店）の仕事が始まると、最初に私が『東京のわらべ歌』を書いて、各地のわらべ歌集のサンプルになるようにと出しました。この全集の担当編集者は全国を駆けずり回って採集者を探し、交渉し、自らの病気もかえりみず編集の仕事を続け、15年の月日をついやして完成にこぎつけたのです。完成後、やがて亡くなられたので、今もってほんとうに胸が傷みます。全集の成果の裏に、そうした影の功労者の犠牲的なご努力があることを、私たちは忘れてはなりません。

40年以上、わらべうたを集めると同時に、文献の調査にも力を入れました。まだコピー機がない頃は写本にも苦労しました。毎週のように国会図書館などで長時間、手書きによって資料を写し、特に図版などは、遠く愛知県西尾市や名古屋の図書館まで出かけて複写させてもらいました。

最近の『日本のわらべうた　歳事・季節歌編』では、約400曲収めましたが、その約4分の1が自身の採集、ほかは多くの先学の成果によるもの、実際にはそれよりはるかに多くの資料をもとにして選び抜いたわらべうたなのです。基本的には伝承を通観できるようにし

ながら、少しでもそれらが子どもたちへ還元され、実践に結びつくよう願い、かつ歴史的な記録としても永久に記憶されるよう願って編纂しています。なぜなら、それらは貴重な日本の子どもたちの心の記録でもあるからです。

<Q.多くのわらべうた集成から選択するための基準は?>
（時代によりわらべうたの態様・内容・年齢段階に変化があります。どのようにわらべうたを選択して生かすか?）

A.「教育的機能としてのわらべうた・子守歌」については、まずわらべうたの本質をふまえて、伝承から教育機能(注2)を生かすことを考えたいと思います。やや抽象的で恐縮ですが、次のようなわらべうたの選択要件を考えています。

1　子どもの教育に寄与する歌
2　視覚・聴覚・触覚などの感覚を高める歌
3　ことばの能力を高める歌
4　リズムや音階などの音感を養い高める歌（日本音階の基礎的要素を集約）
5　運動能力を養い高める歌
6　協調性を養い絆を深める歌
7　年齢段階に適合する歌
8　時代や地域を超えた普遍性のある歌
9　民俗や歴史を理解できる歴史的な歌
10　地方色・独自性が強く地域理解に役立つ歌（方言・行事・遊戯・旋律・音階など）

<Q.今日のわらべうた<供与>で、気がかりなことは?>
A.・伝承の歌は伝承を重んずるのが基本。CDなどで、ある地域の子守歌を入れる場合に、編曲者が勝手に終止音を不自然に変えるなどは本来許されないことですが、そんな例もあります。
・今、生きている（子どもが遊んでいる）ものだけしか、わらべうたとして認めないような考え方もあるようですが、わらべうたの流れを考えれば、当然前の時代のものも含めて見なくては、わらべうたの豊かさを見失ってしまうおそれがあります。
・わらべうたを音楽的につまらないものと考える人や、日本の音感はもう消えてなくなると考える人、また、わらべうたは変わっていくものだから、変えずにやっていることへの反発を持つ人、あるいは、批判ばかりで実践が伴わない人など、わらべうたへの対応は人それぞれですが、大切なことは、あくまで子どもたちへの愛情を基本として、子どもたちの本来のありようをみつめ、わらべうたの本質をおさえておくことではないでしょうか。

（注2）　ここでは、大人<供与>のわらべうたを指していると考えられる。

・わらべうたは大人が関わるなかで変えていってよいか？という質問もあるが、わらべうたは変わっていくものではあるが、その対象によって違うでしょう。個人としては、同じわらべうたでも、子どもによってそれぞれに節やことばが違っていてもよいはず（地方によっても違う）。しかし、集団で体験する時、たとえば、みんなで遊ぶときとか、図書館などでの会で、また、地域の行事などでは、共通のものが伝わるから成り立ちます。個人の場合、集団の場合など、多様な捉え方が大切で、かたくなになってしまってはダメでしょう。
・日本人の特質は、これまでの歴史を振り返るといろんなものを受け入れてきました。仏教、神道がいろいろ入り混じって、だんだんと日本的な宗教観に位置づけられてきたように、日本人の精神的ふるいにかかって変化していくので、まずは心を広くして見つめていきたいと思います。

＜Q.特に大切にしていることは？＞
A.これまで、わらべうたを伝えるなかで接してきた多くの人々、うたってくださった人、採集・採譜してくれた人、すでに亡くなられた方々も含めて、すべての時代の人たちのわらべうたに寄せる想いとか心を、大切に受け継ぎ、次の世代へ伝えたいと思っています。わらべうたには、歴史をさかのぼって、江戸時代よりもっと古くから各地で受け継いできた日本人のいとなみが伝わっています。自分には、そうした無数の人々の心、魂が、私の背中から衝き動かしているように思える。そうした目に見えない力を感じながら、この仕事を続けています。

5 考察

アンケートにみる今日的なわらべうた＜供与＞の分析

　ここで取り上げたわらべうた＜供与＞は、今日の「わらべうた環境」の一部である。アンケートの中で、大人が、子どもに＜供与＞しているわらべうたは、過去の子ども時代の体験とどう関わっているかを調べてみた。調査の対象にした三ヵ所の講座や研修のうち、仕事のための研修である保育士の場合は、他と比べて子ども時代の体験が少ない。主体的にわらべうた＜供与＞に関わっている人は、子どもの頃のわらべうた体験が豊富で記憶に残っている数も多い。しかし、現在＜供与＞しているわらべうたは、子どもの頃に体験したわらべうたと必ずしも同じではない。わらべうた＜供与＞に関わる人は、今日、その対象が、乳幼児である場合が多い。そのために「わらべうたをもっと知りたい、学びたい」という要望も増えてきた。研修、講習会等は、新たな＜供与＞の環境になってきた。そこで提供されたわらべうたは、その後、受講者自身による＜供与＞に現れていることが、今回のアンケートで示されている。また、面接調査では、子どもと共にわらべうたを共有した経験やわらべうた＜供与＞の体験が、わらべうた観を変えていることも示されている。

　上笙一郎は、今から30余年前、「日本の子どもたちは、自分の国のわらべうたはほんのわずかしか知らなくて、外国のわらべうたのほうをたくさん知っているというのは一体どうしたことだろう」と子どもの様子を述べていて、当時の「日本人のわらべうた観」(上1976:8-12)が影響していたことを指摘している。さらに、「わらべ唄はすべての限界芸術——すなわち遊びの運びをなめらかならしめるための唄だから、子どもたちに日本の民族的・伝統的な遊びを返してやらなくてはならないということだ。そしてその仕事を遂行するには何よりもわたしたち成人が、胸の奥に巣食っている＜わらべ唄—田舎—野卑＞という観念を、綺麗に捨て去ることが要請されるのである」と述べている。今回の調査と比較すると、上の当時の見解と大きな相違が見られる。

　今回のアンケートにおいても、面接調査においても、子どもの文化環境にわらべうたが必要であり、積極的に＜供与＞していこうとする姿勢が伺えた。わらべうた＜供与＞の場も、地域や学校でのおはなし会で多く行われていることが分かった。これも今日の特徴であろう。多くの場合、対象が親子や幼児に限られるのも社会現象を反映している。この幼児への＜供与＞は、子どもの成長に伴って、子ども自身の文化を生み出す原動力になっていくだろう。今後は、面接調査の方々によって示されているように、これまで記録された資料集成からどのようなわらべうたを選択し、どう＜供与＞すべきかを考えることが重要だと思った。この章では、わらべうた＜供与＞によって子どもの世界がどう変化していくかについて論及することができなかったが、第4章において取り上げてみたい。

面接調査からの示唆

　わらべうたにみる子どもの文化環境をさらに掘り下げ、＜供与＞に関わる5人の方に面接調査を行い、今日の状況の実態を探ってみた。どの方からも、脈々と引き継がれてきたわらべうたの持つ生命力を感じさせられた。そして、日々の努力に、わらべうた＜供与＞の新たな幕開けをみせてもらったという思いがする。子どもの育つ環境は日々悪化しているといわれるが、「今、何ができるのか、何をしていくべきなのか」も面接調査のお一人お一人が伝えている。

　さらに、研究者（尾原氏）が指摘しているように、今日のみに目を向けるのではなく、わらべうたの歴史の中に、これからの方向を見出すことが必要なのだということを、改めて思わされた。そして、わらべうた＜供与＞に関わる日々、一番大切なこととして、わらべうたと子どもたちへの愛のまなざしを強く感じさせてもらった。

　調査の分析は、まだ充分出来ていないが、アンケートに答えてくださった人々から多くの示唆を得たことは疑いない。これから、この示唆をわらべうた＜供与＞に生かしていくことを考えていきたいと思う。

わらべうたの歴史との位相

　第2章において考察したようにわらべうた＜供与＞は時代とともに変化してきた。ここでは細部の比較ではなく大まかに捉えた時代ごとのわらべうた＜供与＞の様相と今日的状況（特徴）との比較を行う。ここでいう今日的状況はおよそ1990年頃からとし、わらべうたの歴史（第2章）は、著しく変化する前の1970年頃までとする。

（1）わらべうたの環境

① 　空間―過去にみる路地裏や原っぱ、空き地でのわらべうたで遊ぶ生活環境は、激減した。家庭では、さまざまな要因（マスメディアの普及、大人の生活の変化、伝承の途絶等）によりわらべうたが歌われる私的空間が減少した。

② 　時間―わらべうたで遊ぶ子どもの自由時間が減少した。子どもの自由時間は歴史の流れとともに変化していて子どもが労働に従事していた頃は、子どもの自由時間は少なかったが、子守娘による子守唄あるいはさらに遡って大人の歌う和讃（わさん）を聞いて子ども自身のわらべうたを継承する自由空間は十分にあった。

③ 　仲間（人間関係）―幼児教育、学校教育あるいは設定された場所での人間関係のみで、子ども自身による子ども集団、仲間を作ることが難しくなった。

（2）わらべうたの＜供与者＞（文化伝達の主体）

　子どもから子どもへの＜供与＞は減少し、子ども自身の文化としてのわらべうたは、激

変しているといえるだろう(本章2、子ども自身によるわらべうた＜供与＞を参照)。今日のわらべうた＜供与＞の状況は、大人による＜供与＞が主になっている。大人による＜供与＞は、わらべうたを子どもと共有し、子どもと大人の世界の境目がわかりにくいケースが多く見られるが、これは原始～古代、中世に見られる子ども観にも共通する点と思われる。

(3) ＜供与者＞のわらべうた観

わらべうたは古いものであり、「わらべ―田舎―野卑」(注1)というイメージが、大正時代頃には存在していたという。今日の調査の中ではこのイメージは、まったく見られなかった。むしろ「わらべうたは子どもに良いもの」という母親が多かった。子どもの頃に遊んだ体験や懐かしさでわらべうたを＜供与＞したい気持ちは、江戸時代の釈行智の頃から変わっていないと言えるだろう。

(4) ＜供与＞の方法

子どもの頃体験したわらべうた、あるいは周囲で歌われているうたを＜供与＞するという図式から、新たに学ぶこと(講習会、研修会、メディア等)で＜供与＞するという方法が増えている。旅芸人や行商によるわらべうた＜供与＞と子ども文庫やボランティアに関わる人の転勤による＜供与＞に類似点が見られる。しかし、同じわらべうたでも、あそび方には大きな変化が見られる。

今日のわらべうた＜供与＞は、子どもだけでなく大人も＜享受者＞となることが求められている。＜供与者＞と＜享受者＞が共有し合い、互いに影響し合う、「互恵性」(注2)によって伝承されていくことが望ましいと言えよう。

(注1)　上笙一郎によれば、「日本のわらべうたが注目され出したのは、大正中期に「赤い鳥」の児童文化運動が興ってより以後のことで、そのわらべ唄観は、＜わらべ唄―田園―素朴＞というふうに連鎖される図式によって成り立っていたと言える。しかしながら、忌憚のないところを言うならば、このような文脈でわらべ唄を考えていたものは童謡詩人をはじめとするロマンティックな人びとのみであって、実利的な一般の小市民階層の家庭では、むしろ、＜わらべ唄―田舎―野卑＞という図式でわらべ唄を観ていたのではなかったか。だから、いわゆる上流・中流家庭では、日本のわらべ唄はその子どもたちには教えないが、しかし鹿鳴館文化このかた西洋文化崇拝の信仰だけは一貫しているため、ヨーロッパ諸国やアメリカなどのそれは許容するばかりか推奨さえしていた。」(上1976:9)とされる。

(注2)　『新社会学辞典』(盛岡清美他編1993有斐閣)によると、「自分と他人との間に生じる「返礼」の相互行為」とあり、互酬性ともいう。語句の解説は、『日本民俗学大辞典上』(1999)、『文化人類学事典』(1987)等に詳しいが、ここでは、与え手と受け手のコミュニケーションによって両者が新たに作り出されるものや関係の維持や強化に視点を向けていて、返礼を期待するものではないことを確認しておきたい。

第4章

わらべうた＜供与＞の取り組み

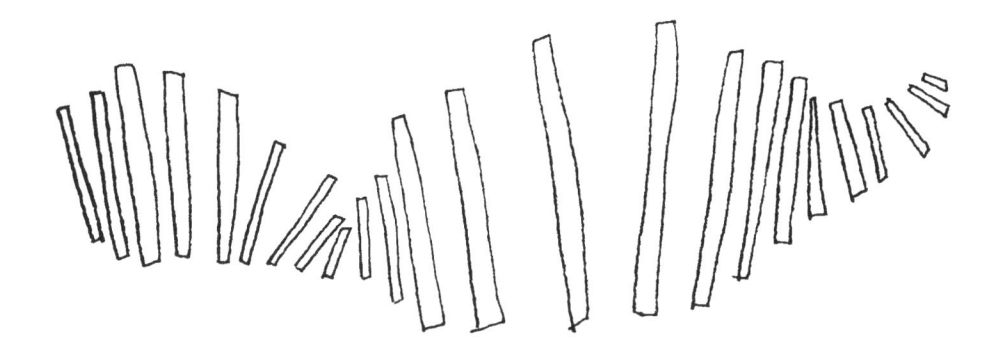

　前章では、わらべうた＜供与＞の実態をアンケート調査や面接調査によって探り、今後への示唆をみることや今日的状況を考察することが出来た。

　本章では、前項で記すことの出来なかったわらべうた＜供与＞の実践の一例を取り上げて、影響や変化を辿ってみたい（口絵⑰〜㉒参照）。

　主に私が1991年より、埼玉県川口市戸塚地区の公共施設で「親子でたのしむ絵本とわらべうた」講座（わらべうた＜供与＞）に取り組み始めてから現在（2009年）までの18年間の実践を取り上げることにする。取り組みの基になっているのは、1970年代から子ども文庫の活動の中で子どもたちとわらべうたや絵本を体験してきたこと（落合1992:206）である。どのような過程を経てどのような取り組みに至り、どのような反応や変化があったかを辿ってみたい。

　取り組みの内容については、記録ノートや会報から、参加者の反応については、参加者が毎回、応えて下さったアンケート、感想、記念誌、面接調査を基に記している。その上で、この取り組みを分析して、今後のわらべうた＜供与＞の可能性を考えていきたいと思う。

1 親子でたのしむ絵本とわらべうた
－内容と広がり－

取り組みまでの経緯

　まず、経緯の源は、私が子どもたちに子どもの本を手渡すこと（仕事）をするようになったことであろう。子どもの本に関心を持つようになったきっかけは、石井桃子『子どもの図書館』(1965)である。石井は、この本で昭和30年代に自宅の「かつら文庫」に集う一人ひとりの子どもの様子や本との出会いを記録し紹介した。私は、本と子どもが出会うために手助けする大人の働きの素晴らしさと子どもの世界の豊かさに気づかされた。影響を受けて図書館員となり、1968年から東京都世田谷区の文庫や図書館で子どもたちと関わるようになった。しかしまだ当時、図書館や文庫でわらべうた＜供与＞をすることはなかった。地域の公園や路地では、わらべうたで遊ぶ子どもの歌声を多少見聞きすることが出来た。

　それから、図書館員を辞めた後も、各転居地で子どもと本が出会う環境作りを続けた。東京→神戸(1972～)→東京都練馬区(1976～)→川口市(1982～)→金沢市(1983～)→鹿児島市(1985～)→川口市(1990～現在)、各地で子ども文庫に関わるなか、1980年頃までの文庫では、子どもたち自身がわらべうたで遊ぶ姿がみられた。

　東京都練馬区のマンション内で行っていた文庫では、おはなしの時間が終わると子ども同士が誘い合って、駐車場で「♪はないちもんめ」や「♪あぶくたったにえたった」をして遊んだ。直接、大人によるわらべうた＜供与＞はなかったが、おはなしを語り絵本を読む大人がいて、文庫では、おはなしとわらべうたが結びついていたように思う。これは当時、一般的には、特殊な例であったかもしれない。

　第1章で述べた通り、高度経済成長を機に、地域環境は急変して子どもの遊び空間が減少し[注1]、わらべうたは衰退したかのように見られていた。

第4章　わらべうた＜供与＞の取り組み

　その後、1980年代後半頃から文庫に集う子どもの低年齢化が見られるようになってきた。後述するようにこれは全国共通の現象であった。鹿児島市の生協店舗の一部屋で開いていた文庫(注2)では、1985年頃から乳幼児やその親に対して、大人によるわらべうた＜供与＞を行うようになった（口絵⑮参照）。おはなしの時間の他にわらべうたの時間が設けられて、「♪あがりめさがりめ」や「♪おちゃをのみにきてください」等のわらべうたを親子でやるようになって、それまで以上に親子の笑顔やたのしい声が聞かれるようになった。また、わらべうたが取り入れられたことによって親子の参加者が増えて、わらべうたの持つ文学性(注3)が文庫の活動と切り離せないものになり、絵本とわらべうたを一緒にして手渡すようになった。その後、親（大人）の変化がみられて、子どもの文化環境である文庫や図書館に対する親の理解が増したように思えた。親子で一緒に参加した子どもが、引き続き、小学生になっても文庫に来るようになり、親の理解の大切さを知らされた。

　1990年、再び現在地（川口市）に戻ると、てんとうむし文庫も各地の文庫と同様に子どもは少なく閑散としていた。ここで取り上げるわらべうた＜供与＞の取り組みの直接の動機は、こうした状況から生まれた。これはこの地域だけの問題ではなく、全国の文庫や図書館にも共通の問題であった。

　全国各地に広がった文庫活動を振り返ると、1974年に2064ヵ所の文庫が、1980年には4406ヵ所になって草の根のように広がったのだが、90年代に入ると減少が始まって、1993年には3872ヵ所になり文庫は変化していく。子どもの低年齢化と減少化は徐々に進み、文庫主宰者は、文庫を閉じたり、子どもの方へ出向いて読書活動をしていくようになった(注4)。

　こうした子どもの環境と子どもの変化は何を示しているであろうか。子ども文庫は、子どもの主体的な自由参加の環境であるから、子どもの自由時間（または、遊びの空間、時間）の減少の現われと見てよいだろう。子どもたちは、土曜日が休日になったにも関わらず、ますます塾や習い事の時間が増えている。

　このような体験を踏まえて、まず乳幼児とその母親に対するわらべうた＜供与＞の取り組みを考えるようになった。

(注1)　藤本浩之輔『子どもの遊び空間』（1974）参照
(注2)　落合美知子『いい家庭にはものがたりが生れる』（1992：197～229）に当時の鹿児島てんとうむし文庫の様子を掲載している。現在（2009年）もこの「てんとうむし文庫」は引き継がれていて、多くの親子連れや子どもたちが集っている。
(注3)　瀬田『幼い子の文学』（1980：100～101）にわらべうたの文学的特色が述べられている。まず第1に言葉、第2に型（スタイル）、第3にリズムである。わらべうたが持つ文学性は、絵本との共通性を持つものであるから、相互に子どもの心身に響き合うものであると考えられる。また、体験の少ない子どもにとって、わらべうたが加わると絵本の世界が広がるように思われる。
(注4)　児童図書館研究会『児童図書館のあゆみ』（2004：245）

取り組みの理念

　ここで取り上げるわらべうた＜供与＞の取り組みは、まずそれまでの体験から得たものを具体的な形にしていくことであった。その理念は、レイチェル・カーソン『センス・オブ・ワンダー』(1991)にあるような、子どもの「センス・オブ・ワンダー（神秘さや不思議さに目を見はる感性）」に対する取り組みであり、次の一文に重なっている。

　　　生まれつきそなわっている子どもの「センス・オブ・ワンダー」をいつも新鮮にたもちつづけるためには、わたしたちが住んでいる世界のよろこび、感激、神秘などを子どもと一緒に再発見し、感動を分かち合ってくれる大人が、すくなくともひとり、そばにいる必要があります(カーソン1991:22)。

　私のこれまでの体験を振り返ると、わらべうたの持つ特性は、子どもにとって「センス・オブ・ワンダー」の世界の一つであると思う。乳幼児が初めてわらべうたに出会うのは、身近な大人による肉声のうた（子守唄、遊ばせうた等）だろう。カーソンが述べているように、この身近な大人こそ子どもと感動を分かちあってくれる大人の1人だろう。そこで、ここでは、この大人と3歳位までの年齢の子どもの二者を対象にした。そのために＜供与＞のあり方としては以下のような点に心掛けた。

第一に、肉声で愛情を込めて向き合えるようなわらべうた＜供与＞でありたい。そのために親子が一緒に楽しめる取り組みをする。
第二に、個々の親子の手助けになるような取り組みであり、他の子どもと比較等はしないように気をつける。
第三に、わらべうた＜供与＞の取り組みが特別な日（ハレの日）のものではなく、日々の暮らしに繋がるものでありたい。
第四に、子どもにとっても親にとっても、主体的な参加が出来るような取り組みとする。
第五に、遊び、歌詞（ことば）、音楽のあるわらべうたと共通のことば、型、リズムを持つ絵本も取り入れ、両方が生かされる取り組みとする。
第六に、子どもの成長にとって無理のない内容、人数（15組まで）で行う。
第七に、繰り返しの中から生れてくることを大切にし、繰り返し＜供与＞する。

取り組みの始まり

　当時(1991年)、川口市のてんとうむし文庫は、だれでも出入りの出来る公民館で行っていた。この取り組みは、この公民館の協力を得て始めることになった。

　講座の対象者(わらべうたの＜享受者＞)は、地域の3歳前後の子どもとその親(または身近な大人)とした[注5]。わらべうた＜供与＞に関わる人(わらべうたの＜供与者＞)は、私の他、子ども文庫関係者(おはなし会のボランティアに関わる人)数名。内容は、親子で絵本と共にわらべうたをたのしむ時間、親へのサポートを含めたミニ講座の時間を設けた。

　＜供与者＞は、事前に参加カードや資料の作成、サポート体制の計画等準備をきめ細かにしておくことを心掛けた。参加者に直接、わらべうたを＜供与＞するのは一人(当初は私)であるが、会場での細かな対応等に数名が関わり、ミニ講座の時間には、親から離れられる子どもが過ごす自由時間の世話をして、自由空間でどのように子どもが遊ぶか、その様子を見た。また、参加者(親子)が家ではどのような様子か、記録メモをつけ、アンケートにも答えていただいた。

　こうして始まったわらべうた＜供与＞の取り組みの第1回(1991・10・2～30)は、まず、参加者の緊張を取り除けるようにミニおはなし会をしてから、お母さんの膝の上で遊べるわらべうたをたのしみ、動きを伴ったわらべうたを取り入れた[注6]。親子一緒の時間は40～50分位、親のためのミニ講座[注7]を40分位行い、家でも遊べるようにわらべうたの資料を配布し、絵本の貸し出しをした。基本的にはこの形を18年間(2009年現在まで)継続して行い、細部についてその都度、工夫や変更を加えてきた。

(注5)　当初は、川口市の広報、公民館のおしらせで15組(定員)を募集した。
(注6)　最初の講座内容は、次のようなプログラムで試みた。
　　　ミニおはなし会―絵本『こんにちは』・指人形で「くまさんのおでかけ」・ペープサート「しろくまちゃんのほっとけーき」わらべうた―(人形を起こす)♪ととけっこうよがあけた」・(お膝で)♪にぎりぱっちり　♪せんべいせんべいやけた　♪せっせせ　おちゃのこおちゃのこ(立って動いて)♪キーリスチョン　♪どんどんばしわたれ　♪なべなべそこぬけ(最後に)♪さよならあんころもち
(注7)　ミニ講座では主に「わらべうたと絵本について」「3歳児の特徴」「絵本の与え方」等、日常でのわらべうたや絵本と子どもたちとの関わりを話し、質問に答えた。

2 取り組みの工夫と変化

　参加の子どもや親との交流の中で学んだことを取り入れて、取り組むうちに、主に次のような工夫と変化がみられるようになった。
　第一には、取り組みの方法やプログラムに工夫と変化が生れた。
　最初のプログラムは、「ミニおはなし会」、「わらべうたをたのしむ」、「ミニ講座」を毎回繰り返し、新たなわらべうたや絵本も加えながら親子が楽しめるよう、一人ひとりの様子をみてプログラムを考えた。2年目に特に乳幼児の反応から教えられたことは、わらべうた＜供与＞に「ものがたり性」「静と動のリズム」「繰り返し」を持つことが望ましいということであった。そこで、当初のように絵本とわらべうたを分けないで、ものがたりの流れのようにプログラムを組む方法を試みた。3年目でプログラムの型が定着した(本書の資料編「親子でたのしむ絵本とわらべうた」のプログラム参照)。こうして取り組みの基礎が出来て、次のような取り組みの概要も出来上がった。

　「親子でたのしむ絵本とわらべうた」講座の概要は、＜供与者＞＜享受者＞に共通した案内である。
1　内容の説明―　親子が一緒にわらべうたであそび、絵本と共にたのしむもの。肉声による人との関わり、親子のコミュニケーションと親向けの時間がある。
2　対象―2,3歳の子どもと親15組位。感性豊かなこの年齢の子どもの力を絵本やわらべうたあそびで存分に働かせることが出来るように。
3　プログラムの特徴―全過程で、一人ひとりの子どもの力が発揮され、大人にも理解出きるように、ものがたりのように組まれている。
4　参加者(大人)へのお願い―子どもの比較をしない。子どもに無理じいせず、参加したくなるような工夫、リズミカルな生活を大切に。
5　講座担当より―人との触れ合いにより、愛情を育み、ことばを手渡し、子どもたちの人生の土台の時期に、安定した居場所を創るお手伝いをする。図書館の利用、読書の原点にもなるような取り組みをしたい。(以上は、実際に配布している概要の要約)

(注1)　先着順で受講者を募ったら、1993年からは、図書館前に早朝から申し込み希望者の行列が出来てしまった。いろいろな悪影響を考えて往復はがきで(希望の理由等記入の上)申し込みをしていただき、抽選で受け入れた。しかし希望者は3倍位に増えたので抽選にもれた人のため、また必要性を考えて希望者は誰でも参加できる「くまさんのへや」を始めた。これまでの「親子でたのしむ絵本とわらべうた」講座のスタッフから＜供与者＞が生まれている。

第4章　わらべうた＜供与＞の取り組み

　第二には、＜供与者＞に変化がみられるようになった。
　取り組み4年目に入ると、前記のようにわらべうた＜供与＞の方法やプログラムが定まってきた。「親子でたのしむ絵本とわらべうた」(1994・5・11から－週1回12回講座)には参加希望者が急増し(注1)、この講座(図書館との共催)から15組の親子2回(30組)の取り組みを始めた。ここでの変化はこれまでの講座(1991～1994年)に受講を修了した母親4名が＜供与者＞に加わるようになった。つまり＜享受者＞だった母親が、取り組みに参加して＜供与者＞となったのである(4「参加者の反応」参照)。
　新しい＜供与者＞を加えて、わらべうた＜供与＞を担当する＜供与者＞の会(ずくぽんじょの会)(注2)が誕生した。取り組みの体制は強化されて「親子でたのしむ絵本とわらべうた」講座は、その続きとしての自主講座を翌年3月まで行い、1年間の取り組みを続けることが出来るようになった。こうして図書館講座(1995年15回、1996年10回)の講座につながるわらべうた＜供与＞を「ずくぽんじょの会」が主催して、1年間通して取り組んだ。季節の変化や子どもの成長に合わせたわらべうたと絵本が＜供与＞された。1997年には、より丁寧な＜供与＞にしたいと願って、それまでの一日2回の講座を1回(15組のみ)に変更して取り組みを続けた。

　第三には、取り組みが日常に定着した。
　前記の講座を希望する住民はますます増えていった。わらべうたの必要性が検討されて、日常だれでも参加出来る図書館の事業「くまさんのへや」が誕生した。つまり、この取り組みから図書館の「乳幼児向けおはなし会」が誕生したのである。この事業は、わらべうたを中心にして定期的におこなわれ、内容やプログラムは、30分以内の短いもので一定の型が出来た。参加者は、常に同じ親子ではないため、季節のわらべうたや絵本の導入によって多少の変化はみられるが、プログラムの流れ(型)は変えずに行っている(注3)。親

(注2)　「ずくぽんじょの会」とは、わらべうたの「♪ずくぽんじょずくぽんじょ　ずっきんかぶってでてこらさい」から取った名前。「つくし(ずくぽんじょ)のようにすくすく育ちますように」という願いを込めている。
(注3)　(図書館の会議室に絨毯を敷き、受付を準備して迎える)
　　　　♪ここけこっこがあけた(毎回、みんなでうたって始める)♪おつきさまえらいの(季節のうた)絵本を読む(その時々で選択する)
　　　　♪ととけっこう(くまさん人形を起こす)　「くまさんのおでかけ」(中川季枝子作)
　　　　(お膝で遊ぶわらべうた)♪もみすりおかた　♪とうきょうとにほんばし
　　　　(立って動くわらべうた)　♪あしあしあひる　♪なべなべそこぬけ
　　　　(座ってお母さんと)　♪おやゆびねむれ　♪このこどこのこ　♪ねんねんねやま(子守唄)
　　　　絵本を読む(その時々で選択)　お母さん方に少しわらべうたや絵本についておはなしする　♪さよならあんころもち(さようならをする)(2007年10月の記録より)。
　　　　終わってからの会場では、子ども同士が遊んだり、絵本の貸し出しやお互いの交流や育児相談などもなされている。

子の前に立つわらべうた＜供与者＞は、子どもたちが馴染めるように2〜3年間、同じ人がしていて、一緒に関わっている人が後を引き継いでいる。30組位の親子が参加している（多いときには50組の参加があった）。地域に定着していて「くまさんのへや」の日は図書館の利用者が多い。この方法は近隣の図書館の乳幼児向けのおはなし会のあり方やプログラムに影響を与え、参考にされて普及している（わらべうた＜供与＞の広がり（144頁）を参照）。「くまさんのへや」(注4)は、今日（2009年現在）も、隔週の木曜日に変わることなく続けられている。

　第四には、継続することによってみられた変化。
　講座による取り組みは、他の公共施設でも続いている(注5)。継続することによって、子ども自身による創造や継承もみられるようになってきた。家庭では、わらべうたの体験を工夫し、きょうだいや父親と一緒にたのしんでいる子どもの報告が多くなってきた（4参加者の反応146頁参照）。幼稚園で先生や友だちにわらべうたを広めている子どももいる。
　戸田市の「親子でたのしむ絵本とわらべうた」講座は、15年間継続（2009年現在）しているが、親子で一緒の講座によるプログラム(注6)の後の子どもが自由に遊ぶ時間（自由空間）に特に変化がみられるようになった。＜供与者＞が近年、この自由空間の大切さを認識して見守っている。取り組みを継続することによって、わらべうた＜供与＞が子どもの世界を広げていることがわかるようになってきた。（「自由空間での子どもの反応」（149〜151頁）を参照）

（注4）　図書館の予算は2000年頃から減少し、講座に割り当てられる費用も少なくなった。その上、図書館長や担当者の異動があって、それまでの「親子でたのしむ絵本とわらべうた」講座は、2001年より中断された。しかし、＜供与者＞も育っていて図書館事業「くまさんのへや」（図書館のおはなし会でのわらべうた＜供与＞）も継続して行われている。
（注5）　「くまさんのへや」では、アンケートや個人の記録をとることが出来なかったため、継続して講座が行われている戸田市の記録をここで取り上げ現時点の状況を記しておく。
（注6）　2007年度の講座第1回目（2007年9月27日）は、下記のプログラムのように行われた。
　　　　（おはなし袋に、呼びかける）でてこい！でてこい！　（絵本）『でてこいでてこい』
　　　　♪ととけっこう（起きてきたプーちゃん人形とあいさつ）　♪おちゃをのみに
　　　　（絵本）『こっぷこっぷこっぷ』
　　　　（お母さんのお膝で）♪このこどこのこ　♪ここはとうちゃんにんどころ　♪うまはとしとし
　　　　（たかいたかいして立つ）♪うさぎうさぎ　なにみてはねる　♪おちゃをのみに
　　　　（丸くなって）♪おせんべやけたかな　♪もどろうもどろう　♪どんどんばしわたれ
　　　　（もとにもどって）♪ととけっこう　（くまが起きて）「くまのおでかけ」　♪このこどこのこ
　　　　（絵本）『おつきさまこんばんは』　♪おやゆびねむれ　♪さよならあんころもち
　　　　（このあとの2〜5回の講座もこの流れでわらべうたと絵本が繋がっていて、7割方のわらべうたは繰り返されている。）

第4章 わらべうた＜供与＞の取り組み

取り組みの概略

（次のような流れで取り組まれてきた。）

年　月	名称と概要	供与者	享受者	備　考
1991・10月	講座「絵本とわらべうたのたのしみ」(全5回)	講師（落合）・おはなし会のメンバー	3〜4才児、15組の親子→文庫に参加	公民館主催・おはなし会共催
1992・6月	同　　（5回）	同	同→文庫・図書館の利用者に	同（12月より新館、公民館と図書館併設）
1993 6月〜12月	「わらべうたと絵本をたのしむ講座」(月に2回で10回)（希望者が増える）	同	同	同
1994 5月〜12月 1月〜3月	講座「親子でたのしむ絵本とわらべうた」(全12回) 希望者が多くなって、前半組と後半組に分ける ↓ 同 自主サークルで続ける	講師（落合）・ずくぽんじょの会（前講座の終了生が＜供与者＞のメンバーに加わる）	3歳前後15組の親子が前・後半2組、計30組 同	公民館、戸塚図書館主催、ずくぽんじょの会共催。「おもいでのしおり」(記念誌)作成 ずくぽんじょの会主催、参加者の親も準備に加わる
1995 5月〜10月 11月〜3月	講座「親子でたのしむ絵本とわらべうた」(全15回) 毎週水曜、月4回 ↓ 自主サークルで続ける	同 （ずくぽんじょの会スタッフ＜供与者＞が10人になる）	同 計30組の親子（各15組ずつ） 同	公民館、図書館主催、ずくぽんじょの会共催→越谷市のフェスティバル→戸田市立図書館の講座⇔受講生新郷図書館で「絵本とわらべうた」スタート。「アイアイの会」スタート。「おもいでのしおり」作成。
1996 5月〜7月 〜3月	同(全10回) ↓ 自主サークルで続ける	同	同 計30組の親子（各15組）→文庫・図書館利用・くまさんのへやに参加	→くまさんのへや（図書館事業）が生まれる。「おもいでのしおり」作成
1997 5月〜3月	同(全7回) ↓ 自主サークルで続ける	同	3歳前後、16組の親子（減らしてより丁寧に）→同	図書館主催、ずくぽんじょの会共催⇔修了生で「そらいろのたね」わらべうたサークル結成（供与はスタッフ協力）。「おもいでのしおり」作成
1998〜1999	同(全7回) これまでのスタッフのみで＜供与＞ ↓ サークルとして続ける	講師がずくぽんじょの会代表者に変更。スタッフが増える。（おはなし会のメンバーが参加）	同 17組の親子→同	これまで関わってきたメンバーも他の施設での講師として＜供与＞に広がりをみるようになった。「おもいでのしおり」作成
2000〜	講座「親子でたのしむ絵本とわらべうた」(全5回)（最終）。 (4)図書館事業「くまさんのへや」の発展。年間通して乳幼児のおはなし会（わらべうた中心）を月2回に変更して開催(2009年現在)	講師（落合、スタッフ） 図書館員とこれまでのスタッフ中心。お話の会のメンバーも加わる	15組の親子 3歳位までの乳幼児、希望者はすべて受け入れる	他の図書館からの見学者、参加者も増える→図書館関係者の研修、ボランティア講習、保育者研修等からの依頼が増えて、わらべうた＜供与＞が広がる。
現在 2009	「親子でたのしむ絵本とわらべうた」講座の現在 ―「戸田市立図書館」の例― その他の＜供与＞	講師（落合）とボランティアスタッフ	参加者の年令が下がってくる(2歳〜3歳) 15組の親子	現在もなお子どもの自由空間での遊びや家での反応を記録している。

143

3 わらべうた＜供与＞の広がり

　公民館講座から始まった「親子でたのしむ絵本とわらべうた」は進展して、わらべうた＜供与＞の場が次々に広がった(表を参照)。その広がりをすべて把握することは出来ないが、おおよそ、次のような過程を辿っている。

(網掛けの印は現在記録を取り、継続した＜供与＞をしている。本書に関係する場所)

1991～1993年
講座「絵本とわらべうたのたのしみ」

公民館→図書館へ　　　　　　　1992～　越谷市立図書館「絵本とわらべうた」3回講座

　　　　　　　　　　　　　　　　　(以後5回講座、現在(2009年)は3回講座で取り組み中)

　　　　　　　　　　　　　　1993　川口婦人会館「絵本とわらべうた」7回講座。
　　　　　　　　　　　　　　　　　豊橋市まんまの会「絵本とわらべうた」3回

　　　　　　　　　　　　　　　　　(上記以外にも「親子でたのしむ絵本とわらべうた」講座が始まる。)

1994～1996年
講座「親子でたのしむ絵本とわらべうた」(ずくぼんじょの会)

　　　　　　　　　　　　　　　　　(希望者が増えて1・日に2回講座で取り組み1年間続け、＜供与＞に関わる人にも継承する)

　　　　　　　　　　　　　　1994　大宮市西部図書館5回講座(名称以下略)
くまさんのへや
　　　　　　　　　　　　　　　　　(1998年まで5回講座、担当は変わったが、現在も継続中)
　　　　　　　　　　　　　　　　　「世田谷区立梅が丘図書館3回講座」
　　　　　　　　　　　　　　　　　(現在2009年も、図書館員とボランティアにより継続中)

受講生による会が誕生　　　　　1995　戸田市立図書館　5回講座」継続中
「絵本とわらべうたの会」(新郷)
　　　　　　　　　　　　　　　　　加須市みずたま保育園 3回講座1998年まで
　　　　　　　　　　　　　　　　　世田谷区立上北沢図書館講座
　　　　　　　　　　　　　　　　　浦和子どもの本連絡会講座→進展して広がる

「アイアイの会」(安行)　　　　1996　羽生市立図書館 3回講座
　　　　　　　　　　　　　　　　　(1998年まで。2007年。おはなし会で継続)
　　　　　　　　　　　　　　　　　戸田市立図書館「ととけっこうのへや」(継続中)

1997～2001年
講座「親子でたのしむ絵本とわらべうた」
「くまさんのへや」
　　　　　　　　　　　　　　　　　(1998、1999は「ずくぼんじょの会」で講師担当、1年間継続)

144

第4章 わらべうた＜供与＞の取り組み

| | 1997 | 新座市立図書館、飯能市立図書館各3回 |

「そらいろのたね」（戸塚）（自主グループ継続中）
　　　　　　　　　1999　群馬県みなかみ町講座（継続中）
2002〜2009年　　　　　戸田市立図書館講座（自由空間の記録を始める）
くまさんのへや

↓
わらべうた＜供与＞に関わった方々が学校、自主グループ等に出向いてわらべうたを広めている。

　　　　　2003　草加市立図書館講座（継続）
　　　　　　　　伊奈町公民館5回講座（2005年まで）
　　　　　　　　東京都区図書館職員研修（2005年まで）
　　　　　　　　（各区、市町村の図書館のおはなし会で継続）
　　　　　　　　大井町図書館3回、世田谷区等で研修
　　　　　2004　川口市新郷図書館3回講座
　　　　　　　　鳩ヶ谷市立図書館3回講座（継続）
　　　　　　　　千葉市立図書館3回研修で取り組む（継続）
　　　　　2005　江東区、足立区、三鷹市、成田市等で研修
　　　　　2006　上里町立図書館、ゆりがおか児童図書館等講座
　　　　　2007　蓮田市成田クリニック「赤ちゃんフォーラム」（継続）
　　　　　　　　立川市、練馬区光が丘、伊那市松川町図書館講座
　　　　　　　　川口市子育て支援センター、青梅市保育連盟講座
　　　　　　　　本庄市青葉幼稚園、大宮市子育て講座他
　　　　　　　　児童図書館研究会わらべうた講座　他
　　　　　2008　宇都宮市、本庄市、深谷市、長野県下條村、東京都葛飾区立図書館講座。新座市民大学、山梨県民カレッジ、キリスト教保育連栃木地区講演等
　　　　　2009　新座市公民館、本庄市、みなかみ町、茨木市等で子育て支援のための講座。江戸川区NPO、深谷市NPO、町田市語り手の会、埼玉県立図書館、松戸市立図書館等ボランティア講座他

　ここで扱ってきた取り組みの理念に添った親子への＜供与＞を継続する一方で、2003年頃から図書館職員の研修やボランティア講習会でわらべうた＜供与＞が求められるようになってきた。これまでの取り組みを基にして私もその要望に応えているが、これは大人（専門家）に向けてのわらべうた＜供与＞である。研修を受けた方々によって子どもへのわらべうた＜供与＞がなされているが、この広がりの状況は把握できない。

145

4 参加者の反応

「親子でたのしむ絵本とわらべうた講座」の18年間の記録やアンケートの中から＜供与＞の取り組みへの反応をここに紹介し、その状況を見直してみよう。

取り組みの風景

取り組みの18年間、個性や年齢差はあるものの、わらべうたに対する子どもたちの反応が、大変豊かであるという点では、変わっていない。次の事例は、最近の講座の風景である。

　子どもたちは、母親と一緒に図書館に集まってくる。受付で名まえのついたシールを貼ってもらうと、本のある部屋に入る。同じ位の年齢でもいつも同じことは起こらない。緊張している子ども、走り出す子、中に入れない子もいる。

　しかし、母親と一緒に座り、あいさつのうた「♪おちゃをのみに」をうたい、＜供与者＞が、おはなしの袋に「でてこいでてこい」と呼びかけて、寝ている人形に向って「♪ととけっこうよがあけた」と歌いかけると、関心を向けて何度か歌ううちに体を揺らしたり、指差したりしてわらべうたの世界に入っていく。母親の膝で「♪うまはとしとし」と上下に揺すってもらい、最後にストンと落としてもらうと笑い声が広がる。「もっともっと」と言って、繰り返すごとに笑い声は高まり大きくなる。「たかいたかい」をしてもらってから、手をつないで再び「♪おちゃをのみにきてください」とうたいながら歩くと、子どもたちの表情は一層輝いてくる。丸くなって座り、＜供与者＞が小さな黄色い布を手の中に入れておいて「♪にぎりぱっちり　たてよこ　ひよこ　ぴよぴよぴよ」と歌いながら振り、手からふわりと布が出てきた時、子どもたちの顔は、不思議さや感嘆の表情になっている。そして、その布で歌いながら母親と遊ぶと大人が考え付かないような発想豊かなやり方で遊ぶので＜供与者＞の方が感心してしまう。

　会を重ねるごとに、子どもたちは、わらべうたのリズムを表情や身体で表現し工夫し、主体的な関わりや身近な人（親など）との積極的な繋がりをみせてくれる。

家庭での反応

次に講座に参加した子どもたちが、家庭でみせている姿を、母親の報告から紹介しよう。（記録に残されている感想、アンケートから取り上げている）
- 子どもは、わらべうたがすぐに覚えられ、母親より先に歌える。（Kちゃん1994講座アンケート）

- おもしろい位いつもわらべうたを口ずさんでいます。みんなと一緒に歌う時は恥ずかしがって声が出ていませんが、家では1人で大きな声で歌っています。(Hちゃん2005講座3回目アンケート)
- 「♪せんべいせんべい」のうたに自分でふりを付けて繰り返し踊っていました。とてもたのしそうです。母が見ると恥ずかしがってやめてしまいます。(Yちゃん2006講座アンケート)
- 自分からうたって、うたの続きを催促します。何かで遊んでいる時もわらべうたを鼻歌のように口ずさんでいます。親が「♪おやゆびねむれ」をしてあげようとすると、自分でやりたがります。(Tちゃん2007講座4回目アンケート)
- わらべうたの反応がすばらしく、母親が歌いだすと笑って、「もう一回、もう一回」と催促します。(Mちゃん2007講座3回目アンケート)

大人（親）の反応

これまでの記録（アンケートや感想、文集）を辿り、分析してみると、講座に参加した母親にも次のような反応がみられる。

やすらぎがある

- 私自身田舎に生まれたが、わらべうたにはほとんど触れ合う機会がなかった。子どもと一緒に触れ合って心が安らかな気分になった。いくつになってもわらべうたは人間の心に響いてくるものだと思った。(1994感想「ぴよぴよ」より)

ゆとりが生れる

- わらべうたを口ずさみながら気恥ずかしく感じるが、子どもと一緒にわらべうたを楽しみ、絵本を読んでいただくと、何とのんびりしたほっとした時間ではありませんか？こうした時間の中で何か人間らしさや本来人間のあるべき自然の姿を思わせられる。(1994「ぴよぴよ」より)
- 自然にわらべうたを口ずさんでいる時がある。(2007アンケート、Iさん)

幸せな時間が出来る

- イライラしがちだった子育ての毎日が講座に参加してやわらぎ、わらべうたを歌いながら子どもと手をつないで歩いていると、とても幸せで平和な気持ちになる。(1997「おもいでのしおり97」Sさん感想)

たのしい
- 子どもとの遊びの種類が広がって私自身も楽しいです。遊んであげているというよりも一緒に遊んでいるという気持ちになります。(2007Nさんアンケート)
- 子どもとの遊びの種類が増えたのでとてもたのしい。(2007Kさんアンケート)

歌ってあげたい、遊んであげたい
- 今までわらべうたをうたってやることはほとんどありませんでしたが、心からわらべうたを歌ってやりたいと思った。(2007アンケート)

継続による変化

　取り組みを継続し、わらべうたを繰り返し＜供与＞することで、予想を越えた変化をみることができた。親子のつながり、多動の子ども、ことばの獲得等に問題や悩みを抱えた方々の援助になった(注1)。今後これらの問題解決にわらべうたがどう影響していくか、見守る必要がある。
　では、どのように変化したか？ここでは、事例を次のように分析して、取り上げてみる。

子どもが変わった
- 人見知りがやわらいだ。自分で作ったうたを歌うようになった。(Oさん1993アンケート)
- 「♪どんどんばしわたれ」がこわくてこわくて渡れなかったのに2年めには「♪どんどんばしが一番好き!」という。(Yちゃん、1996「おもいでのしおり」)
- テレビをぜんぜんみなくなりました。テレビがついていても絵本を読むようになりました。(Aさん、2007お母さんの記録)
- さわられたりするのを好まなかったが身体を使う遊びも喜んでやるようになって活発になった。講座で体験したからこそ、スーッとわらべうたの世界に入れるようになった。(Aさん、2007アンケート)
- 子どもから「歌おう!」と言ってくるようになった。(Sさん、2007アンケート)
- 家の中で子どもが声を出して歌うようになりました。本を読んでいる時集中するようになりました。(Oさん、2007アンケート)

(注1)　参加者の親子で、最初に親のそばに行きたがらない子ども(膝の上で遊ぶ時、親から逃げてしまう子ども)、3歳前後で、走り回って(多動で)人と関係が結べない子ども、言葉がまだ出てこない子どもが以前(16年前から比べて)より増えている。15組のうちだいたい2人位はいる。これまで子どもの体に異常がない場合は、取り組みの中で心を配って、母親にわらべうたや絵本でたのしんでもらい、家でもやっていただいた。親子にゆとりが出来てコミュニケーションがとれるようになると、良い方向に向かうことが多かった。

わらべうたの素晴らしさがわかる

- わらべうたを歌っていただくと、会場の空気が変わり別な世界にきたような感覚を覚えました。2回目お休みすると3回目にはもう子どもたちが一緒に口ずさんでいるのを聞いてわらべうたのすばらしさを実感しました。(Yさん、1994感想)
- 子どもにとって覚えやすく何か引きつけられるものがあることがわかった。(Sさん、2007アンケート)

生活の一部になった

- 家でままごとなどしながらわらべうたをなにげなく歌っている。生活の一部になっている。小1,2のお兄ちゃんも一緒になってたのしんでいて家庭の雰囲気が変った。(Sさん、1993アンケート)
- 私が、意識しなくても自然とわらべうたを口ずさむようになりました。子どもも自ら歌おうとします。(Iさん、2007アンケート)

スキンシップが増えた

- 童謡しか歌っていませんでしたが、わらべうたを覚えてから歌が遊びに変わって、子どもがとてもたのしそうです。スキンシップが増えたように思います。(Nさん、2007アンケート)

ことばが出てきた

- ことばがまだあまり出なかったが、少しはっきりして、出てくるようになった。(Kさん、2007アンケート)

自由空間での子どもの反応 (口絵⑳参照)

「親子でたのしむ絵本とわらべうた」(取り組み)の後、子どもの自由時間(空間)を設けてみると、子どもたちは、よく遊ぶ[注2]。3回目位には、自由空間をたのしむのびのびとした行動が見られるようになり、自分を出せるようになる[注3]。＜供与者＞の記録には

- 同じ場所、馴染んだ大人に囲まれて安心して過ごすと一人ひとりの変化に驚かされる。

(注2) こうした現象はここだけではない。ほかの親子の集いでいきなり親子を別々にしてしまうより、まず親子でわらべうたや絵本を一緒にたのしみ、満足すると親から離れて遊べる子どもが多い。3歳前後の子どもたちの場でよく経験している。わらべうたの力に驚かされる。

(注3) 2008年～2009年の戸田市立図書館での取り組みの例

- 3歳になると遊びの創造も豊かになり、仲間を作って、わらべうたで遊ぶ。
- 遊び道具が布（風呂敷、小さい布）や布のボール、絵本だけでも充分たのしむ。
- どう＜供与＞に取り組んでいくのがよいか、という子どもからの示唆がある。

等が見える。自由空間は、＜供与者＞にも、「子どもへのまなざし、自由空間への思いや子ども観」に対する大きな影響を与えている。

　2007年9～10月の2歳児を中心とした自由空間をみると「大人に関わってもらいたい様子」、「遊びの変化」や「創造性」等が見える。ではその変化を、＜供与者＞の記録（「親子でたのしむ絵本とわらべうた」講座　2007年の反応）で辿ってみよう[注4]。

1回目―
- 端のほうで絵本『でてこいでてこい』を読んでいると、初めは風呂敷で遊んでいたYちゃんが来て何度も「読んで！」と言い、次第に本の中のことばを口にして声を出すようになり、25回読んで他の本に移った。（略）身体は動いてなくても心は動き、たのしんでいるのだということを感じた。
- 風呂敷をしいてお弁当を食べるのだと言って座り、おにぎりやおせんべいを食べ（ごっこ遊び）、風呂敷で手提げを作ってやるとさげて歩いて、わらべうたに合わせて身体をゆすっていて驚いた。
- 全体に泣く子がいなかったのにはびっくりした。お母さんと別れていても落ちついて遊べた。ぜんぜん話さなかったHちゃんとUちゃんが、ボールや風呂敷で遊んでいるうちに「かして」「だめ！」等かけ合って会話ができるようになった。
- 初めて親と別れて遊ぶ子もいたが、一つのことを諦めずに続けている子が多かった。ずーと笑顔でいられる子が多かった。

2回目―
- 前回より目のきらきらしている子が多かった。
- 走り回っていたTちゃんは、時々廊下からお母さんを見に行き来して遊んでいるようだった。
- 絵本と遊びが一緒になって『たまごのあかちゃん』を読んでから布のボールをたまごに見立てて籠に入れ、Uくんが先頭になってがたんごとんと言いながら歩き回った。

（注4）　ただし、場の設定は、親子で50分位わらべうたと絵本の時間を過ごしたあと、母親たちが別の部屋で講座を受けている間、長年、わらべうた＜供与＞に関わっているボランティア8人と図書館員3人の方々が子ども（2,0～2,5歳が9人、2,6～2,9歳が6人）をあたたかく見守りつつ、出来る限り子どもの自由空間をじゃましないように相手をしていた。部屋には絵本とお手玉、布の手作りボール、風呂敷のみ置いておいた。

- お母さんから離れない子（2人）も少しみんなの方が気になっていた。

3回目―
- 廊下で騒いでフェンスをたたくことを面白がっていたAちゃんに『あかちゃんが泣いちゃうからやめようね』と言うと率直に聞き、前回より話が聞けるようになっていて、まわりの子とのつながりも意識し始めているように思えた。
- 全体的に自分を主張するようになってきた。今まで1人という子も仲間と一緒という様子が見えてきた。

4回目―
- エレベーターや階段に興味を持っていた子も薄らいで落ち着き、小さいながらもひとつひとつ確認して前にすすんでいるようです。今回は、同じような月令の子が多いので、遊びを引っ張っていく子はいないが、おもしろそうな遊びをしている子のマネをする子が出てきた。
- Nちゃんは、まだお母さんの部屋から出られませんが、他の子が遊ぶのを観察しているようです。
- みんながとても落ちついてきて、部屋の中は子どもの声だけで大人の声はあまり聞こえませんでした。それぞれ安定した空間の中でじっくり絵本を見たり、ボールや風呂敷で遊ぶことに集中しました。赤ちゃんがいたのでHちゃんやYちゃんが頭をなで背中をさすって、赤ちゃんに対するほほえましい光景がありました。

5回目―
- とても部屋が静かなときがありました。大人を捕まえて絵本を読んでもらう子がたくさんいました。2歳半くらいの子にとって、まだ大人の相手が必要なことがわかりました。また、それぞれ自分の好きなことが出来てきました。
- お母さんと遊んだわらべうた「♪どんどんばしわたれ」も大人の手を借りて、子どもたち自身で遊びました。

こうした5回の講座を振り返ると、前記で述べたとおり、母親と遊んで満たされると離れて遊ぶことができて、わらべうた＜供与＞の体験を、子ども自身が自由空間でさらに広げていることがわかる。

わらべうたと子どもの世界

　暮らしの中にわらべうたがあって、子育てにゆとりが生まれたという母親は、子どもへのまなざしも変化している。こうした母親の記録をみると、わらべうた<供与>からみえる子どもの世界は、広く深く不思議に満ちている。ここに少し子どものことばを取り上げてみよう。

Yちゃんのつぶやき（1994）―わらべうた講座からの帰り道
　「秋ってたのしいね。落ち葉が歌を歌っているみたいだ」
　「木さんは服を脱いで寒くないのかなあ！はだかじゃない！よっちゃんは服をいっぱい着るのに」

Aちゃんの替え歌（1996）
　「この世で一番好きなのは、わらべに行くこと、あそぶこと、ぐりぐら　ぐりぐら」
　（わらべとは、わらべうた講座のこと。講座でお母さん方にぐりとぐらの指人形を作っていただいた。その人形を手にはめて作った替え歌）

Hちゃん（1997）―母親にもうすぐ赤ちゃんが生れる頃
　「はるかも、もう一回お母さんのお腹の中に入りたい」
　「どうして？」
　「だって赤ちゃんと早くあそびたいもの」

Sちゃん（1998）―4ヵ月前に亡くなったおじいちゃんを思って
　「じいちゃん、お空から帰ってこないねえ」
　「しょうちゃんがたこに乗ってじいちゃんをおろしてくるよ」
　（わらべうた講座で♪たこたこあがれをうたって遊んだ）

Kちゃん（2006）―わらべうたの応用
　「♪さよならあんころもち　またきなこ　ネコさん　さあどうぞ」
　（ぞうさん、アリさん、いぬさんにも「さあどうぞ」と遊ぶ）

　母親の記録やアンケートに寄せられる子どものことばは、親子の対話の豊かさやたのしさを物語っている。わらべうたで遊ぶ「子どものコスモロジー」（終章参照）であろう。

＜供与者＞の反応

　私自身、わらべうたの＜供与者＞として、子どもや母親と共に歌い遊んでいると、子どもたちからあふれるような笑顔が返ってきて、子どもたちから、いのちのエネルギーを＜供与＞されているように感じる。そして、次第にわらべうたに溶け込んでいて、子どものように、いきいきとした元気が出てくるように思う。

　私ばかりでなく＜供与＞に関わる方々は、主に「エネルギーをもらえる」「子どもの素晴らしさに気づかされる」「自身の満足感」「人と人（親子）の結びつき」等、次のような反応を挙げている。

- 　講座のある日はなぜだかとても穏やかで広い心になれます。きっと今の世の中では味わえないなつかしい、ゆったりとしたリズムや心地よい日本語の響きに心から満足できるからでしょう。4年間関わっていますが、毎回感動でいっぱいです。子どもの1年の成長と感性の鋭さに感激し、目を見張るものがありました。（Kさん、1996「おもいでのしおり96」）

- 　わらべうたや絵本がお母さんとお子さんの心の結びつきをより深くより強くしていった様子を目のあたりに出来てとてもうれしく思った。最初、お母さんがとまどいを持って悩みを持っていたようですが、その変化は回を重ねてお母さん自身がわらべうたを楽しめる時期と一致していました。（Sさん、1996「おもいでのしおり96」）

- 　毎回、前にならんでわらべうたをうたい始めるときの瞬間が好きです。見上げる子どもたちのわくわくした顔！口元が一緒に動いている！体で拍子をとっている！…キラキラした瞳に出会うと、嬉しくて愛しくて、エネルギーをもらって始まります。また、わらべうたの包み込むやさしさが好きです。話すようにうたい、うたうように話す時、耳に心地良く、自然に皮膚の中に入ってくる感じがします。（Oさん、1997「おもいでのしおり97」）

- 　朝眠そうな顔の子、顔色のさえない子、どことなく落ち着きのなかった子がわらべうたや絵本で遊んだ後の顔つきの変化、身体全体で感じ、感じたことをそのまま表現できる子どものすばらしさ、わらべうたによってただただ、子どものすばらしさに感動した。（Kさん、1997「おもいでのしおり97」）

5 参加者のその後

(2007年10月の面接調査、アンケートによるもの)

　親子で参加した方々が、その後わらべうた＜供与＞からどのような影響を受けて、現時点でどう感じているかをアンケートや面談で伺った。ここでは5組の親子を体験年数や年齢等重ならないように選んで取り上げることにした。

わらべうた＜供与＞の影響(5人の事例)

　わらべうた＜供与＞の影響─「記憶に残っているか？」「特に印象に残っていることは？」「どんなわらべうたを覚えているか？」「どのような影響を受けているか？」の概略(表)と詳細は次のとおりである。

名前(年令)	記憶	特に印象に残っていること	覚えているわらべうた	影響について(現時点で、お母さんの見方も含む)
①Sさん(高3)	あり	大人も子どももみんなで遊んだ。大切にされていた。	♪すずめすずめほしや ♪おでんでんぐるま♪なべなべそこぬけ♪花いちもんめ♪ちゃつぼ	自分のなかのリズム。うたに合わせて体を動かすのが楽しい。話し方(滑舌)がよくなった。
②Mさん(中3)	あり	ハンカチでひよこのあそびをしたこと(♪にぎりぱっちり)。	♪さよならあんころもち ♪とうきょうとにほんばし	わらべうたを伝えたい。
③Hさん(中3)	あり	ぼんやりとした記憶 時々思い出す。	母が当時のわらべうたを歌うとすべて続きを歌うことが出来る。	歌(音楽)が好きで心地よい。読書への影響 図書館が落ち着く場所
④S君(兄)(中2) Yさん(妹)(小6)	あり あり	たのしかった。スタッフの人が優しかった。	♪さよならあんころもち 母が歌うとみんな覚えていることがわかる。	人との関わり、親子関係に影響 読書への影響
⑤T君(中1)	あり	門くぐりの遊び 友だちAくんのこと	♪どんどんばしわたれ	親との絆、ことばで解決する(ことばを大切にする)。

(2007年現在)

参加者の今日(○の数字は、表と対応)

　「親子でたのしむ絵本とわらべうた」に参加した親子の当時のこと、年代、今日の様子は、以下のとおり。

①　Sさん(高3)─1992〜1993年(当時3、4歳)「わらべうたと絵本をたのしむ」講座に

第4章　わらべうた〈供与〉の取り組み

　　　　　　2年間参加した。取り組みの最初の頃参加―
　　　　　　大学受験に備え将来の仕事を考えている。出来れば絵本やわらべ
　　　　　　うたの経験を生かしたい。
　　お母さん―わらべうた〈供与〉の「ずくぽんじょ」に参加していた―
　　　　　　読書ボランティアをしている。家庭では、子どもは大きくなったが、以前に
　　　　　　覚えたものを一緒にカノンでうたっている。図書館のおはなし会では必ず
　　　　　　わらべうたを歌っている。学校でおはなしを語る時にわらべうたを取り入
　　　　　　れて、手遊びなどで歌っている。
② 　Mさん（中学3年生）―1995年（当時3歳）「新郷絵本とわらべうた」の会に参加―
　　お母さん―現在「新郷絵本とわらべうたの会」、「そらいろのたね」グループでわらべうた〈
　　　　　　供与〉に取り組んでいる。
③ 　Hさん（中学3年生）―1995年～1996年（3、4歳）の2年間「親子でたのしむ絵本とわら
　　　　　　べうた」講座に参加―
　　お母さん―おはなしボランティアをしていて学校でおはなしを語っている。
④ 　Sくん（兄　中学2年生）―1996年～1997年（3、4歳）「親子でたのしむ絵本とわらべう
　　　　　　た」講座に参加―
　　Yさん（妹　小学6年生）―1996年～1997年（1、2歳はお兄さんに付いて）1998年～1
　　　　　　999年（3、4歳）「そらいろのたね」に参加―
　　お母さん―「てんとう虫おはなし会」の会員。小学校の図書室（司書）担当。図書館
　　　　　　や学校で絵本、おはなし、わらべうたを子どもたちに届けている。
⑤ 　Tくん（中学1年生）―1998年（3歳）「親子でたのしむ絵本とわらべうた」講座に参加―
　　お母さん―「てんとう虫おはなしの会」代表、「くまさんのへや」でわらべうたを担当してい
　　　　　　る。図書館、学校他でおはなし、絵本、わらべうたを子どもに手渡している。

特に印象に残っていること（覚えているわらべうたも含む）
① 　Sさん―大人も子どももみんなで遊んだこと。覚えているわらべうた―♪すずめすずめ
　　　　　　ほしいや♪おでんでんぐるまに♪なべなべそこぬけ♪はないちもんめ
　　　　　　♪ちゃちゃつぼ　その他知っているもの―　♪ずいずいずっころばし
　　　　　　♪たこたこあがれ♪あのねおしょさんがね♪あんたがたどこさ♪ねん
　　　　　　ねんねやま♪せんぞやまんぞ♪あめこんこんゆきこんこん♪いちばん
　　　　　　ぼしみつけた♪ひらいたひらいた♪あかとんぼあかとんぼ♪ゆうやけ
　　　　　　こやけあしたてんきになあれ♪おてぶしてぶし♪なかなかホイ♪でん
　　　　　　でらりゅうば♪もつれんなもつれんな♪てるてるぼうず♪たけのこめだ
　　　　　　した♪ずくぽんじょ♪はやしのなかから♪ひとつひよこが♪いちにのさ

　　　　　んものしいたけ　他。
② 　Mさん―ハンカチでひよこの遊びをしたこと―♪にぎりぱっちりたてよこひよこ。
　　　　　　覚えているわらべうた―♪さよならあんころもち　♪とうきょうとにほんばし
　　　　　私にとってわらべうたはとても心に残ることだったので、小さい子どもたちにも教えてあげたいなと思いました。
③ 　Hさん―ぼんやりとした記憶ですが、当時の絵本は今も手に取り、絵本を通して当時（3～4歳）のことを懐かしく思う。
　　　　　　覚えているわらべうた―母が歌えば「あーわかる」と続きを歌います。
　　　　　特に印象に残っているというのはありませんが、小さな妹や弟がいましたのでよくみんなで歌っていて、家には子ども時代わらべうたと絵本がありました。
④ 　Sくん―印象に残っているのは、講座の最後にしていた♪さよならあんころもちです。
　　　　　わらべうたは自分からでてこないけれど、母が歌うとみんな覚えていました。本を読んでもらってたのしかった。スタッフの人がやさしかった。お母さんと一緒に遊べてたのしかった。
⑤ 　Tくん―手で作った橋をくぐったこと♪どんどんばしわたれ。Aくんがいたこと。
　　　　　　覚えているわらべうた―♪さよならあんころもち

わらべうた＜供与＞の影響について

① 　Sさん―拍子とり。自分の中にリズムが入っている感じがする。滑舌がよくなった気がする。気分とうたが繋がっている感じがする。うたに合わせて身体を動かすのがたのしい。（本人の思い）「今、将来の仕事の希望にも（大学の選択にも）影響をうけている。幼い頃参加した感想は、いい思い出です。大人と触れ合う機会が出来て嬉しかったです。大切にされているような気がしました」。
　　お母さん―子どもといつまでもたのしめた。子どもが大きくなってからも一緒にたのしんだ。講座に参加して人生が変わった。おはなしや絵本にも関心を持ち現在まで続いていて、読書ボランティア活動をしている。わらべうた講座にもスタッフとして参加した。
② 　Mさん―本人の自覚はありませんが、月や星、花など自然のものに興味を深く持ち、季節感をたのしんでいることだと思います。Mがテレビでわらべうたの「♪おすわりやすいすどっせ」をみて、「小さい頃膝の上でトンと落とされるのがすごくたのしかった」と話してくれました。現在、高校受験を

前にテストの日々で気がめいりがちですが、母の膝で無心に遊んだ幼い日を思い出して、親子であたたかい気持ちになりました。わらべうたで遊んだぬくもりはしっかり残っているんだなと、とても嬉しく思いました。
(お母さんより2007・11・1面接)。

③ Hさん―本人の自覚は薄いようですが、合唱は大好きで、文化祭では、ピアノの伴奏をし、友だちと今も練習しています。歌は心地よいということが根底にあるのではないでしょうか。本をたくさんの場面で手にとり、内容を男女問わず友だちや先生たちと語り合っています。図書館や書店が落ち着く場所であることは、本人のもつ性格と講座がマッチしていたからと思います。今も国語が大得意です(お母さんより)。

お母さん―講座後も何かの折に心に止めていただき、交流させていただいていることが、子どもの前向きな成長に繋がっていることを確信しております。母自身も影響を受けてやっています。

④ Sくん―人との付き合いにいい影響があったと思う(本人)。「おだやかに育って親子関係が健全で親密なのは、わらべうた講座から受けたことのように思えます」(お母さんの思い)。

Yさん―わらべうたのその後―「小学校中学年になってもごろごろしている時間帯にわらべうたで遊んでいました。リズムが身体に染み込んでいるようです。本は常に手放さず読書が大好きです」(お母さんのアンケートより)。

⑤ Tくん―講座に参加しなかった兄に比べて表情がゆたかな子だと思います。3年生位までは、家の中で「♪あしあしあひる」で母親の足の上に乗って遊んで移動していて、わらべうたで上手に親に甘えていたような気がします。小さい頃は自分の思い通りにならないとかんしゃくをおこすことがありましたが、成長するにつれてことばで解決しようとする姿勢が少しずつ出てきました(お母さんのアンケートより)。

6 考察

　講座という方法で18年間、わらべうた＜供与＞に取り組んできた。このあゆみを辿って当初予想出来なかったことは、わらべうた＜供与＞の広がりである。1991〜1994年に親子で参加した方々が次々＜供与者＞になって引き継ぎ、その後も講座に参加した方の中に＜供与＞に関わる人が出てきて広がり、他の地域にもわらべうた＜供与＞が同じ方法で広がり、そこからまた広がるという具合であった[注1]。一つの取り組みがなぜこのように広がってきたのか、この間にどのような変化があったか、取り組みがどのような反応や影響をもたらして来たのかをここで見直して分析し、＜供与＞の可能性を考えてみたいと思う。

取り組みの検討

　「親子でたのしむ絵本とわらべうた」講座によるわらべうた＜供与＞の主な方法と特徴をまとめてみると下記のようになる。

 i) 　「大人→子ども」への＜供与＞だけでなく、同時に、「大人→大人」への＜供与＞も含まれている。
 ii) 　＜享受者＞(対象)の子どもは、2〜3歳(乳幼児)で、大人のわらべうた＜供与＞が必要な年令である。
 iii) 　わらべうたに絵本を加えて独自なプログラムを考えつつ取り組んでいる。
 iv) 　繰り返して、わらべうた＜供与＞をしている。講座(3〜15回)のあとに日常の＜供与＞の場に結びつけている。
 v) 　わらべうた＜供与＞に関わる人々が、心を込めた対応と取り組みをしている[注2]。

　これらの特徴は、取り組みの理念を実践してきことによるが、プログラムの丁寧な検討を重ね、きめ細かに行ってきたことが一人ひとりへの影響と変化をもたらしたと思う。また、＜供与＞の方法が、大人(親)が子どもとわらべうたを共有するための手助けになっていた。

(注1)　例えば、「親子でたのしむ絵本とわらべうた」を1995年に近隣の市で行うと(「浦和子どもの本連絡会」研修会)、会の中に広がり関心が深まり、＜供与＞に関わる人が育ち、2007年現在では、浦和市内の公民館、子育て支援センターほか24箇所の施設で行われているという。その＜供与＞方法は当初と変わっていない(『あしあと』No4活動記念誌2007:82〜128)。
(注2)　当初は、参加者の参加カード、おたより発行、わらべうた集や参加者の記録をいれた思い出の冊子等を作り、季節の花や木の実、絵本の用意等を準備して＜供与＞に役立てた。今日も出来る限りこのような準備を心掛けている。

わらべうた＜供与＞のためのプログラム（どのようなわらべうたをどのような方法で＜供与＞するか）は、今後もさらに子どもの視点にたって模索していく必要があると思う。

「親子でたのしむ絵本とわらべうた」講座によるわらべうた＜供与＞の取り組みがなぜ急増したのだろうか。この取り組みは、乳幼児対象であるが、親（大人）への＜供与＞でもある。この急増は大人への＜供与＞があったからとみて良いだろう。またこの＜供与＞方法が、図書館や子育て支援の場で参考になっていることも大きな要因とみられる。

今後、さらにわらべうた＜供与＞を継続するためには、子どもへの＜供与＞が家庭や私的自由空間でどのように影響を受けて広がっていくか、時間の経過の中で現れることを観ていく必要があるだろう。そのためには、＜供与者＞が、わらべうた体験を生かして、どのような子ども観を持って関わるかが重要だと思う[注3]。

変わること、変わらないこと

この取り組みの実践で明らかになったことは、今日の子どもの文化環境や子育てに[注4]急激な変化があっても「親子でたのしむ絵本とわらべうた」講座、参加者の反応は、あまり変わっていないということである。わらべうたによって見られる子どもの笑顔、母親たちの18年前と現在の感想がほとんど同じである。

主な反応は、親の場合は、「楽しい」、「やすらぐ」、「子育てにゆとりができた」、「子どもがかわいいと思える」、「家庭が明るくなった」、「親子の関係がよくなった」等であり、子どもの場合は、「親より先に覚えて歌っている」、「歌う、話すことが自然に増えている」、「家で兄弟に伝え一緒に遊ぶ」、「工夫してあそぶ」、「落ち着いてきた」等、親は自身の気持ちの変化に、子どもは自然に馴染んで主体的な遊びに、喜びを見つけているように思う。

しかし、＜供与＞の過程では、子どもは常に変化していることがわかる。講座1回目で反応が見られない子どもが、家に帰るとたのしそうに歌って遊んでいる報告（母親の記録より）や、母親の膝に乗るのを嫌がってほかの人のところにいく子どもも、講座の終りの頃にはたのしそうに親子で遊んでいる姿がみられる。講座参加の過程や自由空間の中で見せる子どもの様子は、一瞬一瞬、刻々と目に見えて変化し、自ら遊びを広げている。

では年月を経てからどのような影響があるのか、また何が記憶に残っているのかを5人の子どもと母親にアンケート等で質問した結果、次のようなことがわかった。

（注3）「親子でたのしむ絵本とわらべうた」講座を行った所を比較すると、長く続いている所とそうでない所の相違がこの子ども観にあると思われる。

（注4）講座参加者の親子の現象がまたこの数年変わってきた。たとえば2〜3歳でも紙おむつをしていて取らない。数年前は、休憩時間にお手洗いが混んだが、今は促しても行く必要がなくてお便所が空いている。言葉の未発達、多動等の現象が増えている。この講座では、特にこうした方々との対応に心を配っている。

3～4歳に体験した「親子でたのしむ絵本とわらべうた」講座のことは、全員が記憶している。その体験がどのように自分に影響しているかは、中学生までの4人にはわからないが、高校3年生のSさんは、自分ではっきりと分析出来ている。母親から見ると「人との関わり」、「読書、ことば」、「自分の世界を持つ」等大きな影響があったと報告された。私が当時の記録と照らし合わせると、例えば、Hさんは、当時、用心深くわらべうたの関わりも消極的だったが、現在、人とのコミュニケーション、読書、歌うことが大きな喜びになっている。わらべうたの影響がどう表されていくのか、今後も調べていきたいと思う。

　また、母親への影響で（まだ調査は不十分であるが）、一番多く見られるのは、読み聞かせボランティアとして各所で絵本やわらべうたを子どもに届ける活動を続けていることだろう。今回、アンケートに答えてくださった方々は、全員、「子どもの頃にもわらべうたを体験している」、「わらべうた＜供与＞によって深い影響をうけた」等それぞれの考え方を持っている。そして継続して、たのしんで子どもへのわらべうた＜供与＞に関わっていることがわかった。

わらべうた＜供与＞の可能性を考える

　子どもと一緒に「親子でたのしむ絵本とわらべうた」講座に参加した母親は、5人共講座終了後も引き続き家庭で子どもとわらべうたで遊んでいた。また、前記のとおり、この講座からの影響によって現在、学校や図書館でわらべうた＜供与＞を行っている。

　わらべうたの影響は、母親からみると、子どもの感覚に染み込んでいることである。影響は一人ひとり違うが、人との関わり（親子関係）、ことば（読書）、音楽（身体のリズム）、楽しい思い出が挙げられた。これらは、わらべうたの特質がそのまま影響しているとみて良いであろう。わらべうた＜供与＞は、確かに＜供与者＞にも大きな影響を残していた。

　この調査をして、5人の方々から、子どもの幼児期にわらべうたに出会えた喜びや当時の＜供与者＞への感謝の言葉を聞くことが出来た。特に心のこもった取り組みであったことが挙げられている。また、3人の方からは、子育て中にとても辛い思いをしていたが、講座に参加して救われたので[注5]、自分と同じように辛い思いを持っているお母さん方に「わらべうたで手助けしてあげたい」と言っている。現在いかにわらべうた＜供与＞が必要か、また＜供与＞のあり方が重要かを考えさせられた。調査に答えてくださった方々の言葉の中に、わらべうた＜供与＞の可能性が示されていると思う。そして、さらに付け加えると

（注5）「子どもが生れた頃、家庭の事情で辛いことがあって、行き場所のないとき、図書館で「親子でたのしむわらべうた」に出会った。子どもにも笑顔が見られ、自分も暖かい雰囲気にほっと息をつくことが出来て、救われた思いがした」、「わが子が周りの子どもに比較して発達が遅れているように思えていらいらしていたが、わらべうた講座に参加して、比較する必要もないこと、子どもも自分もわらべうたによってたのしく子育ての時期を過ごせた」等。

すれば、子どもの世界、コスモロジーとの関わりを見ていく必要性があるだろう。

取り組みからの示唆

すでに調査や取り組みの分析をしているので、ここでは前記と重なることもあるが、今後のわらべうた＜供与＞に対して示唆すべき点を取り上げて考えてみよう。

(1) わらべうたは生き続ける

わらべうた＜供与＞が、＜享受者＞である子どもからその周囲の子ども（あるいは大人）に継承された。＜享受者＞が＜供与者＞になっているのは、子どもばかりでなく大人もその可能性を持っていて、＜供与＞の広がりをみることができた。今日、子どもの頃遊んで楽しんだ体験のある大人がいることで、わらべうたは消滅していない。消滅したように見えても地下に根がある限り植物が芽を出すように、生き続ける可能性をもっている。

(2) 遊び空間を持つことの大切さ

子どもがいきいきして、笑顔で成長出来る姿が見られた。子どもの遊び空間が狭くなっている今日、わらべうたは目に見えない形であるが私的空間としての文化環境を広げている。大人にも心のゆとりをもたらすことが出来て、今日、子どもを育てる環境に役立ち、大人が子ども＜宇宙＞に近づき、これを理解する手助けになっている。

(3) 日常の継続性が重要

わらべうた＜供与＞は特別なものでなく、日常において継続され、繰り返しながらいろいろな可能性を生み出している。取り組みを通して日常生活の中にわらべうたが存在することの重要性を子どもも大人も実証している。

(4) 子どもに必要なことば、遊び、歌

わらべうた＜供与＞によることば、遊び、歌は、特に幼い頃の子どもの心身の健康にとって、なくてはならないものであることを子ども自身が伝えている。

終章

わらべうた＜供与＞の可能性

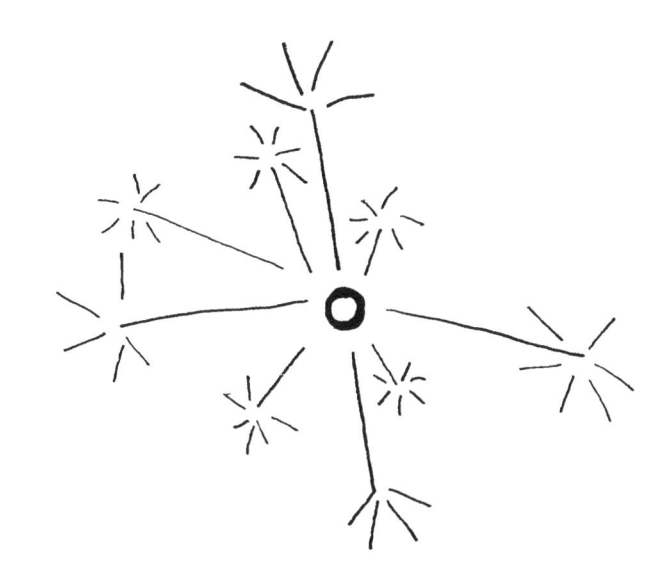

「どうしていつも」

太　陽
月
星

そして

雨
風
虹
やまびこ

ああ　一ばん　ふるいものばかりが
どうして　いつも　こんなに
一ばん　あたらしいのだろう
（まど・みちお作）

1 前章までのまとめ

　今日わらべうたが衰退したと言われる一方で、わらべうたを取り扱う子どもの文化環境に大人の関心が高まってきた。そこで本書では、子どもの文化とは、子ども自身の文化（子どもが創る文化）と、大人＜供与＞の文化（大人が子どもに与える文化）に二分されるという学説（藤本浩之輔2001:30）を基にして、わらべうたとは何かを考えてみた。その際、わらべうたとは、「伝承されてきた子どものあそびうた。子どもが自ら歌うものと歌って（遊んで）もらうものを含むもの」と定義づけ、伝承の主体であるわらべうた＜供与＞に視点を向けて、わらべうたの歴史を辿って考えてみた。歴史の中で大人＜供与＞と子ども自身の文化に二分できない共有文化があることに気づかされた(注1)。これをわらべうた＜供与＞に関わる「子ども周辺の文化環境」と名づけることにして、本書で取り上げた主な事例を分類してみると次のとおりである。

　数字はわらべうたの歴史の時代区分と対応しており、1（原始〜古代）、2（中世）、3（近世）、4（明治期）、5（大正〜終戦）、6（戦後〜今日まで）とし、現在を7とした。

| わらべうたにみる子どもの文化環境 |||| |
| 子どもの文化—わらべうた＜供与＞— |||| |
子ども自身の文化	子ども周辺の文化環境（共有文化） ←（子ども）　　　　　　　　　（大人）→			大人＜供与＞の文化
1「降れ降れこ雪」 3「子とろ子とろ」「中の中の小坊主」 6小泉文夫編『わらべうたの研究』の集成、分類	3飴売りの唄「とのさ節」 3ジャンケン遊び 3良寛による「手毬うた」 7図書館おはなし会「くまさんのへや」	2地蔵和讃 3釈行智の『童謡集』 7講座「親子でたのしむ絵本とわらべうた」	1童謡(わざうた) 3瞽女の唄 3拳遊び 7DVD『012歳のふれあいうたあそびうた』	2聖徳太子の子守唄 2恵心僧都「比比丘女(ヒヒクメ)」 4縄飛び（教科書） 6町田・浅野編『わらべうた』採譜による集成 7コダーイ・システムによる幼児教育のわらべうた 7わらべうた絵本『あんたがたどこさ』他

（注1）　鵜野祐介『生き生きごんぼ』(2000)によると、子ども期の民俗文化は、三つに分かれる。この分け方は、第1に「子ども自身の民俗文化」、第2に「子どものための民俗文化」、第3に「子どもをとりまく民俗文化」である（鵜野(2000:15)）。

終章　わらべうた＜供与＞の可能性

　わらべうたの起源は、人類の歴史の起源まで遡れるのかもしれないが、ここでは記録されている資料によって、わらべうたの歴史をたどり、わらべうた＜供与＞（文化の主体）を探ってみた。想像していた以上に大人による＜供与＞が多かった。いくつかの例を挙げると、子どもたちは、僧侶、行商人、旅芸人等によるわらべうた＜供与＞を周囲の文化環境として取り込んで、また大人の遊び（蹴鞠、拳遊び、文字絵等）から子ども自身の遊び（鞠つきうた、ジャンケンうた、絵描きうた等）を創り伝えてきた。子ども観に変化の見られる明治時代、大人によってわらべうたが排除されていたかに見える時期にも、学校の教科で習った縄とびや縄とびうたを子どもの文化として広げ伝えた。こうした子ども自身の文化を減少させてきたのも大人の文化の急激な変化であった。

　わらべうた＜供与＞の今日的状況をみると、子どもによる＜供与＞は途絶えているかにみられるが、一方では、大人によるわらべうた＜供与＞が増えてきている。公共施設等で親子へのわらべうた＜供与＞の取り組みを続けてきた私（周辺）の実践では、わらべうた＜享受者＞（大人、子ども共に）が、＜供与者＞になって、また新たな動きが始まっている。大人＜供与＞のわらべうたは、この図式のように、子ども・大人へ、そして子どもへと継承されて、わらべうた＜供与＞の広がりを見ることができた。

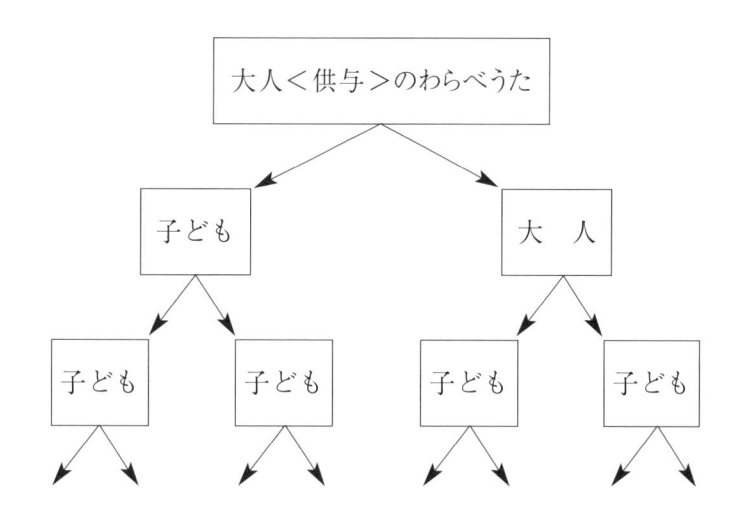

```
          大人＜供与＞のわらべうた
           ↙           ↘
        子ども           大　人
        ↙   ↘          ↙    ↘
     子ども  子ども    子ども  子ども
      ↙↘    ↙↘       ↙↘    ↙↘
```

　子どもばかりでなく、大人も子どもとわらべうたを共有することで心のゆとりを持ち、それが生きるエネルギーになっている様子が伺える。

　今日、大人へのわらべうた＜供与＞は、講座、研修等でなされているが、そこへ参加して主体的にわらべうた＜供与＞をしようとする人は、これまでのアンケートによると、ほとんど子どもの頃にわらべうた体験がある。この実態をみると眠っていたわらべうたが目覚めてきたかのように思われる。また、わらべうたを体験して育った子ども（18年間の取り組みから）の成長の様子をアンケートや聞き取りで調べてみると、わらべうたの特性であることば（母語）

の豊かさ、人間関係（コミュニケーション）、音楽（リズム）が表出している。その他、次に取り上げるコスモロジーの世界も含め、わらべうたが子どもの成長に多くの影響を与えていると思える。まだきちんとした形で論証するには至らないが、今後も継続して＜供与＞しつつ、観ていく必要があるだろう。

2 子どものコスモロジーに基づく理念の再考

子どものコスモロジーへのまなざし

　息子が2～3歳の頃、道端の土手にちいさな穴をみつけて、動こうとしなかった。何がみえるのだろうと私も暗い小さな穴を覗き込んだが、何も見えなかった。そこを通るたびに座り込む。まるで宇宙の果てまで覗いているかのように、1時間以上も凝視していた。子育ての時期に、大人になって失った世界と子どもだけにみえる世界があることを子どもから教えられたものだ。

　本書（第4章）の「参加者の反応」に次のような子どものことばを載せた。（3歳のHちゃんとお母さんの会話。お母さんにもうすぐ赤ちゃんが生まれてくる頃）

「はるかも、もう一度、お母さんのお腹にはいりたい」
「どうして？」
「だって赤ちゃんと早くあそびたいもの」

　これも、子ども自身が持っている子どもの＜宇宙＞であり、もう一つの世界に自由に行き来できる子ども独自の世界だろう。主体的な遊びの中に、子ども独自のコスモロジーがみられる。
　Sちゃんは、「たこたこあがれ」をうたって遊んだ時、亡くなったおじいちゃんを思って

「じいちゃん、お空から帰ってこないねえ」
「しょうちゃんがたこに乗ってじいちゃんをおろしてくるよ」

とつぶやいている。わらべうたが、子どものコスモロジーを表出させている。

コスモロジーとは何か

　このコスモロジーとは何か。直訳すれば、宇宙論となるが、自然科学での宇宙の論ではない。コスモロジーの定義は、明確ではない。ともすると今日、情緒的、感覚的にコスモ

終章　わらべうた＜供与＞の可能性

ロジーということばが使われていると思う。では、どのように論じられているのだろうか？幸い、『伝承児童文学と子どものコスモロジー』(鵜野2009)に「コスモロジー」(注1)及び「子どものコスモロジー」論が紹介されていて、その諸相が詳しく論じられている。まず、コスモロジーのコスモスとは、何か。

> 坂本賢三によれば、「コスモス」とは元来「美しく配置された秩序」を意味するギリシア語であり、その語源は「樹木に葉が生い茂ること」を意味するイオニア方言の「コメオー」と推定されると言う。
> このように元来は「秩序」を意味していたこの語を「宇宙」をさすのに用いたのはピュタゴラスである。彼は宇宙のなかに調和と均斉の美をみいだし「コスモス」とよんだ。解剖学者アルクマイオンは、人体のなかに宇宙と同じ関係を見出して、調和を保っている状態を健康と考えた(鵜野2009:3)。

では、コスモロジーとは何か。

> 秩序を原義とする「コスモス」の探求、すなわち対象をそれ自体完結し独立した秩序(体系、構造、意味)をもつ総体としての＜小宇宙＞であると同時に、より大きな全体(＝＜大宇宙＞)やほかの＜小宇宙＞と緊密に結びつき影響し合う存在として見なそうとする、ひとつの視角あるいは発想法である。そして人間の精神世界が考察対象となる場合、とくに宇宙のなかでの人間の定位、つまり「人はどこから来て、今どこにいて、これから＜死んだ後＞どこへ行くのか」を問うことが焦点となる(鵜野2009:5)。

そして、「子どものコスモロジー」の全体像は、「子どもの内なるコスモス」論(子ども自身の宇宙観)と、「コスモスの内なる子ども」論(宇宙的視座からの子ども観)の二つの問いが密接にむすびつき、「子ども期の文化のコスモロジー」である「子ども期の文化の宇宙論的解釈」(子ども自身の文化・子どものための文化・子ども関与の文化の三領域を包括している)に加え「哲学的宇宙論」が影響し合って示されている(鵜野2009:28)。

これらに基づいて、本書のわらべうた＜供与＞を再考すると、子どもが伝達、創造の主体となる子ども＜供与＞のわらべうた(子ども自身の文化)は、「子ども期の文化のコスモロジー」として捉えることができる。そこには、子ども自身の＜宇宙＞認識のありようとしての「コスモスの内なる子ども」が投影されていて、「子どもの内なるコスモス」が表出されて

(注1)　「今日その定義は明確に示されないまま情緒的・感覚的に用いられている場合もしばしば散見される」とし、主に坂本賢三「コスモロジー再考」『新岩波講座哲学5　自然とコスモス』(岩波書店1985)の言説を分析し再構成している。

いる。言い換えれば「わらべうたのコスモロジー」が、子ども自身の内に存在しているといえるであろう。

しかし、今日的なわらべうた＜供与＞は、大方、大人＜供与＞の文化、また歴史を包括して見えてきた子どもと大人の共有文化（子ども周辺の文化環境）である。そこには、子どものコスモロジーは、もはや存続していないのだろうか？

大人＜供与＞と共有文化のコスモロジー

子どもたちのために大人がつくってきた文化である子守唄等について、鵜野は、子どもの心の中に広がる宇宙としての「コスモロジー」を直接投影したものとはいえないが、祈り、語らい、繋がり合い、そしてふたたび一人ぼっち（ふたりぼっち）をつぶやき歌う子守唄の世界は、子ども＜宇宙＞と響き合い、子守唄＜宇宙＞として展開していくことを示している(鵜野1996:52、87)。

わらべうたの歴史を振り返ると、大人が意図的に伝達しているとは思えない、子どもの周りにあって大人と子どもが共有している「子ども周辺の文化」の＜供与＞が、随所に見られる。例えば、地蔵和讃(第2章2)は、大人と子どもに共有される中で、子どものコスモロジーと響き合って、子どもに歌われ、遊ばれ、創造されながら変容しつつ継承されてきた。相互の作用によって「わらべうたのコスモロジー」が生まれ、その特質には、音楽や遊びの秩序があり、調和がある。コスモスの語源―樹木に葉が生い茂る―のように人を茂らせ、小さな宇宙のような空間を作ってきた。

本書でのわらべうた＜供与＞の取り組み(第4章)は、大人（母親）と子どもが共に体験するわらべうた＜供与＞であった。そこでは、私自身も含めて、大人にも内在する子どものコスモロジーに近づいた人が多かった。それは、そばにいた「子どもの内なるコスモス」が大人に響き、大人も「コスモスの内なる子ども」に近づき、わらべうた＜宇宙＞に溶け合う体験をしたからだと思う。矢野智司はこうした体験を「溶解体験」として次のように説明している。

> 我を忘れて夢中で遊んだり、美しい音楽に心を奪われたとき、あるいは時間を忘れて森を散策したりしたとき、いつのまにか私と私を取り囲む世界との間の境界が消えていくといった体験をしたことがないだろうか。このように自己と世界とを隔てる境界がいつのまにか溶解してしまう。このような体験を溶解体験とよぶことにしよう。
>
> この自己と世界との境界に溶解が生じるとき、私たちは、自己と世界とを、日常で経験する以上にリアルで、奥行きをもったものとして体験する。私たちは生命の充溢感を体験しているのだといえる。(矢野2006:120)

大人もまた、わらべうたの「溶解体験」によって、自己の内に潜んでいた「子どものコスモロジー」に近づいた。子どもは、この「溶解体験」をいとも簡単に行い、「もう一つの世界」に入って子ども自身の文化の中に身を置くことで生命の充溢感を味わう。しかし、そうした子ども自身の文化がなければ、藤本が述べているとおり「水分が枯渇して、うるおいがなくなってしまう」であろう(本書8頁参照)。

　大人、又は共有文化のわらべうた＜供与＞を通して、子どものいきいきした笑顔に接することができたのは(第4章4)、関わった大人自身も含めて、「わらべうたのコスモロジー」に溶け合うことが出来たからだろう。そして、子ども自身の文化が、また新たに芽生えたからであろう。今日のわらべうた＜供与＞は、「わらべうたのコスモロジー」と「子どものコスモロジー」を再び繋ぐ、架け橋になっているのかもしれない。

　こうした文化環境は、今日、大人が奪っている子どもの遊び空間を広げる可能性があるのではないだろうか。わらべうた＜供与＞の可能性は、子どもたち自身がこれから示してくれるだろう。わらべうたが子ども自身の文化であるためには、大人のわらべうた＜供与者＞が、「子どものコスモロジー」を根底に置き、これに照らし合わせて進めていく必要があると思う。そのために欠かせない条件がある。それは、肉声により、一人ひとりの子どもと向き合うことだ。肉声に宿る生気や霊性、五感の働きを大切にしていくこと、言いかえれば、子どものコスモロジーに対する畏敬のまなざしを保ち続けることだろうと思う。これからも、子どものいのちがいきいきして、生きる力になるようなわらべうた＜供与＞の環境を考えていかなければならない。

3　今後の課題

　いつの世も子どもたちのみずみずしいいのちの繋がりがあるようにと願って、これからも臆することなく望ましい文化環境として、わらべうたを＜供与＞していこう。これがわらべうたの歴史やわらべうた＜供与＞の調査や取り組みから得た結論である。

　歴史が物語っているように、＜供与＞されたわらべうたを継承し、心(あるいはコスモロジー)やあそび空間を創造していくのは、これを＜享受＞する子どもである。大人が＜供与＞したわらべうたは、子どもの世界で自由でなければならない。今日、大人がわらべうた＜供与＞に関わる中で一番留意したい課題であろう。遊ぶこと、歌うこと、自然と向き合い、人と関わって生活し繋がっていくことが、子どもたちの生きるエネルギーになることを、わらべうたによって、伺い知ることができた。子どもが生きにくい今日の生活環境であるが、わらべうたは、まだ、もうひとつの環境(私的空間、コスモロジー)を広げる可能性をもっている。子どもがいきいきしている社会であるためにも、日常のささやかなひとときで良いからリズム

のよい肉声が響き、子どもがみずから遊ぶわらべうたを＜供与＞し、共有していくことを提言したいと思う。そのためには、次の課題を検討していく必要があるだろう。

（1）今後に向けて考えていきたい課題
　（これは、調査に答えてくださった方々の意見も検討したうえで取り入れている。）
① 　子どもの視点に立ったわらべうた＜供与＞の環境の確保
② 　わらべうた＜供与＞に関わる人の意識
③ 　わらべうたの本質、特質を踏まえた方法論
④ 　わらべうた集成から＜供与＞につなげるため、わらべうたの選択、分類の検討
⑤ 　画一化への配慮、地域性の見直し
⑥ 　日常化された継続性のあるわらべうた＜供与＞

（2）私の提言
　時や場に応じたさまざまなわらべうた＜供与＞があってよいだろうが、本書で導き出された＜供与＞は、継続性のある日常化である。具体的には、家庭への身近な取り組みとして、保健所、病院、地方行政（生涯教育、図書館等）の乳幼児へのサービス、子育て支援、ブックスタート等にわらべうたが組み入れられることである。これまでの取り組みをみると単発的なものが多いが、継続性をもって長い経過を見る必要があると思う。
　保健師、医師、保育士、教師、子育て支援グループ、ボランティア関係者へのわらべうた＜供与＞が、家庭でのそれに繋がるであろう。
　子どもは日々成長する。学校教育の場でもかつて、子どもたちによって成されてきたように遊びの空間を広げられないものだろうか。

　わらべうた＜供与＞は、次の生命のはじまりであろう。『せいめいのれきし』（バージニア・リ・バートン文・え　石井桃子やく1964）にある次の一文で本書を締めくくりたい。

　　　　　さあ、このあとは　あなたがたの
　　　おはなしです。その主人公は、あなたがたです。
　　ぶたいのよういは、できました。時は、いま。場所は、あなたのいるところ。
　　いますぎていく一秒一秒が、はてしない時のくさりの、新しいわです。
　　いきものの演ずる劇は、たえることなくつづき　―　いつも新しく、
　　　　いつもうつりかわって、わたしたちをおどろかせます。
　　　　　　　　　（バートン1964:76）

【文献リスト】

愛知学泉大学生活文化研究所 1979『三河地方のわらべ歌』愛知学泉大学
吾郷寅之進・真鍋昌弘 1976『わらべうた』桜楓社
浅野建二他監修 1979〜1992『日本のわらべ歌全集』柳原書店
東洋・小澤俊夫・宮下孝広編 1996『児童文化入門』岩波書店
阿部ヤヱ 1998『人を育てる唄―遠野のわらべ唄の語り伝え―』エイデル研究所
　　同　　　2000『呼びかけの唄―遠野のわらべ唄の語り伝え2―』エイデル研究所
　　同　　　2003『知恵を育てる唄―遠野のわらべ唄の語り伝え3―』エイデル研究所
アリエス、フィリップ（杉山光信・杉山恵美子訳）1980『子どもの誕生』みすず書房
飯島吉晴 1991『子供の民俗学』新曜社
池田昭 1993『民俗に観る子どもの諸相』近代文芸社
伊丹政太郎 1992『遠野のわらべ唄―聞き書き　菊池カメの伝えたこと―』岩波書店
岩井宏寛 2002『旅の民俗誌』河出書房新社
岩井正浩 1987『わらべうた　その伝承と創造』音楽之友社
　　同　　　2008『わらべうた・遊びの魅力』第一書房
岩田慶治編著 1985『子ども文化の原像―文化人類学的視点から―』日本放送出版協会
鵜野祐介 1995「オーピー夫妻における「子どもの人間学」」『鳥取女子大学研究紀要30号』
　　同　　　1996「スコットランド伝承子守唄における妖精のイメージをめぐって」『梅花女子大学文学部紀要第33号』
　　同　　　1997「流転する子守唄―歴史の記憶装置として」『梅花女子大学文学部紀要第34号』
　　同　　　1998「「子どものコスモロジー」の理論」『子ども社会研究4号』
　　同　　　2000「伝承子守唄の継承と再生に向けて」『梅花女子大学文学部紀要第37号』
　　同　　　2000『生き生きごんぼ　わらべうたの教育人類学』久山社
　　同　　　2000「山村の子どものコスモロジー」松澤員子編著『講座人間と環境　第7巻　子どもの成長と環境―遊びから学ぶ』昭和堂
　　同　　　2004「「食童子生肝」譚考―伝承児童文学研究序説―」『梅花児童文学第12号』
　　同　　　2005「「魂呼ばい唄」としての子守唄考」『梅花女子大学文化表現学部紀要第2号』
　　同　　　2009『伝承児童文学と子どものコスモロジー　＜あわい＞との出会いと別れ』昭和堂
　　同　　　2009『子守唄の原像』久山社
太田才次郎編 1968『日本童遊戯集』平凡社
大塚民俗学会 1972『日本民俗事典』弘文堂
落合美知子 1992『いい家庭にはものがたりが生れる』エイデル研究所
小野恭靖 2007『子ども歌を学ぶ人のために』世界思想社
尾原昭夫編著 1972『日本のわらべうた室内遊戯歌編』社会思想社
　　同　　　　1975『日本のわらべうた戸外遊戯歌編』社会思想社
尾原昭夫 1991『近世童謡童遊集』柳原書店
尾原昭夫編著　2009『日本のわらべうた歳事・季節歌編』文元社
　　同　　　2009『日本のわらべうた　戸外遊戯歌編』文元社
　　同　　　2009『日本のわらべうた　室内遊戯歌編』文元社
カーソン・レイチェル（上遠恵子訳）1991『センス・オブ・ワンダー』佑学社
筧美智子 1977『子どもの発達と音楽』音楽之友社

加古里子2006『伝承遊び考1「絵かき遊び考」』小峰書店
鎌谷静夫2001『尋常小学読本唱歌編纂秘史』文芸社
上笙一郎1972『日本のわらべ唄』三省堂
　　同　　1976『日本の児童文化』国土社
　　同　　1980『児童文学の散歩道』理論社
　　同　　1989『児童文学史の開拓』小峰書店
上笙一郎編 2005『日本童謡事典』東京堂出版
河合隼雄・阪田寛夫他著 2002『声の力　歌・語り・子ども』岩波書店
川原井泰江 2003『守り子と女たちのこもりうた』ショパン
喜田川守貞（朝倉晴彦編）1988 合本自筆影印『守貞浪漫稿』東京堂出版
北原白秋 1973『童謡論―緑の触覚抄―』財団法人日本青少年文化センター
北原白秋編 1947『日本伝承童謡集成』第1巻子守唄篇 国民図書刊行会
　　同　　　1949　『同』　第2巻天体気象・動植物唄篇　　同
　　同　　　1950　『同』　第6巻歳事唄・雑謡篇　　　　　同
　　同　　　1974～1976『日本伝承童謡集成』第1～6巻 三省堂
紀野一義1987「地蔵菩薩―大地の愛」『信ずる心5巻』集英社
木村重利1985『わらべ唄の成長―越後のわらべ唄一題―』桜楓社
金田一春彦著 1995『童謡・唱歌の世界』教育出版
『げ・ん・き』編集部 2001『生きる力を育むわらべうた』エイデル研究所
小泉文夫 1986『子どもの遊びと歌―わらべうたは生きている』草思社
　　同　　1969『わらべうたの研究　研究編・楽譜編』わらべうたの研究刊行会
　　同　　1994『音楽の根源にあるもの』平凡社
小島美子 1997『音楽からみた日本人』日本放送出版協会
瞽女文化を顕彰する会 2003『瞽女　小林ハル―103歳の記録』新潟日報事業社
コダーイ芸術教育研究所 1985『新訂わらべうたであそぼう』明治図書
　　　　　　　『乳幼児のあそび、うた、ごろあわせ』『年少編』『年中編』『年長編』
コダーイ芸術教育研究所編 1984『わらべうたと保育』筒井書房
コダーイ芸術教育研究所著 2008『わらべうた　わたしたちの音楽―保育園・幼稚園の実践』明治図
　　書
笹間義彦 2005『日本子どものあそび大図鑑』遊子館
山東京伝 1815『骨董集』（『日本随筆大成』所収）
児童図書館研究会編 2004『児童図書館のあゆみ―児童図書館研究会50年史』教育資料出版
須藤豊彦編1985『日本歌謡辞典』桜楓社
関口安義編2008『アプローチ児童文学』翰林書房
瀬田貞二1980『幼い子の文学』中央公論社
　　同　　1982『落穂ひろい』上巻・下巻　福音館書店
　　同　　2009『児童文学論』上巻・下巻　福音館書店
仙田満1992『子どもとあそび―環境建築家の眼―』岩波新書
高橋庄次1997『手毬つく良寛』春秋社
谷悦子2007『阪田寛夫の世界』和泉書院
東郷豊治1970／1973『良寛』東京創元社
中村紀久二監修1991『文部省学習指導書』14・15・16巻 大空社

永田栄一1976『にほんの絵かきうた』音楽之友社
　　同　　　1982『遊びとわらべうた－子どもの文化の見直し－』青木書店
名古屋市逢左文庫編1982「尾張童遊集」『名古屋叢書三編第八巻』名古屋市教育委員会
西角井正大1990「民俗芸能（一）」『日本音楽叢書七』音楽之友社
西舘好子2004『「子守唄」の謎』祥伝社
萩原元昭1998『幼児教育の社会学』放送大学教育振興会
畑中圭一2002『街角の子ども文化』久山社
羽仁協子1993『子どもと音楽』雲母書房
平野敬一1972／1993『マザー・グースの唄』中央公論社
廣島高師附属小学校音楽研究部編1978『日本童謡民謡曲集』柳原書店
福田アジオ他編2000『日本民俗大辞典（下）』吉川弘文館
福田アジオ・神田より子他編2006『精選日本民俗事典』吉川弘文館
藤沢衛彦1971「子ども歳時記　年中行事」『図説日本民俗学全集　第4巻』高橋書店
藤田恵一1992『子育てにわらべうたを』エイデル研究所
藤野紀男1987『マザーグース案内』大修館書店
　　同　　　2007『図説　マザーグース』河出書房新社
藤本浩之輔1974『子どもの遊び空間』日本放送出版協会
　　同　　　1986『聞き書き　明治の子ども　遊びと暮らし』本邦書籍
　　同　　　1994『野外あそび事典』くもん出版
　　同　　　1996『子どものコスモロジー　教育人類学と子ども文化』人文書院
　　同　　　2001『遊び文化の探求』久山社
　　同　　　2001『子どもの育ちを考える』久山社
堀内敬三・井上武士1991『日本唱歌集』岩波書店
本城屋勝1982『わらべうた研究ノート』無明舎出版
　　同　　　2006『増補　わらべうた文献総覧解題』無明舎出版
本田和子2001『子どもと若者の文化』放送大学教育振興会
町田嘉章・浅野建二編1962『わらべうた－日本の伝承童謡－』岩波文庫
松澤員子編 2000『講座人間と環境7 子どもの成長と環境』昭和堂
右田伊佐雄 1991『子守と子守歌』東方出版
　　同　　　1992『手まりと手まり歌―その民俗・音楽』東方出版
宮下規子編 2004『日本の童謡』（国文学2月臨時増刊号）学燈社
宮本常一 1984／1991『家郷の訓』岩波文庫
　　同　　　1984『忘れられた日本人』岩波文庫
宮本みち子2006『人口減少社会の生活像』放送大学教育振興会
民俗学研究所編 1951／1985『民俗学辞典』東京堂出版
森山茂樹・中江和江 2002『日本子ども史』平凡社
文部省1969／1975『小学校指導書音楽編』教育芸術社
柳田国男 1969／1982『定本柳田国男集』17 筑摩書房
　　同　　　1990『こども風土記』ちくま文庫
矢野智司 2006『意味が躍動する生とは何か－遊ぶ子どもの人間学』世織書房
山住正己 1994『子どもの歌を語る－唱歌と童謡－』岩波書店
横田憲一郎 2002『教科書から消えた唱歌・童謡』産経新聞社
与田準一編 1957／2005『日本童謡集』岩波書店

資料編

親子でたのしむ絵本とわらべうた

　わらべうた＜供与＞の取り組み（第4章）「親子でたのしむ絵本とわらべうた」で実践されてきたわらべうた―図書館他の施設、乳幼児の親子や乳幼児保育関係と共通しているわらべうた100編―を選んでみた。
　まずは、目の前の子どもに肉声の心地よい母語が響くように願って、採譜付きで紹介している。これまで、どのように＜供与＞されてきたかがわかるように、記載されている参考文献をあげてみた。ひとつひとつのわらべうたの背景が想像出来るであろう。
　＜供与＞の方法が変化してきた今日の状況の中で、歴史から示唆されている＜供与＞方法を充分考慮したいと思いつつ、実践の一例も掲載した。絵本と共に、子どもが初めて出会うわらべうたが、たのしく＜供与＞されて、次のいのちにつながっていけますように。

1 わらべうた選集

　親子でたのしむわらべうたの中から、図書館、保育施設、子育て支援、家庭等でたのしまれているわらべうた(子守唄を含む)から、筆者による100選を次のとおり、表・楽譜にした。(今日＜供与＞されているわらべうたの背景や遊び方、歌詞の変化を知ることができるように記している。)

　わらべうたの一覧表は、次の参考文献に掲載されている[注1]。表にはNo.のみ記載した。

参考文献
　(わらべうた集成の初期から今日までが把握出来るように文献を選んだ。採譜が掲載されている文献は ＊、遊び方が掲載されているのは ☆、歴史的背景、解説のある文献は ◎の印を付けている。)

〈戦前期まで〉
① 『近世童謡童遊集』(1991尾原昭夫)◎
　―江戸期を中心とした文献から、出典資料82種111点、わらべうたは1300編余り、近世のものがほぼ視界に入っている。
② 『日本伝承童謡集成1～6』(1947～北原白秋)
　―室町～明治末期が中心。わらべうたは、各巻平均3500編
③ 『日本童謡民謡曲集』『続日本童謡民謡曲集』(1933～広島高師付属小学校音楽研究部)＊
　―昭和8年発行、採譜による全国のわらべうた集成。わらべうた187編、(続)197編

〈戦後～今日〉
1　『わらべうた―日本の伝承童謡』(1962町田嘉章・浅野建二編)＊◎
2　『わらべうたの研究　楽譜編』(1969小泉文夫)＊◎
3　(内)『日本のわらべうた室内遊戯歌編』(1972／2009尾原昭夫)＊☆◎
　　(外)『日本のわらべうた戸外遊戯歌編』(1975／2009尾原昭夫)＊☆◎
4　(1～27)『日本わらべ歌全集』1～27巻39冊(1979～1992浅野他監修)＊◎
5　(乳)・(少)・(中)・(長)
　　『わらべうたであそぼう』(1970／1985)乳幼児、年少、年中、年長＊☆
6　『にほんのわらべうた』1～4(2001福音館書店、近藤信子)＊☆◎
D　(DVD)『0・1・2歳のふれあいうたあそびうた』(2007エイデル研究所)＊☆

(注1)　文献の中で、歌詞がわずかに変化しているものは、同じわらべうたとみなして、掲載している。

資料編　親子で楽しむ絵本とわらべうた

＜親子でたのしむわらべうた100選一覧表＞（あいうえお順）

わらべうたの遊び方、その背景等は、表の参考文献（№①～③、1～6、D）を参照されたい。

No.	わらべうた	参　考　文　献	
1	あがりめさがりめ	①・②	2・3（内）・4（1～9・11・14～23）・6・D
2	あしあしあひる	①	5（乳）・D
3	あしたてんきに	②	2・4（1・7・9・10・16・23）・6
4	あずきっちょまめっちょ	②	6・D
5	あめこんこん	②	1・4（4）・6
6	あんこじょーじょー		5（乳）・D
7	あんたがたどこさ	②	1・2・3（内）・4（1・3～10・14・17～19・21～23・25・26）・6
8	あんよはじょうず	①・②	3（内）・4（7・8）
9	いたちごっこ	①・②	3（内）・4（7）
10	いちじく　にんじん	①・②・③	1・2・3（外）・4（5～11・13～16・19～24）・5（乳）
11	いちにのさんものしいたけ		5（乳、長）・6
12	いちめどー		5（乳）・D
13	いちり　にり　さんり	①	5（乳）・D
14	いっちく　たっちく	②	3（内）・4（22）・5（乳、中、長）・6
15	いない　いない　ばぁ	①	3（内）・D
16	いまないたからす	①・②	2・4（3・6・4・19・24・25）・5（乳、少）・D
17	いもむし　ごろごろ	①・②	2・3（外）・4（5～7・11・12・17）・5（長）・6・D
18	うえからしたから	②	5（乳、少）・6・D
19	うさぎうさぎ	①・②・③	1・4（1・6・7・9）
20	うちのうらのくろねこは	②	1・2・4（4・10・18）・5（少）
21	うまはとしとし		3（外）・4（12・24）・5（乳）・6・D
22	えんやらもものき	③	1・3（外）・5（乳）・6・D
23	おおさむこさむ	①・②・③	1・2・4（2～6・8～11・13・18）・6・
24	おおなみこなみで	②	2・3（外）・4（2・5～8・11・15・20・24）・5（長）・6
25	おさらにたまごに		4（13）・5（乳）
26	おすわりやす		4（15・16）・5（乳）・6・D
27	おせよおせよ		4（13）・6
28	おせんべ	②	2・3（内）・4（11）・6・D
29	おちゃをのみに		3（外）・4（4）・5（中）・6・D
30	おてぶしてぶし	③	6
31	おてらのおしょうさん	②	3（内）・4（10）
32	おでんでんぐるま		5（乳）・6・D
33	おてんとさん	②	5（少、中）・6
34	おふねが　ぎっちらこ	①	5（乳、少、中、長）・6・D
35	おもやのもちつき		4（15）
36	おやゆびねむれ	②	4（26）・5（乳）・6・D
37	からすかずのこ	②	5（中）・6
38	かりかりわたれ	②・③	1・4（9）・5（中）・6
39	かれっこやいて	②	4（2・3）・5（乳、少）・D

177

40	ぎっちょ ぎっちょ		5（乳、少）・6・D
41	きりすちょん	②	5（中）・6
42	くまさんくまさん	②	2・3（外）・4（2〜5・7・9・13・20・23・25）・6・D
43	ここまでおいで	①	3（内）・4（7・8・25）
44	ここはとうちゃん		5（乳、少）・D
45	こぞうねろ	①	3（内）・5（乳、少）・D
46	こどもかぜのこ	①・②・③	4（14・16・18）・5（少）・6
47	こどもとこどもが	②	2・3（内）・4（2・5〜10・12）・6
48	ことろことろ	①・②	2・3（外）・4（6・7・10・11・21）・6
49	このこどこのこ	②	5（乳、少）・6・D
50	こまんかこまんか		4（26）・5（乳）・6
51	こめついたら	②	5（乳）・D
52	こりゃどこの		5（乳、少）・D
53	こんこんちきちき	③	5（少、中）
54	さるのこしかけ		5（乳、少、中）・6
55	さよならあんころもち	③	4（18）・5（乳）・6・D
56	じーじー　ばぁ		3（内）・5（乳）・D
57	じごくごくらく	②・③	3（外）・4（10・16〜18）・5（長）・6・D
58	ずいずいずっころばし	①・②・③	1・2・3（内）・4（5〜11・13・14・16・18・23）
59	ずくぼんじょ		1・4（23・24）・5（中）・6
60	せっせっせ（おちゃのこ）	②	3（内）・5（乳）・6
61	せんぞうやまんぞう	①・③	3（内）・4（7）・6
62	せんべせんべ		3（内）・5（乳、少、中、長）・6
63	たけのこめだした		2・6
64	たけんこがはえた		4（5）・5（乳、少、長）・D
65	たこたこあがれ	①・②	1・4（6〜9・20〜23）・5（乳、少）・6・D
66	だるまさんだるまさん	②	2・3（内）・4（2・5〜7・9・10・13）・5（乳、長）・6・D
67	たんぽぽ　たんぽぽ		4（5）・D
68	ちゅっちゅこっこ　とまれ	②	4（22）・5（乳）・D
69	ちょちちょち　あわわ	①・②	3（内）・4（7・8・16・18）・6・D
70	つるつる		1・5（長）・6
71	てるてるぼうず	②	4（1・4・6〜8・11・17・18・21〜24）・5（中）・6
72	とうきょうとにほんばし		5（乳、少）・D
73	ととけっこう	②	5（乳、少）・6
74	どどっこやがいん		5（乳）・6・D
75	どのこがよいこ		5（少）・6・D
76	どんどんばしわたれ	①・②	4（7）・5（中）・6
77	なかなか　ほい		1・3（内）・6
78	ななくさなずな	①・②・③	1・4（5〜8・11・13・15・17・18・23）・5（乳、少）・6
79	なべなべ	①	2・3（内）・4（3・5・7・9・10・14・18・19・21・22）・5（少、長）・6・D
80	にぎりぱっちり		4（26）・5（乳、少、中）・D
81	ねずみねずみ		4（21）・D

82	ねむれねむれ　ねずみのこ		4(23)・5(乳)・6
83	ねんねんころりよ	①・②・③	4(1・3・4・6〜9・18〜21・21・22)・6
84	ねんねんねやま	②	4(13)・6・D
85	ひとつひばしで	②	1・4(3・4・9)・5(中)
86	ひとやまこえて		3(外)・5(中、長)・6
87	ひらいたひらいた	①・②・③	1・2・3(外)・4(1・3・5〜9・18〜21・22・)
88	ぶーぶーぶー		5(少、中)
89	ぼうずぼうず		5(乳、少。中)・D
90	ほたるこいやまみちこい	①・②・③	4(2〜4・6〜8)・5(中)・6・D
91	ほ　ほ　ほたるこい	②・③	1・4(1〜4・6〜10・13・14・16・17・19・21〜24)・5(長)・6
92	まめっちょ	②・③	3(内)・4(5・15)・6・D
93	めんめん　すーすー		5(乳、長)・D
94	めんめんたまぐら	②	5(乳)・6
95	もどろ　もどろ	②	5(乳、中)・6
96	もみすりおかた		4(21)・5(乳)・6・D
97	ももやももや		3(内)・5(乳、少、中)・6・D
98	やすべーじじいは		5(乳、少)・D
99	ゆうなのきのしたで		『まめっちょ』(コダーイ芸術教育研究所より)
100	らかんさんがそろったら	③	1・3(内)・4(2・5・6・10・12〜15・18・21・23)・6

2　絵本とわらべうた＜供与＞例

　0〜3歳位の乳幼児対象に＜供与＞されているわらべうた100選の種類と方法をおおまかに分類すると、次の表のようになる。

親子でたのしむわらべうた100選＜供与＞一覧表

＜供与＞方法・種類等		わらべうた（前記のわらべうた100選参照）
子守唄	眠らせうた	このこどこのこ・ねむれねむれねずみのこ・ねんねんころりよ・ねんねんねやま・ゆうなのきのした
	あやしうた	いまないたからすが・ちょちょちあわわ・ぼうずぼうず
	（揺すって）	えんやらももの木・このこどこのこ・せんぞうやまんぞう
	遊ばせうた	あんよはじょうず・いないいないばあ・ここまでおいで・まめっちょ・おやゆびねむれ
顔遊びうた	顔を合わせ 顔あそび	あがりめさがりめ・いないいないばあ・だるまさんだるまさん・ぼうずぼうず・じーじーばあ・あんこじょーじょー・めんめんすーすー・ここはとうちゃん
手遊びうた	指あそび 手あそび （しぐさ付）	いちじくにんじん・おやゆびねむれ・こぞうねろ・こどもとこどもが・いっくたっくく・いたちごっこ・おせんべ・ちゅちゅこっことまれ・なかなかほい・にぎりぱっちり・うちのうらの・おてんとさん・かれっこやいて・ぎっちょぎっちょ・こめついたら・こどもかぜのこ・ずくぼんじょ・せんべせんべ・どどっこやがいん・ひらいたひらいた・めんめんたまぐら
	（手合わせ）	おてらのおしょうさん・おもやのもちつき
	じゃんけん	おさらにたまごに・たけのこめだした
	あてっこ	おてぶしてぶし・にぎりぱっちり・あしたてんきに
	数えるあそび	ひとつひばしで・いちじくにんじん・いちにのさんもの
体遊びうた	膝の上で （船こぎ）	いちめどう・うまはとしとし・おでんでんぐるま・おすわりやす
	くすぐり遊び	おふねがぎっちらこ・もみすりおかた・せんぞうやまんぞう
	足の上で	いちりにりさんり・ねずみねずみ・とうきょうとにほんばし
	体ゆすり	あしあしあひる
	しぐさあそび	おおなみこなみ・こまんかこまんか・こりゃどこの・たけんこがはえた・たんぽぽたんぽぽ・あずきっちょまめっちょ・いもむしごろごろ・うさぎうさぎ・きりすちょん・くまさんくまさん・さるのこしかけ・たこたこあがれ・なべなべ・ぶーぶーぶー・まめっちょ・やすべーじじいは
	押し合い	おせよおせよ
	持ち上げ	ずくぼんじょ
布、人形あそび	小さい布で	えんやらももの木・おてんとさん・こめついたら・こまんかこまんか・ぎっちょぎっちょ・じーじーばあ・ちゅっちゅこっことまれ・にぎりぱっちり・ももやももや
	大きい布（ふろしき等）	うえからしたから・おおなみこなみ・このこどこのこ
	人形で	ひとやまこえて・ととけっこう・おちゃをのみに
季節のうた	春	ずくぼんじょ・たけのこめだした・たけんこがはえた・ななくさなずな
	夏	めんめんたまぐら・ほたるこいやまみちこい・ほほほたるこい・てるてるぼうず・
	秋	いもむしごろごろ・うさぎうさぎ・きりすちょん・もみすりおかた
	冬	あめこんこん・おおさむこさむ・おせよおせよ・かりかりわたれ・こどもかぜのこ・たこたこあがれ
グループで遊ぶ（複数の親子で）	一緒にうたう	あんたがたどこさ・おちゃをのみに・さよならあんころもち・せんぞうやまんぞ・ととけっこう・ことろことろ
	追いかけっこ	
	鬼決め	ずいずいずっこばし・どのこがよいこ
	物まねあそび	せっせっせ・ぶーぶーぶー・らかんさんがそろったら
	列あそび	いもむし・かりかりわたれ・さるのこしかけ・つるつる・もどろもどろ
	輪あそび	おちゃをのみに・たこたこあがれ・ひらいたひらいた・からすかずのこ
	役交代	おちゃをのみに・てるてるぼうず・ほたるこい
	席とり	おすわりやす
	揺すりあそび	じごくごくらく・たんぽぽたんぽぽ
	門くぐり	こんこんちきちき・どんどんばしわたれ
	さようなら	くまさんくまさん・さよならあんころもち・もどろもどろ・なべなべ

＜絵本とわらべうたによるプログラムの例＞
（実践されたプログラムを掲載する）

（１）親子講座（会）の例（30～40分前後の例）
―1歳児が中心の場合―

（座って、抱っこで）

♪ねむれねむれ　ねずみのこ（＜供与者＞も人形を抱っこして、揺すりながら）

♪ととけっこう（袋の中に絵本を入れておいて、起こすように指さしてうたう）

絵本「もう　おきるかな？」

♪いないいないばあ

♪ここはとうちゃん　にんどころ（親子で向き合って、右頬、左頬、額、顎、鼻の順に指しながら歌う）

♪いちりにりさんりしりしり（くすぐりあそび）

♪うまはとしとし（膝ではねる）　（たかいたかいをしてから）

♪ひらいたひらいた（抱っこのまま、丸くなって、つぼんだで、中に進み、みんなが近づく）

♪どんどんばしわたれ（布を大人二人が持って、その下を親子が手をつないで通る）

♪もどろもどろ（おやこで歩きながら、最初のところに戻る。座って抱っこ）

♪このこどこのこ（抱っこで揺する）

♪ととけっこう（袋の中の絵本に）

絵本「がたんごとん　がたんごとん」（さようなら）

♪おやゆびねむれ（おやゆびから順に指をねせていく、最後に子どもの手をお母さんの手で包む）

♪ねむれねむれ（もう一度、子守唄を歌いながら揺する。＜供与者＞の人形も袋の中に寝せる。）

♪さよならあんころもち

＜留意点＞

　親子が緊張しないで遊べるように工夫したい。この年齢に必要な抱っこ、膝の上、顔を向け合って目を見合わせる、揺するなどの触れ合いを助けるようなわらべうたを取り入れる。わらべうたは、それぞれ3回以上は歌って繰り返す。プログラムの中にも繰り返して同じわらべうたが入ると良い。

　連続して開かれる講座（会）の時、1回目は、少なめに、2回目以降は、前の講座（会）の半分以上を同じわらべうたで＜供与＞すると日常に取り込まれる。

― 2～3歳児が中心の場合

(おはなし袋に向って、でてこいでてこいと呼びかける。絵本が出てくる)

絵本「でてこい　でてこい」

♪ととけっこう(袋の中のくまさん人形を起こす)

♪おちゃをのみにきてください

絵本「おにぎり」

♪ぎっちょぎっちょ(ついたお米でおにぎり作ろうと繰り返し、絵本と同様に作って食べる)

♪うまはとしとし　♪おふねがぎっちらこ　♪おおなみこなみ(だんだん大きな波にして立つ)

♪あしあしあひる(大人の足の上に乗せて移動。丸くなってからおろす)

♪おちゃをのみに(前に進み小さいまるで、こんにちは、下がって、さようなら。座る)

♪にぎりぱっちり(＜供与者＞の手から布がふわっと出てくる)♪えんやらももの木(布を配る)

(布遊び)♪にぎりぱっちり　♪じーじーばあ　♪ちゅちゅこっこ(布を飛ばしてあそぶ)

♪ももやももや　♪おてんとさん　(乾かしてたたむ)

♪どんどんばし　♪もどろもどろ(初めのところに戻って座る)

♪このこどこのこ

絵本「おつきさまこんばんは」

♪おやゆびねむれ　　♪さよならあんころもち

＜留意点＞
　わらべうた、絵本に興味を持って主体的に参加できるように工夫したい。絵本とわらべうたを組み合わせてつなげる。親子(保育者)が触れ合えるようにする。動きのあるわらべうたをたのしみ(緩急があり)、最後には落着いて安心出来るようなわらべうたにして、子どもの自然な体の動きでたのしみたい。連続講座の時は、毎回、最初と最後は、決まったわらべうたにして、同じわらべうたの繰り返しを大切にすると、馴染んで子どもの主体的な遊びに繋がる。

(2) 親子の集い(3、4歳)の例

♪ととけっこう(籠に寝ているぐりとぐらの人形を起こす)(注)他の人形でもよい。

♪ひとやまこえて

絵本『しろくまちゃんのほっとけーき』　　♪ぎっちょぎっちょ(ほっとけーき作り)

♪かれっこやいて(ほっとけーきやいて)

絵本『くだもの』　　(おかあさんのお膝で)♪うまはとしとし

♪ずくぼんじょ(ずくぼんじょを抜くようにたかいたかいをする)

♪いちにのさんものしいたけ(手をとってはねる)　♪こりゃどこのじぞうさん(ゆすりあそび)

(門くぐり) ♪どんどんばしわたれ　♪もどろうもどろう

♪せっせっせ、おちゃのこ(物まねあそび)

絵本『おおきなかぶ』

♪さよならあんころもち

(3) 図書館のおはなし会の例（乳幼児向けのおはなし）（2〜30分のプログラム）

♪おちゃをのみにきてください(わらべうたでごあいさつ)

(籠の中に、くまさん人形を寝かせ、布を掛けておく)

♪ととけっこうよがあけた（くまさんを起こす）

おはなし「くまさんのおでかけ」（「おはなしのろうそく1」より）

絵本『もこ　もこもこ』

♪にぎりぱっちり(子どもの手をとって左右に揺すり、最後にぴよぴよとあける)

♪あがりめさがりめ

♪とうきょうとにほんばし(くすぐりあそび)　♪おやゆびねむれ(子どもの手をとって、親指から順にねせる。最後は子どもの手を包むようにする)

絵本『かばくん』

♪さよならあんころもち　（本の紹介をして終わる）

＜留意点＞

　参加者が毎回変化する場合は、毎回、同じ担当者が決まったわらべうたで始めると、親しみやすくなる。参加する親子をあたたかく迎える気持ちで歌いたい。一つのわらべうたを少なくても2〜3回以上は、うたって遊びたい。プログラムの変化には季節のわらべうた、絵本が加えられると良い。豊かなことばを共有し、絵本との橋渡しになる内容で行いたい。

　担当者が2人の場合は、絵本とわらべうたの担当に分けて、絵本2〜3冊は、初めと最後の方に入れるとよい。

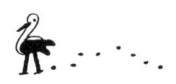

＜わらべうたと共にたのしむ絵本＞リスト
（ほぼ対象の年齢順に並んでいる）

でてこいでてこい	はやしあきこ作	福音館書店
いないいないばあ	松谷みよ子文　瀬川康男絵	童心社
てんてんてん	わかやましずこ作	福音館書店
かささしてあげるね	はせがわせつこ文　にしまきかやこ絵	〃
ぎったんこ　ばったんこ	柚木沙弥郎さく	〃
こっぷこっぷこっぷ	かみじょうゆみこ文　渡辺洵三絵	〃
ととけっこうよがあけた	ましませつこ絵　こばやしえみこ案	こぐま社
もこ　もこもこ	たにかわしゅんたろう作　もとながさだまさ絵	文研出版
くだもの	平山和子作	福音館書店
おにぎり	平山英三文　平山和子絵	〃
おつきさまこんばんは　他シリーズ	林　明子作	〃
がたんごとんがたんごとん	安西水丸作	〃
どうぶつのおかあさん	小森厚文　薮内正幸絵	〃
ちいさいうさこちゃん　他シリーズ	ディック・ブルーナ文絵　いしいももこ訳	〃
たまごのあかちゃん	かんざわとしこ文　やぎゅうげんいちろう絵	〃
しろくまちゃんのほっとけーき　他シリーズ	わかやまけん絵	こぐま社
きゅうりさんあぶないよ	スズキコージ作	福音館書店
めのまどあけろ	谷川俊太郎文　長新太絵	〃
わたしのワンピース	にしまきかやこ絵文	こぐま社
しょうぼうじどうしゃじぷた	山本忠敬絵	福音館書店
はらぺこあおむし	エリック・カール作	偕成社
こすずめのぼうけん	エインワース作　ほりうちせいいち絵	福音館書店
かばくん	岸田衿子さく　中谷千代子え	〃
ちいさなねこ	石井桃子作　横内襄絵	〃
もりのなか	マリー・ホール・エッツ文絵　まさきるりこ訳	〃
ぐりとぐら	なかがわりえこ作　おおむらゆりこ絵	〃
おおきなかぶ	内田莉莎子再話　佐藤忠良画	〃
てぶくろ	ラチョフ絵　うちだりさこ訳	〃
三びきのやぎのがらがらどん	マーシャ・ブラウン絵　せたていじ訳	〃
おおかみと七ひきのこやぎ	ホフマン絵　せたていじ訳	〃
ふゆめがっしょうだん	富成忠夫、茂木透写真　長新太文	〃

資料編　親子で楽しむ絵本とわらべうた

3 ＜楽譜編＞(Noは表（177〜179頁）に対応している)

1　あがりめさがりめ

あがりめ　さがりめ
ぐるりとまわって　ねこのめ

2　あしあしあひる

あしあしあひる　かかとをねらえ

3　あしたてんきに

あしたてんきに　な　あれ

4　あずきっちょまめっちょ

あずきっちょ　まめっちょ　やかんの　つぶれちょ

5　あめこんこん

あめこん　こん　ゆきこん　こん　おらえのまえさ
たんとふれ　おてらのまえさちっとふれ
あめこん　こん　ゆきこん　こん　こんこんこん

6 あんこじょーじょー

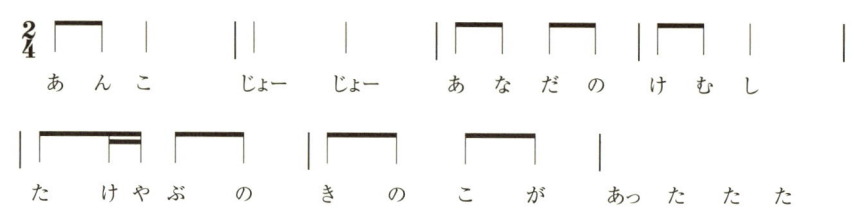

あんこ じょー じょー あなだの けむし
たけやぶの きのこが あった たた

7 あんたがたどこさ

あんたがたどこさ ひごさ ひごどこさ
くまもとさ くまもとどこさ
せんばさ せんばやまに たぬきが
おってさ それをりょうしがてっぽうで
うってさ にてさ やいてさ くってさ
それをこのはで ちょいとかぶせ

8 あんよはじょうず

あんよはじょうず ころぶはおへた

9 いたちごっこ

いたちごっこ ねずみごっこ

10 いちじく にんじん

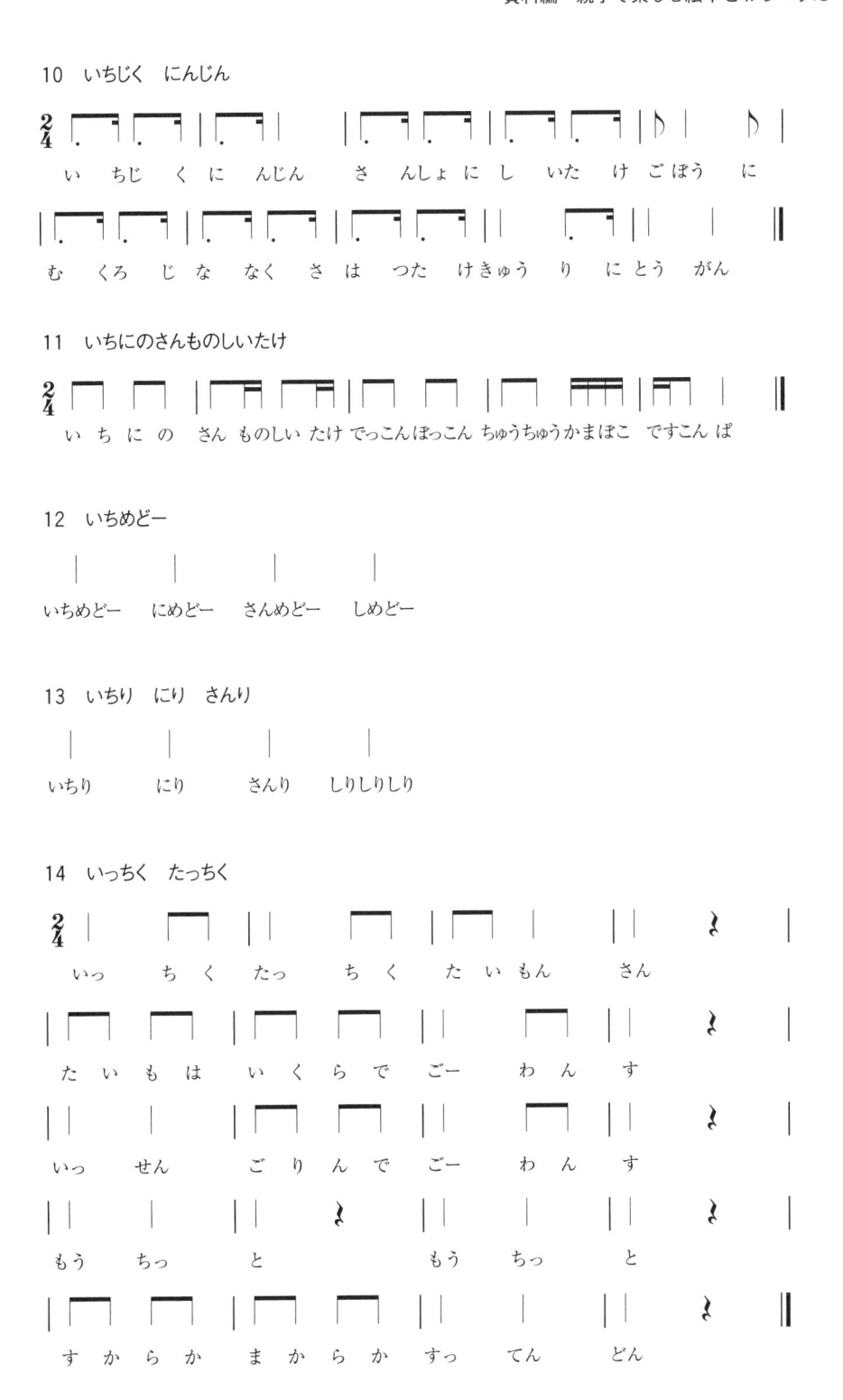

い ちじ く に んじん さ んしょに し いた け ごぼう に
む くろ じ な なく さ は つた け きゅう り に とう がん

11 いちにのさんものしいたけ

い ち に の さん ものしい たけ でっこんぼっこん ちゅうちゅうかまぼこ ですこん ぱ

12 いちめどー

いちめどー　にめどー　さんめどー　しめどー

13 いちり にり さんり

いちり　にり　さんり　しりしりしり

14 いっちく たっちく

いっ ちく たっ ちく た い もん さん
たい もは いくら で ごー わん す
いっ せん ごりん で ごー わん す
もう ちっ と　　　もう ちっ と
すからか まからか すっ てん どん

15 いない いない ばぁ

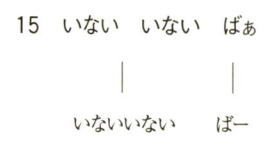

いないいない　ばー

16 いまないたからす

いまないたからすが もう わらった

17 いもむし ごろごろ

いも むし ごろごろ ひょう たん ぽっくりこ

18 うえからしたから

うえから したから おお かぜこい こい こい こい

19 うさぎうさぎ

う さぎ う さぎ なに みて はねる

じゅうごや おつきさま みて ーー ね る

20 うちのうらのくろねこは

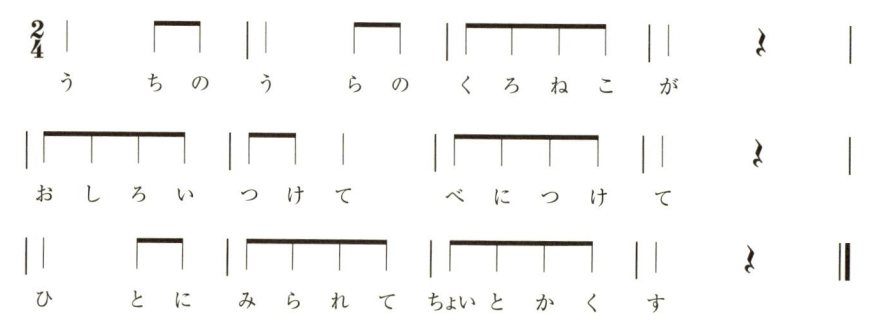

う ち の う ら の く ろ ね こ が

お し ろ い つ け て べ に つ け て

ひ と に み ら れ て ちょい と か く す

21 うまはとしとし

うまはとしとし ないてもつよい うまはつよいから のりてさんもつよい

22 えんやらもものき

えんやらもものき ももがなったら だれにやろう ○○ちゃんに あげよか ○○ちゃんに あげよか だれに あげよか

23 おおさむこさむ

おおさむこさむ やまからこぞうがとんできた なんといってとんできた さむいといってとんできた

24 おおなみこなみで

おおなみこなみで ぐるりとまわしてねこのめ

25 おさらにたまごに

おさらに たまごに はしかけ ほい

26 おすわりやす

お す わ り や す い す ど っ せ

あ ん ま り の っ た ら こ け ま っ せ

27 おせよおせよ

お せ よ お せ よ さ む い で お せ よ

28 おせんべ

お せ ん べ や け た か な

29 おちゃをのみに

お ちゃ を の み に き て く だ さ い は い こ ん に ち は

い ろ い ろ お せ わ に な り ま し た は い さ よ う な ら

30 おてぶしてぶし

お て ぶ し て ぶ し て ぶ し の な か に

へ び の な ま や け か え る の さ し み

い っ ちょ ば こ や る か ら ま る め て お く れ い や

31 おてらのおしょうさん

おてらの おしょうさんが
かぼちゃの たねを まきまし
た めがでて ふくらんで
はながさいたら じゃんけんぽん （あいこでしょ）

32 おでんでんぐるま

おでんでんぐるまに かねはちのせて
いまにおちる かまっさかさんよ
もひとつおまけに すととーんしょ

33 おてんとさん

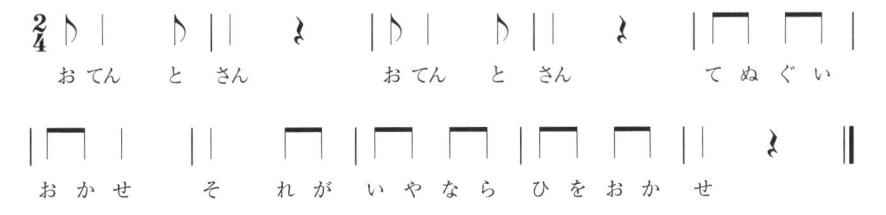

おてんとさん おてんとさん てぬぐい
おかせ それがいやなら ひをおかせ

34 おふねが ぎっちらこ

おふねが ぎっちらこ ぎっちらこ ぎっちらこ

35 おもやのもちつき

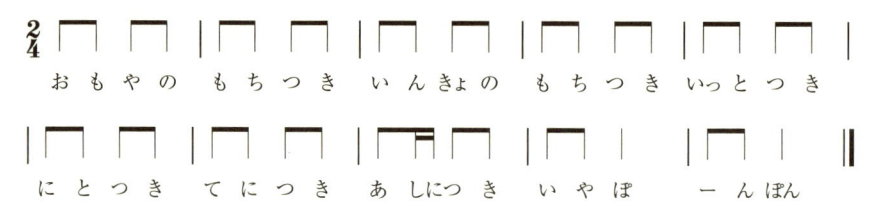

おもやの もちつき いんきょの もちつき いっとつき
にとつき てにつき あしにつき いや ぽ ー ん ぽん

36 おやゆびねむれ

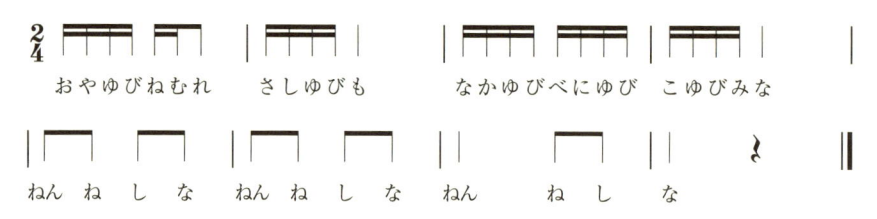

おやゆびねむれ さしゆびも なかゆびべにゆび こゆびみな
ねんねしな ねんねしな ねん ねし な

37 からすかずのこ

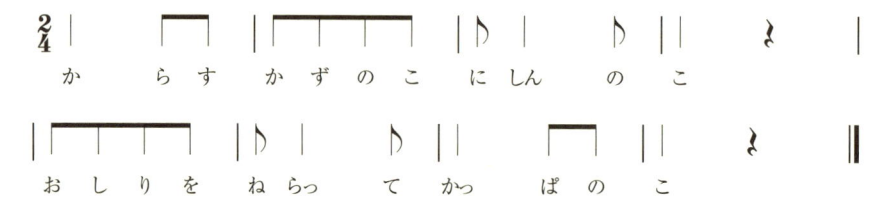

か ら す かずのこ にしん のこ
お しりを ねらって かっ ぱ の こ

38 かりかりわたれ

かりかり わたれ おおきなかりはさきに
ちいさなかりはあとに なかよくわたれ

39 かれっこやいて

かれっこやいて とっくらきゃしてやいて
しょうゆーつけて たべたら うまかろう

40 ぎっちょ ぎっちょ

ぎっちょ ぎっちょ こめつけ こめつけ

41 きりすちょん

きーりす ちょん こどもに とられて あほらし ちょん

42 くまさんくまさん

くまさん くまさん まわれみぎ くまさん
くまさん りょうてを ついて くまさん くまさん
かたあし あげて くまさん くまさん さようなら

43 ここまでおいで

ここまで おいで あまざけ しんじょ

44 ここはとうちゃん

ここはとうちゃん にんどころ
ここはかあちゃん にんどころ
ここはじいちゃん にんどころ
ここはばあちゃん にんどころ
ここはねえちゃん にんどころ

だいどー だいどー こちょ こちょ こちょ

45 こぞうねろ

こぞうねろ　おいしゃねろ　せいたかねろ　おれもねるから　われもねろ

46 こどもかぜのこ

こども かぜのこ じじばば ひのこ

47　こどもとこどもが

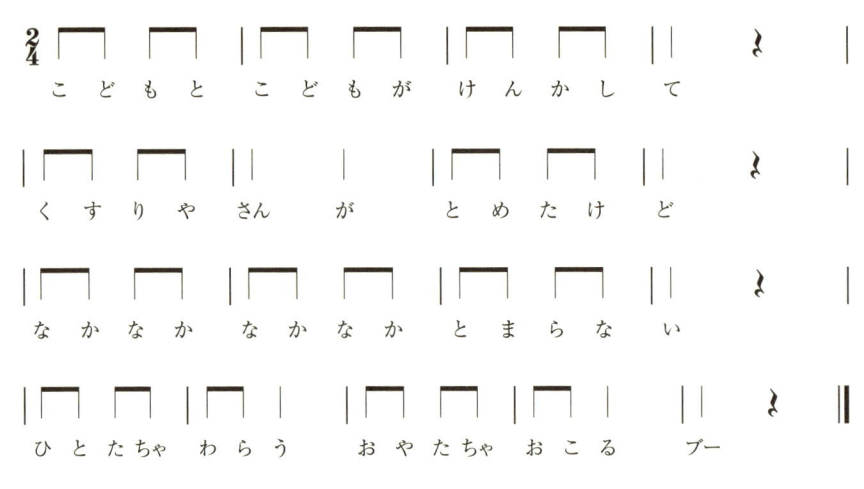

こどもと　こどもが　けんかして

くすりや　さんが　とめたけど

なかなか　なかなか　とまらない

ひとたちゃ　わらう　おやたちゃ　おこる　ブー

48　ことろことろ

こ　とろ　ことろ　どのこを　ことろ　あのこを

ことろ　とるなら　とってみろ　こ　とろ　ことろ

49　このこどこのこ

こ　のこ　どこのこ　かっ　ちん　こ

50　こまんかこまんか

こまんかこまんか　こまんかな　みまちっとふと　なあ　れ

51　こめついたら

こめ　ついたら　はな　そう　は　なした

資料編　親子で楽しむ絵本とわらべうた

52　こりゃどこの

こりゃどこのじぞうさん　うみの
はたのじぞうさん　うみにつけてどぼーん

53　こんこんちきちき

こん　こん　ちきちき　こん　ちき　ちん
お　や　ま　の　お　ち　ご　さん

54　さるのこしかけ

さるのこしかけ　めたかけろ　めたかけろ

55　さよならあんころもち

さよなら　あんころもち　またきなこ

56　じーじー　ばぁ

じー　じー　ばあ

57　じごくごくらく

じごく　ごくらく　えんまさんのまえで
おきょうをよんで　はりのやまへとんでいけ

195

58 ずいずいずっころばし

ずいずいずっころばし ごまみそずい ちゃつぼにおわれて
とっぴんしゃん ぬけたら どんどこしょ たわらの
ねずみがこめくって チュウ チュウチュウチュウ お とさんが
よんでもおかさんが よんでもいきっこな ー し よ
いどのまわりで おちゃわんかいたの だ あれ

59 ずくぽんじょ

ずく ぽん じょ、 ずく ぽん じょ、
ずっ きん かぶっ て でて こら さい

60 せっせっせ（おちゃのこ）

せっ せ せ おちゃのこ おちゃのこ おちゃのこ ほい

61 せんぞうやまんぞう

せん ぞう や まん ぞう おふねは ぎっちらこ
ぎっちらぎっちら こげば みなとが みえる
えびすか だいこくか こっちゃ ふくの かみ よ

資料編　親子で楽しむ絵本とわらべうた

62　せんべせんべ

せんべせんべ　やけた、　どのせんべ　やけた、　このせんべ　やけた。

63　たけのこめだした

たけのこめだした、　はなさきゃ　ひらいた、

はさみで　ちょんぎるぞ、　えっさ えっさ えっささ

64　たけんこがはえた

たけんこが　はえた　たけんこが　はえた

ぶらんこ　ぶらんこ　さるがえり

65　たこたこあがれ

たこたこあがれ　てんまであがれ

66　だるまさんだるまさん

だるまさん　だるまさん　にらめっこし ましょ

わらうと　まけよ　あっぷっぷ

67　たんぽぽ　たんぽぽ

たんぽぽたんぽぽむこうやまへとんでけ

197

68 ちゅっちゅこっこ とまれ

ちゅっちゅ こっこ と まれ　　と まらにゃ とんでけー

69 ちょちちょち あわわ

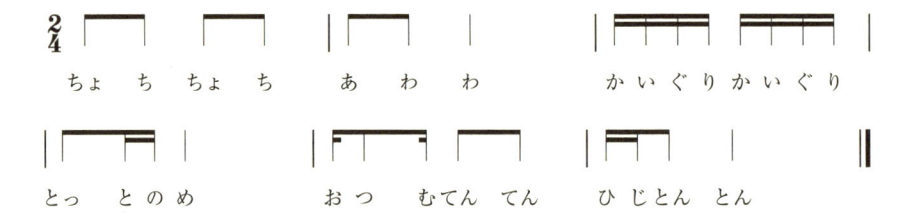

ちょ ち ちょ ち　あ わ わ　　かいぐりかいぐり
とっ とのめ　おつ むてん てん　ひじとん とん

70 つるつる

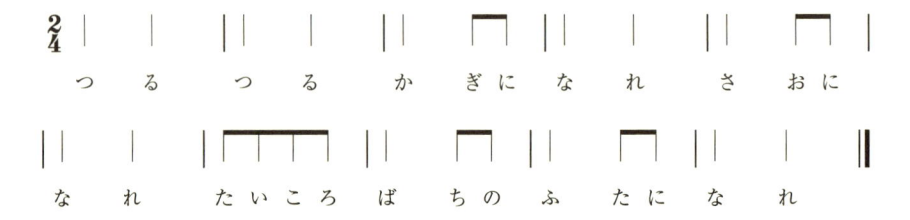

つる つる かぎになれ さおに
なれ たいころ ばちのふたになれ

71 てるてるぼうず

てるてるぼうず てるぼうず
あしたてんきにしておくれ

72 とうきょうとにほんばし

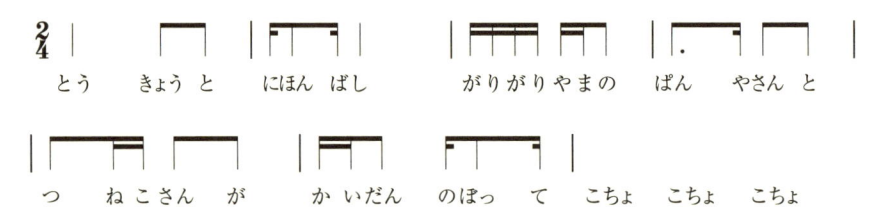

とう きょうと にほんばし　がりがりやまの ぱんやさんと
つ ねこさんが　かいだん のぼって こちょ こちょ こちょ

73　ととけっこう

とけっこー　よがあけた
まめでっぽー　おきてきな

74　どどっこやがいん

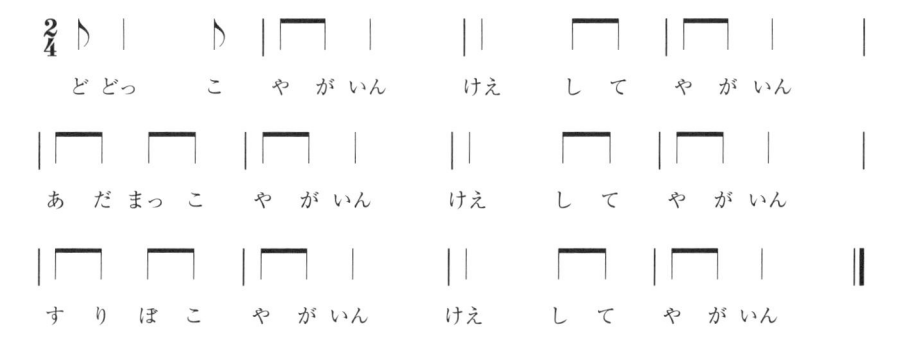

どどっこ　やがいん　けえして　やがいん
あだまっこ　やがいん　けえして　やがいん
すりぽこ　やがいん　けえして　やがいん

75　どのこがよいこ

どのこが　よいこ　このこが　よいこ

76　どんどんばしわたれ

どんどんばし　わたれ　さあ　わたれ
こんこが　でるぞ　さあ　わたれ

77　なかなか ほい

なかなか　ほい　そとそと　ほい
そとそと　ほい　なかなか　ほい
なか　そと　そと　なか　なかなか　ほい
そと　なか　なか　そと　そとそと　ほい

78 ななくさなずな

ななくさなずな とう どのとりが
にほんのくにへ わたらぬさきに

79 なべなべ

な べ な べ そ こ ぬ け
そ こ が ぬ け た ら か え り ま しょう

80 にぎりぱっちり

に ぎりぱっ ちり たてよこ ひよこ

81 ねずみねずみ

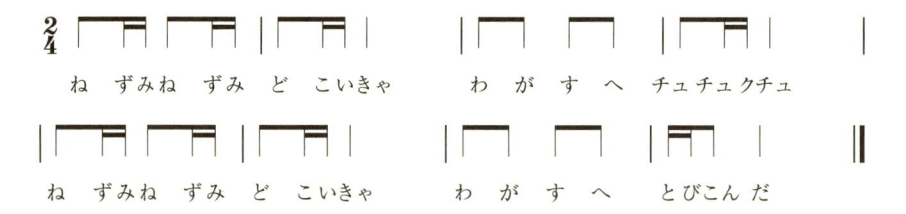

ねずみねずみ どこいきゃ わがすへ チュチュクチュ
ね ずみね ずみ どこいきゃ わ がすへ とびこんだ

82 ねむれねむれ ねずみのこ

ね むれね むれ ねずみのこ うっつけうっつけ うさぎのこ
な くなな くな なすびのこ ぼう やがねむった あとからは
う らのやまの やまざるが いっ ぴきとん だら みなとんだ
そらそらね むれね むれよ そらそらね むれね むれよ

資料編　親子で楽しむ絵本とわらべうた

83　ねんねんころりよ

ねーん　ねん　ころ　りよ　おころ　りよ
ぼう　やの　もりは　おこもに　いった
さー　との　おみや　ねても　た

ぼう　やや　はま　だてに　ねんと　なえ
あや　のや　まん　いーこ　さへ　しっ
で　ん　で　よだ　こ　しょう　の　ふ

84　ねんねんねやま

ねん　ねん　ねね　まみ　こな　やてかね　ちたにな
ちゅーだい　ちゅーこ　さは　まや　おね　めいつん　きばにす
ぼう　や　ず　のがのく　をとのへ　るたかり　とらいま

こな　やめ　のの　よう　ちょかこ　おいつい　ときおま
ねだ　んい　ねく　しさ　こた　まを　とらい

85　ひとつひばしで

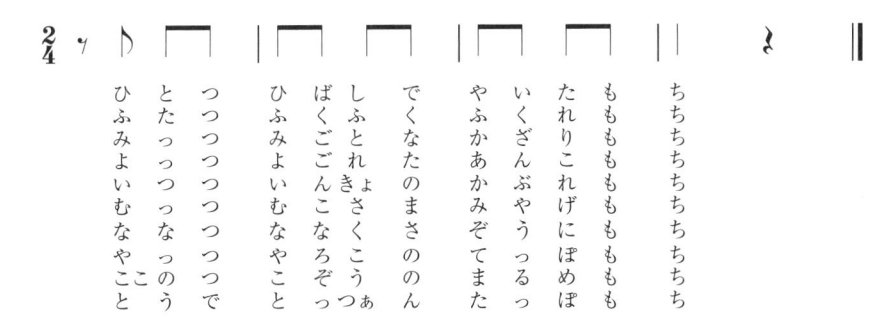

ちちちちちちちちちちち
もももももももももももも
たれりこれげにぽめぽ
しふとれきょさくこうっつぁ
でくなたのまさののん
いくざんぶやうっるっ
やふかあかみぞてまた
ばくごんこなるぞっつ
ひふみよいむなやこと
とたっつっなっのう
つつつつつつつつで
ひふみよいむなやこと

86 ひとやまこえて

ひとやまこえて ふたやまこえて
みやまの たぬきさん たん たん たぬきさん
あそぼじゃないか いまはごはんのまっさい
ちゅう おかずは なに？ うめぼし こうこ
ひときれ ちょうだい いやいや しんぼ

87 ひらいたひらいた

ひらいた ひらいた なんのはなが ひらいた
つ ぼんだ つ ぼんだ なんのはなが つぼんだ
れんげの はなが ひらいた ひらいた と おもったら
れんげの はなが つぼんだ つぼんだ と おもったら
いつのまにか つ ー ー ぼ ん だ
いつのまにか ひ ー ー ら い た

88 ぶーぶーぶー

ぶー ぶー ぶー たた しし かかに に
めー めー めー たた しし かか にに
ちゅん ちゅん ちゅん
きき ここ ええ るる た の ここ ええ
きき ここ ええ る ぶや ぎり のの ここ ええ
     と の

89　ぼうずぼうず

ぼうず　ぼうず　かわいときや　かわいけど　にくいときゃ　べしょん

90　ほたるこいやまみちこい

ほ　たる　こい　　やま　み　ち　こい

あん　どの　ひかりを　ちょいと　み　て　こい

91　ほ　ほ　ほたるこい

ほっ　ほっ　ほ　たるこい　あっちのみ　ずは　に　がいぞ

こっ　ちのみ　ずは　あ　まいぞ　ほっ　ほっ　ほ　たるこい

92　まめっちょ

ま　めっちょ　まめっちょ　いった　ま　め　ぼ　りぼり　いんね　まめ

な　まぐせ　すずめらも　まわっから　お　れらも　まわりましょ

93　めんめん　すーすー

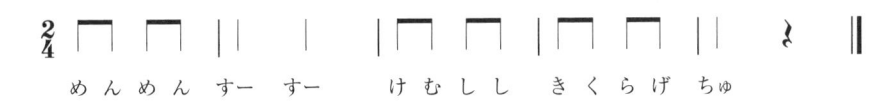

めんめん　すー　すー　　けむしし　きくらげ　ちゅ

94　めんめんたまぐら

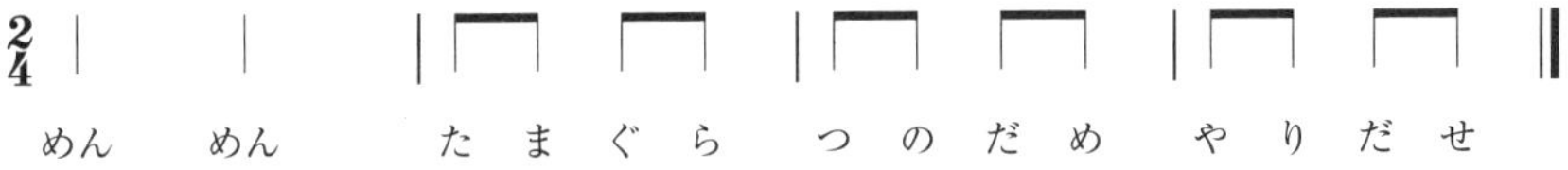

めん　めん　たまぐら　つのだめ　やりだせ

95 もどろ もどろ

もどろう もどろう もものは もどろう
かえろう かえろう かきのは かえろう

96 もみすりおかた

もみすりおかた もみがなけりゃ かしましょ もみやまだ
ござる うすにさんじょ みにさんじょ すって すって すりこかせ

97 ももやももや

ももや ももや ながれは はやい せんたく
すれば きものが ぬれる あどっこい しょ

98 やすべーじじいは

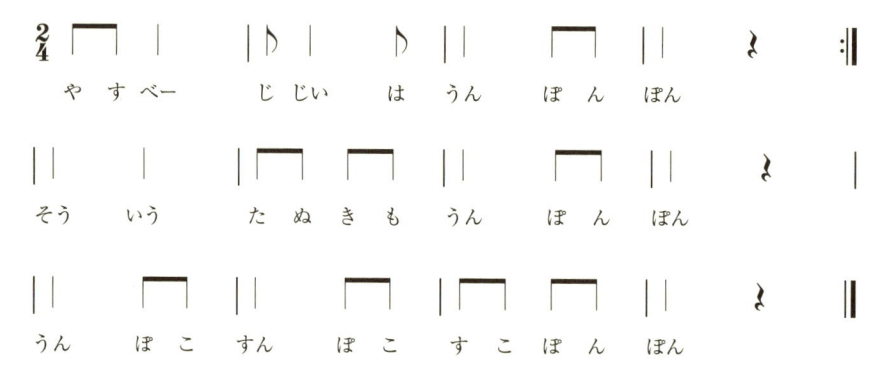

やすべー じじい は うん ぽん ぽん
そう いう たぬきも うん ぽん ぽん
うん ぽこ すん ぽこ すこん ぽん

99　ゆうなのきのしたで

ゆう　なのき　　の　し　たーで　　ゆ　れるふう　りん　りん　りらりん
ゆう　なのき　　の　か　げーに　　ゆ　れるゆり　かご　りん　りらりん
ゆ　りかご　　の　ゆ　めーを　　う　たうふう　りん　りん　りらりん

ねん　ねがせ　ー　ねん　ねがせ　　りらりらり　ん　りん
ねん　ねがせ　ー　ねん　ねがせ　　りらりらり　ん　りん
ねん　ねがせ　ー　ねん　ねがせ　　りらりらり　ん　りん

100　らかんさんがそろったら

ら　かんさん　が　そ　ろった　ら　ま　わそ　じゃ
な　いか　　よい　や　さ　の　よい　や　さ

わらべうた音階（5音階）のわらべうたを五線譜上に♭や♯を省いて単純な形で表記しました。
歌うときは、歌いやすい高さの音で歌ってください。
五線譜に記されていないわらべうたは、日常のアクセントで唱えてください。

あとがき

　今、私は、わらべうた＜供与＞の喜びを味わっています。子どもたちのこぼれんばかりの笑顔、穏やかな楽しそうな顔に変わっていく大人、そこからいただいた私のいのちの喜び。わらべうたが、子どもたちのあゆみにいく筋かの光を投げかけ道筋をつけ、心に灯をともして、子どもたち自身のいのちのみずみずしさを活かしてくれるからです。

　本書は、放送大学大学院修士論文『わらべうたにみる子どもの文化環境―わらべうた＜供与＞の可能性をめぐって―』を加筆、修正したものです。出来る限り客観性をもちつつ、わらべうたの＜供与＞に視点を向けてみました。そして本書が、わらべうたを共有する方々との絆になり、共に子ども文化のより良い環境作りを考え合うお仲間になれたらと思いました。

　これまでのあゆみを振り返ってみますと、歴史から学ぶために過去に思いを馳せ、今日の状況にも関心を寄せて、まるで時の旅人のようでした。18年間の実践「親子でたのしむ絵本とわらべうた」の記録の山に登って、過ぎ去った思い出に再会しました。それから30年前の我が子との時間、40年前からわらべうた＜供与＞へと導いてくれたわらべうたグループの先輩たち、図書館や文庫で共に遊んだ子どもたち、数十年前の私の子ども時代、いにしえの人々の暮らし、そこから人類の起源、遥かな宇宙へと誘われました。わらべうたへのまなざしは、いのちのつながりを鮮明にし、今日に至る長い道のりを知らしめてくれました。先人方の深い愛にも感謝せずには居られませんでした。歴史や調査から多くの示唆をいただきました。

　この旅の道しるべ（ご指導）をしてくださったのは、論文指導教官の鵜野祐介教授でした。ゼミ担当（社会学）宮本みち子教授がこの門を開けてくださり、鵜野教授が道に灯をともしてくださらなかったら辿れない旅でした。文献のご提示ときめ細かいご指導をいただきました。ご助言、監修に深謝申し上げます。

　わらべうた研究家、尾原昭夫氏のご協力と所蔵図版のご提供によって、本書に図版を入れることが出来ました。また、共にわらべうた＜供与＞に関わったお仲間、調査やアンケートに協力して下さった後述の方々や多くの協力者に、感謝しております。

　こうして、わらべうた＜供与＞に視点を向けた本書を出版することが出来ますのもエイデル研究所、新開英二様のご理解や助言、お力添えによるものです。心からお礼を申し上げます。そして、いつも励まし協力してくれる夫や息子夫妻（理、良江）にも、ありがとうをここに。天から見守っている娘（摂）、完成をお伝えできなかった江渕教授、小河内芳子先生に、本書をお捧げ致します。

2010年3月16日

落合　美知子

執筆・調査協力

多くの方々のお力添えに感謝します。（以下敬称略）

監　修	鵜野　祐介
表紙・挿絵画	落合　良江
図版提供	尾原　昭夫

わらべうた＜供与＞の今日
面接調査　　　　　　　　奥本恵美子、細川律子、荒木田隆子、長谷吉洋、尾原昭夫
グループのアンケート調査　東京子ども図書館（わらべうた講座受講生）、鳩ヶ谷図書館（講座受講生）、青梅市保育連合会（研修会受講生）、東京都立多摩図書館、埼玉県、千葉県、東京都下の公立図書館や保育連合会他
子ども自身のわらべうた調査　川口市てんとう虫おはなしの会、かたりべの会会員、さいたま市（福島）、戸田市（雨宮、石神、久保他図書館ボランティアの方々）、越谷市（田中）、石川県（細川）、福岡県（原）　他

親子でたのしむ絵本とわらべうた
講座アンケート　　　　　　川口市戸塚図書館・公民館（てんとう虫おはなしの会、ずくぽんじょの会会員・受講の保護者）
　　　　　　　　　　　　　戸田市立図書館（図書館ボランティア・受講の保護者）
　　　　　　　　　　　　　越谷市立図書館、鳩ヶ谷市立図書館、大宮市立西部図書館、草加市立図書館、羽生市立図書館（受講の保護者）他
個人調査　　　　　　　　清水享子、増淵久美子、坂上良恵、星野多恵子、戸崎卓美
資料調査協力　　　　　　山崎　崇、奥山博子

【監修者・著者　紹介】

鵜野　祐介（うの　ゆうすけ）
1961年、岡山県に生まれる。
梅花女子大学心理こども学部教授。
京都大学大学院教育学研究科博士後期課程満期退学。
英国エディンバラ大学より博士号（PhD）を受理。
専門は伝承児童文学の教育人類学的研究。
【著書】
『生き生きごんぼ －わらべうたの教育人類学－』（久山社）
『佐治の民話と唄・遊び』（稲田浩二との共著、手帖舎）
『伝承児童文学と子どものコスモロジー＜あわい＞との出会いと別れ』（昭和堂）
『子守唄の原像』（久山社）
他多数

落合　美知子（おちあい　みちこ）
1945年、新潟県に生まれる。
放送大学大学院文化科学研究科修了（修士受理）。
1968年より公共図書館（司書）勤務の後、東京都、神戸市、金沢市、鹿児島県、埼玉県でおはなしの会や子ども文庫を開き、子どもと絵本、わらべうた、おはなしの出会いの場を作りつつ、講演活動をしている。現在、「おはなしとおんがくのちいさいおうち」主宰。大学、出版社等の非常勤講師（児童文化）。厚生労働省専門委員（児童図書関係）。
【著書】
『いい家庭にはものがたりが生まれる』『美しいいのちからものがたりが生まれる』
『いのちのしずく』（共にエイデル研究所刊）

子どもの心に灯をともすわらべうた～実践と理論～
2010年4月15日

監 修 者	鵜野 祐介
著 者	落合 美知子
発 行 人	大塚 智孝
印刷・製本	シナノ印刷㈱

発行所　　エイデル研究所
〒102-0073
千代田区九段北4-1-9
電話　03（3234）4641
FAX　03（3234）4644

© Yuusuke Uno
Michiko Ochiai
Printed in Japan
ISBN4-87168-472-9　C3037
日本音楽著作権協会（出）1003596-001